新百家文丛

05

我思，故我在。

# 中国经济新平衡

## 重建绿色发展

李志青 著

中信出版集团 · CHINACITICPRESS · 北京

图书在版编目（CIP）数据

中国经济新平衡 / 李志青著 . -- 北京：中信出版社，2016.10

ISBN 978-7-5086-6580-1

Ⅰ. ①中… Ⅱ. ①李… Ⅲ . ①中国经济－经济发展－研究 Ⅳ . ① F124

中国版本图书馆 CIP 数据核字（2016）第 189385 号

中国经济新平衡

著　　者：李志青
策划推广：中信出版社（China CITIC Press）
出版发行：中信出版集团股份有限公司
　　　　　（北京市朝阳区惠新东街甲 4 号富盛大厦 2 座　邮编　100029）
　　　　　（CITIC Publishing Group）
承 印 者：三河市西华印务有限公司

开　　本：787mm×1092mm　1/16　　印　　张：20.5　　字　　数：285 千字
版　　次：2016 年 10 月第 1 版　　印　　次：2016 年 10 月第 1 次印刷
广告经营许可证：京朝工商广字第 8087 号
书　　号：ISBN 978-7-5086-6580-1
定　　价：52.00 元

# Contents 目录

# 自序一　基于能源环境约束的经济转型[①]

“经济下行”和“环保风暴”成为目前最热门的两大关键词。对当下的中国而言，这两大关键词背后的含义关系重大，体现为速度和质量的经济转型与生态环境和质量的绿色转型已经成为社会经济所面临的最大挑战。由此衍生出两个问题：一则，如何在各自的层面上实现转型；二则，更重要的是，如何实现两者齐头并进，均衡发展。其中，后者的实现尤为困难。譬如，在经济下行或者周期性阶段中，社会经济极易发生“资源环境利用”上的反弹，体现为受凯恩斯经济思想影响的大规模基建投入，以及重化工产业的发展，削弱了技术进步的相对作用；再如，在经济下行过程中，如果加大能源环境保护力度，则会出现明显的产业地区间转移，如此一来，即便在部分区域显现出经济转型的积极成效，从全国整体来看，也会受到其他区域经济转型成效低下的拖累，进而出现某种反复。这些问题都极大地困扰着我们对上述两个问题的认识及处理。

① 本文的写作受到陈诗一教授所著《能源、环境和中国经济转型》一书的诸多启发，在此表示感谢。

# 重塑中国经济转型的认知基础

有关中国经济转型这一话题已经热议多年。1995 年，中共中央提出了“科教兴国”的口号[①]，彼时，中国经济以及经济改革正值旧的动力消耗殆尽，新的动力举步维艰的发展阶段，中国经济亟须一次新的增长模式转变，由此，全社会陆续开始有关转变经济增长（发展）模式的思索和讨论，新一轮的“经济转型”也由此拉开了序幕。

然而，经济转型是知难行更难，时至今日，中国经济仍然在转型的路途上步履蹒跚，原因何在呢?

其一，长期以来，从事经济转型研究的经济学家大都侧重于从经济结构本身出发，认为提高经济增长的效率，譬如技术进步、改善经济制度等，就能够推动经济从粗放式向集约式的方向转变，而忽略了在这个过程中能源环境利用所具有的特殊性，其中最大的特殊性就在于能源环境的稀缺性及其带来的约束。在某种程度上，从经济增长需要出发的经济转型都没有真正重视这个约束条件，充其量以此作为边界性条件加以处理，因而，长期以来，经济转型一直处在“能源环境的软约束”条件下进行。这样的经济转型是无法真正取得成功的，在能源环境的软约束下，各级政府没有足够的动力推进经济转型。

其二，从事能源环境保护研究的专家大都仅侧重于自身的技术领域，他们可以准确地掌握和理解中国能源环境领域所面临的挑战和困境，也提出了加强能源环境保护的方略，譬如通过各种法规来提高能源环境保护的标准，明晰奖罚制度等，但如果从能源环境保护的全生命周期的角度来看，这样的规定最多是“末端意义”上的治理。这是因为，我们虽然可以从技术的层面出发来达到保护资源环境的目的，但这样的保护措施能否有效传导到其源头，即资源环境利用的层面，以及什么样的措施会真正作用于经济结构转型的层面，显然有很

① 吴敬琏 . 中国增长模式的抉择（第四版）［M］. 上海：上海远东出版社，2013.

长且复杂的一段传导路径，如果仅将这个传导路径简化为“法治”，显然不足以发挥保护资源环境的作用。结果是，从末端来看，能源资源环境没有得到保护；而从源头来看，经济结构依旧粗放，经济转型遥遥无期。

上述两个极端视角所产生的问题显而易见。基于经济转型与能源资源环境保护之间的强大关联性，我们需要的是什么视角呢？是基于经济—能源—环境的综合视角，经济学上称为一般均衡的视角（或方法）。简而言之，就是要在能源环境的约束条件下来审视经济发展的有效性，以此为出发点展开的研究至少不会走偏。

实际上，基于能源资源环境的（约束）视角来理解经济转型，关键在于将能源环境保护的需要纳入经济转型的战略和决策过程中，尤其是要将两者之间的内在关联融入经济转型的方方面面，譬如对能源环境的成本进行计算，并折算成影子价格，通过各种途径植入经济政策中，其实，这也正是沟通经济学研究与能源环境保护之间最好的桥梁。按照著名环境经济学家威廉·诺德豪斯的话来讲，这也是“取得经济与环境保护之间平衡”的最佳选择①。

## 能源环境约束下的中国经济转型

在解决了基本的认知方法之后，接下来的问题在于如何全面地理解经济转型的含义。吴敬琏教授在其所著的《中国增长模式的抉择》一书中指出，在1995年前后，中央已经意识到原有经济增长方式的诸多弊病，开始提出并制定转变经济增长方式（后改为“转变经济发展方式”）的政策，并取得了阶段性的成效。时至今日，尽管经济增长方式的根本性转变并没有如期而至，相反还出现了某种反复，但不可否认的是，相对于20多年前的认识，学界和业界都已经更加普遍地

① 威廉·诺德豪斯.均衡问题：全球变暖的政策选择［M］.北京：社会科学文献出版社，2011.

接受了转变经济发展方式这一提法，认识到经济转型对中国经济可持续发展的必要性。只不过，对于经济转型或转变经济增长方式的内涵，社会各界在认识上仍然显得略有不足，且颇有争议。

首先，如果回顾经济转型这个概念的发展史，可以发现，最初它完全等同于"转变经济增长方式"，而根据当时的经济发展背景可以判断，所谓经济转型的第一层和首要含义在于，1978 年改革开放之后，我国从计划经济向市场经济转型取得初步成功，如何继续巩固这一体制转型的成果，并通过进一步的改革来释放新的生产力。也就是说，在计划体制逐步转向市场经济体制后，限于市场经济建设经验的不足，社会经济发展仍然存在严重的低效问题，从而阻碍了继续前进的道路，体现为主要依靠粗放的经济增长方式，而非集约的方式来推进经济发展[①]，这在规模经济递减的规律下，显然是一种不可持续的发展模式，因此也就成为经济转型的主要根源。应该说，这样的理解在当时的背景下不可谓不准确。但与此同时，相对于全球的能源资源环境保护大潮而言，这样的判断也有失偏颇。也就是说，如果仅仅从效率以及规模报酬递减的角度出发，那么经济转型的方向便会停留在对能源资源环境以及劳动力资本等一切经济资源的高效利用上，只要是相对有效的利用，并在此基础上发展各种产业，那就意味着经济转型成功。事实上，我们也正是朝着这个方向去努力。

不过，问题显然并非这么简单，数年之后，有关转变经济增长方式的努力便开始变得徒劳。随着中国在 2001 年加入 WTO（世界贸易组织），全球出现对中国制造品的旺盛需求，中国一跃成为"世界工厂"，在此过程中，我们仍继续加大力度来实现经济增长方式的转变，尤其是通过推动技术进步和产业升级来提高产品附加值，相当一部分主流经济学家都坚信，只要中国坚持走"开放经济 + 技术进步 + 产业升级"的路子，就一定能实现经济转型。但事与愿违，经历了 20

① 吴敬琏．中国增长模式的抉择（第四版）［M］．上海：上海远东出版社，2013.

余年的努力，经济转型并没有如期而至[①]。原因在于，经济转型还有非常重要的第二层含义。

经济转型的第二层含义与全球化有关，如果说，自1978年后的改革开放是受惠于全球化的过程，那么2001年后，经济在受惠于世界自由贸易体系的同时，也在潜移默化地改变经济转型的内涵。如前所述，加入WTO之后，中国经济发展克服了诸多弊病，并在相关的产业领域取得了较大成效，包括极大地提高了全球市场份额，以及提升了产业的国际竞争力，体现为国民经济TFP（全要素生产率）保持相对较高的水平。但是也带来了满目疮痍的环境问题，这与庞大的经济规模不无关联，即便我们将每单位的资源和环境利用效率提升到极致，也挡不住全球市场在短短10年内对中国制造品的需求给有限资源环境带来的巨大压力。更何况，由于在推进经济转型之初没有将能源资源环境的市场化纳入改革的范畴中，导致了从一开始经济转型便是在失衡的状态下演进的，结果是尽管技术转型取得了部分成功，但资源环境领域转型滞后于经济效率，最终拖累了整个转型的成效。如陈诗一教授在《能源、环境和中国经济转型》中所提："拖累经济效率的驱动因素主要有四种，包括资本深化、能源强度、产业结构和能源结构。"[②]

陈诗一教授把能源强度作为重点分析对象，意义重大。这是因为，如果只是将经济转型的内涵停留在资本深化（规模报酬递减）的层面，那么我们对经济转型的理解是不够全面和与时俱进的。如果我们还不能将经济转型的主要约束力尽快地从效率约束转变为资源环境约束，那么，即便我们可以在很短的时期内推动制造业的技术变革和产业升级，也无法真正应对全球能源资源环境变化的最新趋势，从而错失解决经济转型问题的良机。这一点显然有助于学界和业界重新认识经济转型与能源环境保护之间的关系，进而加速经济转型战略和对策的调整。

---

① 吴敬琏．中国增长模式的抉择（第四版）［M］．上海：上海远东出版社，2013.

② Chen Shiyi. *Energy, Environment and Economic Transformation in China*. Routledge Talor & Francis Group, London and New York. 2013：19.

理解了上述有关经济转型的第二层含义，就可以了解目前的经济转型虽然处于资源环境的约束下，却走上了一条“资源环境软约束”的经济增长道路，由此，经济转型的方向逐渐明朗，即将“资源环境的软约束”变为“硬约束”，将经济增长纳入硬约束的框架内。

## 中国经济转型的“绿色之路”

中国经济转型面临来自资源环境领域的硬约束，但是，硬约束并不意味着“硬政策”，或者通过环保“苛政”来实现经济转型，这不符合经济转型的自身规律，社会经济也将为此付出极大的代价。既要实现硬约束，又要软着陆，关键是要深刻理解能源环境与经济增长之间的传导关系，并利用这种关联来实现两者之间的平衡发展。

第一，能源资源环境软约束的根源在于缺乏有效而精确的定价机制。

有关能源环境与经济发展之间的关系，在国际上，最为经典的理论非环境库兹涅茨曲线莫属，尽管环境库兹涅茨曲线主要是针对发达国家的情景衍生而出的，但其背后的理论解释同样适用于发展中国家。然而，中国作为最大的发展中国家，有较为特殊的体制、机制及改革路径，最大的特殊性体现为在过去的30多年里，中国一直在致力于用市场机制来取代计划机制（这也可以称得上是第一轮的经济转型），在长期的经济转型过程中，我们的确非常重视市场化定价机制所发挥的作用，并且在事实上，也通过各种政策努力将各种要素（包括部分能源环境要素）纳入这个定价机制中，从而使价格发挥出清市场、提高要素资源配置效率的作用，社会各界对此有较大的共识。但是相对于普通的要素而言，能源资源环境要素是否服从普通的定价机制和原则呢？资源环境的利用过程及其结果显然与普通要素有所不同。

其中最大的不同之处在于，能源环境的利用会产生负外部性，也就是说，直接的市场价格其实无法真正体现，并进而出清这种由于负外部性产生的不均衡，这决定了在能源环境领域利用市场机制有其特殊之处，那就是要通过对其负外部性的分析来找到它背后的“真正价格”，以及分析决定这个价格的影响因素。对此，可以从碳排放影子价格的角度出发来尝试寻找这个“真正价格”[①]，这是真正将市场化原则应用到协调我国能源环境与经济发展关系的理论突破。因为只有找到这个真正的价格，才能足以确定各项能源环境政策在经济上的合理性。也就是说，无论采取何种方式来推进能源环境保护，都要秉承合理的价格原则，让能源环境保护的利用（或者排污）在成本上符合等价性，也只有这样，能源环境部门才能发挥对经济增长方式转变的影响，用其硬约束来倒逼经济转型。

当然，通过影子价格来体现能源环境部门的实际成本并倒逼经济转型并非易事，其最大的难处在于在不同产业间、不同地区间影子价格的水平千差万别，因此减排的动力也就因人而异了。如果没有充分注意到这样的“实际情况”，并按照“实际情况”来进行处理，结果便是在能源环境保护上进行“一刀切”“环保硬着陆”，用力过度和用力不足都会影响经济转型的成效。问题是，究竟存在哪些相异的情况呢？陈诗一教授对此展开了深入分析，通过对 38 个不同类型产业的区分和对比，他发现重工业碳排放的影子价格要低于轻工业，经济落后地区碳排放的影子价格要低于发达地区。这样的结论在理论上是站得住脚的，不过要真正落实到具体的实践中还有很长的一段路要走。其中最大的症结在于，如何克服产业和地区背后的利益群体，让不同地区和产业的减排真正遵循市场规律。在理论上可以以全国的福利产出为总目标函数，但现实中不同产业部门和不同地区往往优先考虑本部门和地区的福利产出，在此情况下，难免出现某种利益上的博弈，进而改变最优的决策。尽管如此，陈诗一教授的观点仍然有很大的应用空间，也就是各项政策要本着以最低成本来取得能源环境与经济协调发展的基本原则，以较小的代价来实现能源环境约束下的经济转型。

---

① Chen Shiyi. *Energy, Environment and Economic Transformation in China*. Routledge Talor & Francis Group, London and New York. 2013.

第二，如何实现能源环境对经济转型的硬约束作用?

实现硬约束，除了硬办法，更应该重视“软着陆”，尤其是重视研究能源环境利用和排放变化趋势与经济发展及转型之间的有机联系，然后在充分了解和尊重其中规律的基础上，让能源环境保护与经济转型取得协同发展的效应。

有关中国经济增长的原动力，一般可以分为要素性和非要素性两种，后者也可以简单地归纳为 TFP，也就是用要素贡献无法解释清楚的残余部分。一般而言，非要素性部分比例的大小决定了一国经济增长的质量及其阶段，也影响着经济转型的成效。随着研究的进一步深入，非要素性的动力又被分为三个部分，即技术变迁、规模效应和结构变迁。根据相关考证，技术变迁和结构变迁对于中国过去 40 年的经济增长的影响较大，规模效应影响相对较小[①]。而且近年来，随着结构变迁效应的波动和趋弱，TFP 整体上呈下滑趋势，进而也就从实质上影响了经济转型的过程。问题是，究竟是什么因素导致结构变迁的效应时弱时强呢？陈诗一教授研究发现，1981~2001 年结构变迁效应较强，对经济增长的贡献较大，而 2001~2006 年结构变迁效应则逐渐趋弱。那么，前后两个阶段有何差异呢?

事实上，所谓结构变迁表面上指的就是经济内部的产业结构，譬如重工业和轻工业的比例，但其背后则体现为要素的投入程度。一般而言，重工业自然是以能源资源环境密集型为主，轻工业则是以劳动力密集型为主，也就是说，产业结构的变化会受到要素的驱动，特别是要素配置机制的驱动，这又与中国的经济改革进程密不可分。如果深入考察中国的经济改革进程就可以发现，历次的重大改革都会不同程度地波及要素市场，譬如 1978 年开始的农村改革，改善了农业生产力，释放了巨大的农村劳动力，这就为后续工业经济发展，尤其是劳动密集型、出口加工型的工业经济发展奠定了劳动力要素基础；又如，1984 年开始的国有企业改革，起初重点是“放权”和“让利”，大量的重工业企业开始考虑转型，转

① Chen Shiyi. Energy, Environment and Economic Transformation in China. Routledge Talor & Francis Group, London and New York. 2013.

而生产市场需要的、有利可图的轻工业产品，后来，国企改革进入深水区，实施“抓大放小”的策略，关闭了大量低效和无效的能源资源环境密集型的中小企业，这些举措实则都在经济层面上为能源环境的消耗松绑，进而改变要素配置的机制，为结构转型创造激励。只不过，进入 21 世纪以后，大型国企“重整雄风”，在各个领域攻城略地，重新开展“高大全”的建设项目，大大增加了对能源环境消耗的依赖，降低了结构转型的成效。

可见，能源环境消耗程度的起伏与围绕要素市场配置机制展开的各种经济政策之间有莫大的关联，而能源环境的消耗又会对经济结构产生影响，最终波及经济转型成效。在谈及经济转型与能源环境保护的关系时，不能只关注末端的污染治理，也不能只重视所谓的“环保制度”建设，更重要的是，要从经济政策杠杆本身出发来理解其中的关联和逻辑，更加重视用“绿色”的经济政策来推动环境保护，推进经济转型。

总之，如果能源环境与经济转型存在上述内在的逻辑关系，那么按照这个逻辑关系，至少可以在以下几个方面开展工作，以推进社会经济的转型及绿色发展：第一，推进包括国企改革在内的所有制改革，进一步激发要素市场配置效率。第二，进一步调整产业政策，使得产业发展更加适应发展阶段的特征和需要，毕竟当前能源环境的压力过度集中在重化工产业上。第三，进一步完善节能环保政策，健全环保领域的法律法规，发挥制度倒逼形成“硬约束”的积极作用。

仅以本文作为全书的开头，是为自序①。

---

① 本书收录的是作者过去三年里围绕有关“绿色发展”这一主题展开的相关思考及文章（部分文章有修订），其中部分文章的原稿曾发表于《文汇报》《解放日报》《光明日报》《浙江日报》《中国环境报》《中国电力报》《中国能源报》《长江商报》《求是》《红旗文摘》《新环境》《社会科学报》《中国社会科学报》《东方早报》等报刊及搜狐博客、新华网，在此对这些媒体的大力支持再次表示感谢。

# 自序二　为何雾霾锁深秋[①]

## ——经济新常态的环境要义

近年每到深秋，雾霾频频来袭，环境问题久治不愈，且呈快速扩散的趋势。同时，社会经济发展步入“新常态”，从十八届三中全会的“市场在资源配置中发挥决定性作用”到四中全会“依宪治国，依法治国”，从上海自贸区建设到“一带一路”经济通道的打造，无不意味着“变革”再一次成为发展的“主旋律”，为了理解经济新常态的含义，以及经济新常态与生态环境保护之间的关系，本文将围绕上述问题做一些探讨。

## 怎么理解经济新常态

中国经济新常态，也就是将“经济增速换挡、经济结构调整、政策思路转变”三期叠加，得出经济增长步入“新常态”的提法。对此，学界有不同意见，有人甚至不赞成这个提法，因为经济增长从来都是动态变化的，后来的相对于之前的总是新的。譬如，从1978年改革开放到目前为止，中国经济增长一直呈现较快

① 本文由发表在《文汇报》《红旗文摘》《新环境》等报刊上的文章汇总而成。

的速度，虽然也曾经历过起伏，但从未有人提起过这是“新常态”，此外，还有学者认为未来中国经济的增长速度不会大幅度下滑，仍可以维持在较高的水平上，这就意味着建于增速下滑前提之下的“新常态”其实是不存在的。只有理解了新常态的本质，才能够把握社会经济各个领域在中长期发展的脉络。

## 经济新常态或许是一种“政治性界定”

经济新常态或许只是一种“政治性界定”，有了这个表述，好比是给当前的经济发展形势做了定性，然后以此为出发点开展各项工作，力图通过各种努力（以改革为主）进一步理顺各种关系，来推动经济再次增速前进（这不是没有可能，中国经济还有着较大的纵深空间有待挖掘）。其实，没有一个国家不希望经济高速增长，只不过在新时期里，前期高速增长积累的矛盾必须尽快解决。因此，经济新常态表面上看是创造理性预期，实质上是中央力图在为下一轮经济高速增长创造条件。事实上，作为“新常态”这一概念的首次提出者，美国目前的经济相比于2008~2009年危机时期，已经呈现好转的趋势，并在近期退出了量化宽松时期，这证明所谓的“新常态”至少并不是经济增速上的概念。

## 经济新常态是向“经济第二春”的演进

如果说经济新常态这个表述成立的话，其主要的含义莫过于更加贴近经济学中“均衡”的概念，也就是在不同要素之间、不同产业之间，以及不同地区之间，经济上的竞争和博弈将形成不同于以往的一种均衡关系，这意味着在经济增长所依赖的技术路线或模式上出现新的变化，这一点被绝大多数经济学家理解为“产业升级和经济转型”，但事实上，中国当前经济增长远没有实现现代经济增长模型多重均衡中的“新均衡”，即“更优均衡”。截至目前，中国经济增长只实现过唯一一次的均衡，那就是建立在劳动力红利禀赋基础上的“低水平均衡”。理论上，未来我们必然会走向更高水平的均衡，这也是发展的目标，但即便当下已经开始朝着二重均衡演进，出现了某些征兆，也绝对不能说已经实现了更优的均衡，所以，经济新常态不能等同于“新均衡”，而是继续行进在从“旧均衡”通往“新均衡”的道路上。就此而言，新常态其实是指社会经济进入演进的状态之中，围绕这个演进，我们将做出更多的努力和尝试，而这样的努力和尝试在总体特征上将不同于以前的30多年，因此才有了种种“新意”。因而，新常态不是描述经济发展的结果，而是在双重均衡的过渡过程中，用来发展经济的“战略”。

### 经济新常态是着眼于“保护资本”

从双重或者多重均衡的演进来看，中国经济收敛的方向未必就是好的，努力和尝试的结果可能把社会经济发展推进到更优的均衡，也有可能重新落回低水平的均衡中，即陷入“增长陷阱”，其中必须克服的最关键之处是跨越“临界点”。按照传统的经济增长模型，这个临界点的核心仍在于“投资”和“技术”，即“人均资本量”，如果越不过这个临界点，新常态的战略就是失败的。因此，至少在现阶段，中国并无法真正满足于总量“超英赶美”的发展水平，而是要让人均生活水平达到发达国家水平，这才是“真正的中国奇迹”，就此而言，当下经济新常态要解决的核心问题仍在于如何改善资本的生存环境，通过经济新常态的各种改革试验，侧重于由“市场”而不是“政府”来决定资源的配置方向，由“法治”而不是“人治”来构建治理机制，从而在“收益”和“安全”两个维度上取得资本的最终信任，促进资本的大发展。

## 经济新常态战略的环境要义

按照上述逻辑，可以进一步考察经济新常态下，资源环境部门处于怎样的位置，以及发挥怎样的作用。

## 从维护和保护“资本”的角度看生态环境保护

在总体上，要满足经济增长的条件，即促进资本以及人均资本的大发展，就要从根本上摆正资源环境与经济发展的关系，其核心在于“效率”。经济学理论告诉我们，任何扭曲资源配置的做法，譬如计划型经济或者短缺型经济，对经济仅能产生一些短期刺激效应，无助于长期增长，所以，前30年经济可以在扭曲资源环境价值的背景下取得快速增长，但如今资源环境被扭曲的程度已经到一个重要临界点，即其边际产出低到无法再低的地步，尽管这一度为经济发展创造了“环境红利”（低成本地牺牲了资源环境质量），但边际上对效率的贡献率已经降至最低点；反过来，只有适时控制资源环境的使用程度，才能逐步提高这个部门的边际产出水平，提高经济体的质量，并在未来继续为提高效率做出贡献。此外，摆正资源环境与经济发展关系的另一重含义来自资本自身的需要，生态环境再继续恶化下去，必然会危及资本的安全，最终危及生产力。这一点中西方都没有区别，因此，与其说保护资源环境是一项民生工程，还不如说是一项资本工程。

当然，要保护资源环境，就必然产生额外的成本和代价，或许直接的效应是降低了经济增长速度，但主要是改变了经济增长方式，尤其是从“资源环境软约束”变为“资源环境硬约束”，这是经济新常态非常重要的组成部分。换句话说，资源环境部门对经济新常态的最大意义在于，在此之前，资源环境部门处于相对边缘化的位置，不受重视的原因在于这个部门的产出是实行“配给制”的，即便到今天，能源部门和环境部门的市场化程度仍然很低，因为“既然不需要付费就可以获取，那么就无须重视了”。

## 经济新常态下不能高估生态环境保护的程度

基于前述理由，在本轮经济新常态到来之前，资源环境部门的重要性已经大大提高，不仅成为部级机构，生态文明也成为“五位一体”社会主义建设总布局的构成部分，而在经济新常态提出来之后，在中央深改领导小组的框架中，生态环境建设已经成为仅次于经济建设的重要领域（深化经济体制与生态文明体制改革小组）。那么，是不是据此就可以认为经济新常态下，资源环境部门可以在调整要素间关系的基础上，迅速改善生态环境质量，譬如根治雾霾呢？在这一点上，笔者的观点是不可高估资源环境部门在经济新常态战略中的地位和作用。道理很简单，如前所述，经济新常态的目标是为中国经济增长的“第二春”创造条件，而其中的核心是要从维护资本的收益和安全出发，进一步提高全社会在资本上的利用效率和利用规模。但是在经济新常态的进程中，也无须把自然资源和生态环境要素提高到优先于资本要素的地步，一则没有实力，二则没有必要；否则，过早地高估自然资源和生态环境部门反而将使中国经济陷入“低水平的均衡”之中，而无法实现人均意义上的跨越。

在这一点上，全球并非没有先例。以欧美为例，总体上北欧和西欧在环保上的发展领先于美国，无论在当时基于怎样的出发点（主要是发生了大规模的环境污染事件），这些欧洲地区都更早地开始关注并将大量社会资源投入生态环境保护上。其成果也是极为可观的：在全社会形成了非常系统的环保制度和政策，以及高度的“环保共识”（譬如成立了绿党），在应对气候变化问题上也先于美国，其结果是，欧洲在环保治理上很早就付出了较大的代价，这些环保投入并不符合投入产出匹配的基本经济原则。而美国在环保上一直是稳扎稳打，即使在洛杉矶光化学烟雾事件发生后，加利福尼亚州也并不是在短期内就做出反应，而是经历了较长时间的各方博弈后，在 20 世纪七八十年代才逐渐出台一些环境管制法规，而美国历史上管制力度最大的《空气清洁法》（修订案）也是直至 1990 年才被国会通过，距发生洛杉矶光化学烟雾事件已经过去了 40 多年。在这段生态环境比较糟糕但逐步改善的时期里，美国的经济反超欧洲，并为后来克林顿时期的经济繁荣奠定了基础。此外，在欧洲于 20 世纪 90 年代初开始着手应对气候变化的同时，美国却并未在此议题上大张旗鼓，直到后期才通过自下而上的方式，由市场主体自发地来推动低碳发展，并极有可能取得对全球气候变化应对事务的主导权。

全球各国国力的此消彼长背后还存在诸多复杂的因素，但具体到生态环境保护的投入上，假如不能踩准节奏，过早地采取措施，其对社会福利造成的负面影响将不亚于生态环境破坏本身。因此，必须在资本与生态环境之间取得边际产出上的平衡；否则资本也会因为过快或过大的贬值而失去安全性。

总之，只要经济新常态处于“进行时”，就很难指望生态环境能较大程度地取代资本的作用而为经济的再次高速增长提供动力，然而在经济新常态的过程中，生态环境的作用显然也不会再像以前那样被严重低估：一是因为之前的技术进步在经过一段时滞后会开始发挥节能减排效应；二是过度恶化的生态环境本身也意味着投资环境的恶化，会给资本带来危机感，从而引起一定的反弹。

## 只有经济上的“第二春”才能彻底改善生态环境质量

结合目前欧美各国的情况，总体上，这些国家的生态环境已经从极度恶化的状态中扭转过来，在生态环境与经济发展中形成了良性的自我循环。在经济新常态完成后经济增长实现了高水平均衡的那一刻，也就是在通过提高效率、保护资本而赢得经济二次腾飞后，资本对经济的边际贡献率将呈现递减的趋势，按照《21世纪资本论》的解释，也就是资本规模在经过长期积累后，远远超过了其他要素（譬如收入）的规模，从而导致在要素之间、供需之间等方面出现某种程度上的错配，此时，一旦资本丰裕，包括生态环境在内的其他要素就会体现出相对较高的稀缺性。如果按照市场的规则来配置这些稀缺资源，那么其定价也会较高，重要程度会更大，也只有这样才会对全社会形成“保护”上的激励，各种致力于改善生态环境质量的制度和政策才能真正落到实处。

概括来说，在经济新常态与生态环境保护的演变关系上，只要经济增长仍然没有达到一定的水平，就依然会对资本有着较强的依赖性，这决定了在此条件得到改变之前，生态环境保护不会取得对经济增长任务的压倒性优势。具体到经济新常态，如果不能通过这个新常态的过程让经济增长尽快实现第二次腾飞，那么生态环境质量未必会得到较大的改善，这一点其实恰好与当前我们如何认识雾霾等环境问题的治理效果息息相关，我们提出了很多思路，把环境保护工作提到了非常重要的高度，但从上述有关生态环境保护滞后于资本发展的基本规律来看，我们实则很难指望经济新常态会在短期内很大程度地改善生态环境质量，毕竟，这是经济新常态，并不是环境新常态。

## 经济新常态下环境保护的方向和对策

在经济新常态中，必然会涉及生态环境部分，学界也已经注意到了这一点，譬如“经济新常态带来环保新思维”（赵华林，2014），这就涉及下面所要探讨的问题：在经济新常态中，环境保护能做些什么。按照之前的论述，这个问题也可以表述为“在进一步强化资本地位的过程中，环境保护能做些什么”。概括起来，可以用四个字来回答，即“夯实基础”。

从理论上而言，生态环境问题的渊源并不复杂，经济学上用“外部性”来界定“经济理性人在意愿和行为上的这种分离”，并据此提出了“外部成本内部化”的基本解决原则。但事实上，生态环境领域所产生的种种问题，其背后都有着极为复杂的成因，无论是在其科学机理还是社会制度层面上，都像是笼罩着层层迷雾，极难看透，其根治不可能一蹴而就。西方国家通过数十年的努力才逐步厘清其中的关系，并找到了治理的门道。但随着环境污染物的变化和全球发展形势的演变，这些国家也都面临着重新梳理各种矛盾的挑战。具体而言，在中国所谓的“夯实基础”主要有两层含义。

第一，科学研究的基础。一方面，环境问题在科学上的成因是什么？各种污染物从何而来？有哪些特殊的形成机制？不同污染物之间存在怎样的传导关系？传统污染物与新兴污染物之间有何联系？环境污染浓度与气象、地理等其他条件的关系，等等。有关这些问题的研究还太少，少到我们只能用国外的研究来讲中国的故事。另一方面，如何治理环境？如何利用各种技术来改善环境，并提高资源环境的利用效率？在这方面有很多误区，譬如将技术变化等同于技术变革，以及将要素替代等同于效率提高等。因此，我们看似在环境保护上取得了很大的技术进步，但没有使环境质量得到很好的改善。

第二，治理机制上的基础。环境保护既要靠科技的进步，又有赖于社会制度的变迁。社会制度层面上要解决的主要问题在于，保护生态环境究竟需要怎样的系统性制度和政策，这其中的关键是利益分配机制的调整。

（1）将环保产业视为经济刺激，即便是一种刺激，也是非常低层次的刺激，绝非经济发展的主流。（2）从重从快治污，希望有奇效。（3）盲目轻信市场，放任市场发挥调节作用。在发达国家，用市场机制来调节生态环境资源的利用是极为谨慎的，到目前为止，仅在有限的范围内和为数不多的领域里取得过成功，而政府的监管发挥着不可替代的作用。（4）划区治理，区域联防联治的最大意义在于具有同质性的生态环境功能区进行相对统一的政策协调，譬如一致的标准。但这并不是行政区划意义上的统一，这意味着，要进行区域联防联治，有必要在更大的范围内进行治理，这不仅需要开展生态学上的研究，更需要突破现行的行政区划；否则，可能造成污染的跨区转移。这在本质上是一种“堵”，而不是“疏”，“堵”意味着无法改变行为本身的选择或决策机制，而是简单粗暴地直接改变“行为”，其作用无疑只能是短期的或局部的。（5）当“改革”成为新常态，以“改革”为由来拖延生态环境保护制度的完善。

在经济新常态中，切忌对生态环境保护的进度有过高的估计，只有立足于科学研究和体制机制两方面，为改善生态环境打好基础，才足以在经济再次腾飞之时，彻底冲破深秋的重重雾霾，交上一份让大众满意的生态环境保护答卷。

# 制度、发展与环境保护

# 保护环境与发展经济：环境库兹涅茨曲线的启示

在很多环境保护实践中发现，只要能够合理界定共有产权的问题，就可以消除环境污染的外部性，使环境污染水平恢复到社会最优程度。

2015 年，曾有人提出环境科学中有一条“环境库兹涅茨曲线”。在环境经济学中，的确有一条专门用来描述经济增长与环境质量间变化关系的重要曲线，并且由于这条曲线的形状很像一个倒写的英文字母 U，因此也俗称为“倒 U 形曲线”。不过，基于经济学独特的研究方法，到目前为止，学界并没有对这条曲线得出的结论完全认同，而是将其界定为一种“假说”，也就是说无法对其真实性进行有效验证。因此，更为恰当的表述是，“环境库兹涅茨曲线”是一个“环境库兹涅茨假说”。尽管如此，“环境库兹涅茨曲线”仍然在 20 世纪的最后十年里带动了无数的相关研究，几乎成为自 20 世纪中叶环境经济学创始以来最为重要的理论之一。

无论是一条曲线，还是一个假说，都有其渊源，究竟是什么样的发展背景和契机促使了这条曲线或假说的出现；从理论上而言，又有怎样的铺垫，使得这条曲线能够横空而出。只有正本清源，才可以进一步地考察这样一条貌似简单的曲线怎样造福于中国的环境保护实践。

“环境库兹涅茨曲线”描述了经济增长与环境质量间的变化关系。第一，历史统计数据显示，在经济增长与环境质量之间存在一定的规律性假说关系；第二，研究表明，从西方发达国家的实践来看，经济增长与环境质量存在“倒U形”的关系。主要的症结在于，“环境库兹涅茨曲线”是否可以直接用来解释中国等发展中国家的环境保护实践。换句话说，即便中国的经济增长与环境质量之间的确存在规律性关系，但是这个关系是否就是典型的“倒U形”曲线呢？对此，一方面，有必要追溯西方在环境保护和经济增长上的发展历程；另一方面，也有必要根据中国的情况进行具体分析，并在此基础上找到症结和出路。

## 环境问题及其解决途径的历史演进

### 产权和外部性：早期的环境问题及其解决途径

尽管环境问题早就在西方发达国家蔓延，但直到20世纪90年代初期，人们都一直“先入为主”地将经济增长作为环境问题的罪魁祸首，认为正是经济的高速增长，使我们走上了一条高污染、高排放的发展道路，陷入了错误的生产和消费模式，才导致大规模环境污染和生态环境质量下滑。

正是基于这样的认识，西方发达国家在早期的环境保护运动中，都把经济增长作为一个既定的外生条件，既然是既定的，也就是无法改变的，社会一定要进步，经济一定要增长，但环境问题也要解决，怎么办呢？只有把目光转向制度层面，即改善环境保护的各种制度安排，才能在经济持续增长的同时，通过制度的约束来扭转环境质量下滑的程度。

由此派生出了最早的环境经济学理论，那就是基于产权和外部性内部化的环境经济学理论，还有著名经济学家科斯对环境保护做出的巨大贡献。从科斯的理论出发，当时的环境经济学貌似找到了环境问题的解决之道，那就是从解决“外部性”出发，消除“市场失灵”，让生态环境作为一种“要素”性资源，重新在社会福利最大化的基础上，使市场资源得到合理配置。

这样的解释显然是合理的，这的确是环境问题的制度性根源。在很多环境保护实践中也发现，只要能够合理界定共有产权的问题，就可以消除环境污染的外部性，使环境污染水平恢复到社会最优状态。

其中最具代表性的，也是最有“迷惑性”的是，科斯认为：只要所有的交易是无摩擦进行的（即交易成本为零），那么，外部性问题便可以通过市场解决；而当交易过程中的摩擦或成本很高时，外部性问题就需要通过政府干预或法律来解决。这就是著名的“科斯定理”，也为后续排污权交易市场的发展奠定了理论基础。既然市场可以解决这样的问题，那么，我们就来设计一个市场来提高生态环境资源的配置效率。譬如，碳排放的交易市场。

基于产权和外部性的环境经济学基本主导了早期的理论发展，即便在20世纪70年代，在另一个环境经济学的重要分支，罗马俱乐部提出“增长的极限”理论（这个理论认为，资源环境问题可能与经济增长的关系更为密切，但基于多种原因，其论证并不充分，预测也并不准确），仍无法撼动环境保护领域对产权和外部性理论的狂热。也正是在这一阶段，环境保护的立法、规制、市场等风起云涌，西方各国都将环境保护的希望寄托在制度性的变革上，这种状况一直持续到20世纪90年代。

## 资源稀缺和拥挤：新的环境问题

到了20世纪90年代，西方国家的环境得到改善，这些国家理应为环境经济学所取得的重大成就而欢呼，情况也的确如此，无论是理论界还是业界，都认为制度变革功不可没，而这样的环境保护制度也值得在全球推广。不过，情况显然没有那么乐观。一方面，学者们提出，为什么在部分发达国家环境得到改善的同时，其他国家和地区的环境却在恶化，这与“制度差异”有关吗？另一方面，还有研究发现，二氧化碳的排放在逐年升高，已经危及人类自身的发展。基于这些问题的严重性，联合国在1992年召开了联合国环境与发展大会，重点讨论了上述两个问题。此次会议有两个重要成果：一是确定了旨在推动可持续发展的《21世纪议程》；二是确定了应对气候变化的议题。这表明，可持续发展的问题远远没有解决，反而需要更加重视。那么，既然此前已经找到了制度上的根源并加以解决，为何还会出现新的问题呢？

其实，有关环境问题的根源，早期理论并不是没有注意到制度之外的成因，譬如，在1968年发表的一篇非常著名的论文《公地悲剧》中，作者既分析了制度上造成资源过度利用从而破坏生态环境的原因，同时还指出“稀缺性”的变化也是造成资源过度使用的原因。他观察到，在资源并不稀缺的情况下，即便产权模糊，也没有外部性问题，就不会带来资源的过度利用，但在人口众多、资源极度稀缺的情况下，如果产权界定不清，就会造成严重的外部性，带来环境污染和破坏。

上述理论最为宝贵之处在于，在制度不变的条件下，代表资源稀缺性程度的经济增长水平也会构成对生态环境的影响，不幸的是，这样的理论闪光点被当时的理论界忽视了，或者说，在当时高度重视经济增长的氛围下，这种理论并不受欢迎。

除此之外，到20世纪90年代，还有一个因素促使人们开始将环境质量演变的原因追溯到经济增长上，那就是“自由贸易”。因为按照之前的理论假说，“自由贸易”的结果往往是使得环境污染产业从发达国家向发展中国家转移，因此很多经济学家都对此感兴趣，并着手进行论证和研究，也就是在这样的研究中，有两位经济学家从中找到了现在大家所知道的这条“环境库兹涅茨曲线”。

## 环境库兹涅茨曲线的理论起源及其内涵

### 环境库兹涅茨曲线的缘起

最初提出环境库兹涅茨曲线理论的是两位经济学家，分别是格罗斯曼

（Grossman）和克鲁格（Krueger），他们最初研究的是自由贸易与环境污染跨国转移问题，尤其是对北美地区的两个典型国家美国和墨西哥进行研究。在研究的过程中，他们发现，并不是自由贸易决定了污染的转移，而是经济增长或者收入水平等因素左右着污染的转移和排放。因此，他们将研究转向了经济增长与环境质量间变化关系上，基于各国数据，他们得出一个基本结论，即伴随着一国或地区经济的增长（主要以人均收入为指标），在初期主要污染物排放量会逐渐增加，环境质量出现恶化，而过了一定阶段后，如果经济持续增长，那么，在经济增长水平越过了某个发展阶段后，主要污染物排放量便会到达顶峰，随后出现下降。把上述关系用图形表现出来，即“环境库兹涅茨曲线”。

为什么这条曲线不用两位经济学家本人的名字来命名呢？这是因为这条曲线的形状与20世纪60年代另一位著名经济学家西蒙·库兹涅茨发现的有关收入水平和贫富差距的曲线一样（这条曲线当时被命名为“库兹涅茨曲线”，也呈倒U形），因此，他们沿用了库兹涅茨的名字，但在前面增加了“环境”二字。

## 经济增长是罪魁祸首还是灵丹妙药

这项研究意味着环境经济学的发展开始出现转折，由之前从制度上寻找环境问题的成因并加以解决，逐步过渡到从经济增长上找原因并加以解决。根据随后的研究，经济增长之所以会造成环境问题，有以下几方面的原因。

第一，在经济增长过程中，生产和消费规模的扩大导致了资源和环境的绝对稀缺，根据“稀缺租”的理论，人们一般都是先开发禀赋条件较好的资源或环境（譬如良田），而后开发禀赋条件不好的资源或环境（譬如贫地）。这样一来，随着人口和经济的增长，总体规模扩大后必然会使处于生态环境脆弱地区的边际性资源被引入经济体系中，也就是逐步突破生态环境的承载能力，造成环境退化和质量下滑。

第二，在经济增长过程中，由于城市化的发展需要，必然要引入大量的重化工产业，这些产业有着污染密集的特性，也就是说，在经济增长的某个阶段上，整个经济体量会显得很“笨重”，即结构不够合理。这个问题使现代经济增长对环境造成了双重的损害，除了规模之外，还有一些是工业化生产方式带来的，譬如染料产业。《汤姆斯河》这本反思工业污染的著作就介绍了化工产业所排放的污染对河流以及居民健康的严重危害。

第三，在经济增长过程中，随着全球化的演进，贸易的自由化也会带来新的环境问题，尤其是给在国际贸易格局中处于不利地位的发展中国家造成极大的威胁。因为，它们虽然没有承接来自发达国家转移出来的污染产业，但客观上要为发达国家生产初级产品，而这些初级产品往往都是资源或者环境污染密集型产品，为此，这些国家要付出巨大的环境代价。

既然从经济增长上找到了环境问题的原因，那么必然可以从中发现解决途径，这也正是经济增长的高级阶段可能带来环境质量改善的原因，总体上有下列几个方面。

第一，从绝对的规模增长向经济上的规模效应转变。如果说随着经济的增长，资源和环境的利用规模是在绝对地扩大，从而变得稀缺，那么是否可以从产出规模的扩大中找到减少资源和环境投入的可能呢？也就是实现经济上的规模效应，这意味着，经济产出的规模扩大 1 倍，投入可能仅扩大 0.5 倍甚至更少，如果能做到这一点，那就说明可以在扩大规模、发展经济的同时，并不增加资源环境的负担，其核心是提高资源环境的生产力。

第二，从技术进步中寻找改善环境质量的积极因素。有关技术进步的经济学研究认为这是经济增长非常重要的贡献因素，与此同时，技术进步本身也受到经济增长和人口增长等因素的影响，但早期并没有将技术进步和环境污染治理直接关联起来，在“环境库兹涅茨曲线”的研究中发现，经济增长会对环境质量有改善作用是由经济增长过程与技术进步过程相互影响所致，也就是说，经济增长会推动技术进步，而技术进步又惠及资源环境的利用效率，不仅可以提高利用水平，而且对其末端排放的治理有帮助，因此有技术进步和没技术进步两种情景下的环境质量区别很大。

第三，从偏重于工业制造业的经济结构向偏重于服务业的结构转型。如前所述，既然高污染的重化工产业是环境问题的来源之一，那么这部分生产减少后会有什么结果呢？当然，一国并无法天然地或者强制性地突然改变其经济或产业结构，这种变化也只能是经济增长规律的结果，因为在经济增长初期，重化工产业对经济增长的贡献较大，而后期，服务业等产业的贡献变得更大（从生产端转向消费端），此时，随着结构的改变，污染自然会下降，环境质量也会好转。

第四，从对物质消费的偏好转向对环境消费的偏好。随着经济增长与消费者收入水平的提高，消费者在满足了基本的物质需求之后，开始更多地追求健康、舒适、景观等与生态环境有关的生活品质，进而也就更加愿意为获得这些生活品质埋单，这也是大量相关研究的结果都显示出居民支付构成中包含越来越多生态型支出的原因。

总之，上述四个方面的原因分别可以用规模效应、技术效应、结构效应和收入效应来概括，而这些效应无一不与经济增长的较高阶段有关。这四个方面也正是“环境库兹涅茨曲线”最有价值的理论发现。

## “环境库兹涅茨曲线”在中国的实践

根据上述理论变迁可以总结出几大发现，“环境库兹涅茨曲线”或许对中国当下的环境治理有益，也可以真正地将“绿水青山”和“金山银山”统一起来。

### “阶段论”并不等同于“宿命论”

基于“环境库兹涅茨曲线”，可以得出环境质量变化“阶段论”特征，在一些人的心目中，“阶段论”几乎等同于“宿命论”，即在某个阶段的环境保护不作为是理所应当的，从而使环境保护及绿色发展陷入僵局。因此有必要针对此问题澄清“阶段论”中的认识误区，并探明其内涵。

第一，如何理解“不走‘先污染后治理’的老路”？

一直以来，在有关生态环境保护的教科书或主要报告中都有一句话：“不走‘先污染后治理’的老路。”所谓“老路”，指的是西方发达国家曾经在环境污染上经历的惨痛教训。作为发展中国家，中国应该吸取教训，避开老路，转而采取“不污染”或者“污染和治理并行”的发展新模式。

应该说，对西方发达国家在环境保护上的反思是极为必要的，但事实证明，中国恰恰在这样的反思中还是走上了一条“先污染后治理”的老路。这是因为我们错误地理解了“污染”和“治理”之间的时空和逻辑关系。

从字面上理解，污染和治理无疑是属于反面和正面的两个典型，它们之间的逻辑关系很简单：既然要治理污染，就要付出很大的代价，那么为何不能在一开始就消除污染因素呢？这里显然用“好坏”逻辑混淆了“前后”关系，其实，根本不存在“先治理后污染”的例子，因为只有排放了“污染”，才会有“治理”一说，也正因为如此，无论是微观还是宏观上，污染的阶段和治理的阶段必然是错开的，而且是“前后”关系，这正是环境保护“阶段论”的基石所在。即环境破坏的阶段和环境治理好转的阶段是一前一后的，这个发展规律并不是后发国家能够轻易绕开的。因此探索其中的规律极为重要。

第二，“阶段论”下环境保护是否应“无为而治”？

由上述内容可知，既然无法绕开“先污染后治理”的老路，那么是不是意味着环境质量的“先坏后好”是必然规律，所有后天的努力都无济于事呢？

对此，一些经济学家也有过分析，认为经济结构与经济增长水平有关，也就是说，经济增长水平越高，经济结构就越合理，因而环境质量也就越好。事实上，这一判断很看重经济结构，即合理的经济结构更有利于环境质量的改善，也就是说，不能对环境质量听之任之。因为在其他条件相似的情况下，存在合理程度不同的经济结构。

如果说经济增长水平与环境质量间的确存在某种确定的关系，那么在这个“关系”中大有文章可做。有没有可能通过政府和市场等各方的努力来微调经济增长与经济结构的关系？有没有可能对经济结构与环境质量的关系进行微调？答案是肯定的，这种可能性自然催生出环境保护技术和制度改变的必要性。

第三，可以单单依靠技术或制度来改善环境质量吗？

在一些经济学者对雾霾成因的判断中，技术和制度分属后两个成因。改变能源结构的核心是改变经济增长的技术路线，而加强环境执法的实质则是完善制度。对于这两点，有很多人抱有较大期望，这也是近年来能源发展和完善环保法治成为重要议题的原因。不过，将技术和制度作为保护环境最重要的抓手显然是对“阶段论”的一大误解。

从表面上看，无论是在西方发达国家长期以来的环保实践，还是在中国近期以来的环保工作中，技术进步和制度完善都有不可或缺的作用和影响，但大量的经济学研究都证明了一点：技术进步也好，制度完善也罢，其实都内生于经济增长。也就是说，技术和制度看似直接促进了环保，但内在的机理是，技术和制度的变迁先对经济增长产生了积极影响，然后通过改变经济结构等因素间接地作用于环境质量。显然，如果技术和制度不首先推动经济增长，那么也无法真正惠及环境质量。

## 环境问题的成因和解决：是制度还是经济

首先，“环境库兹涅茨曲线”的理论假说并非是在环境问题爆发初期就被提出来的，也并非是偶然的，因为社会经济需要发展，所以早期的环境经济学理论只重视制度因素，这与当前中国的情况相似。在解决环境问题的过程中，制度因素的确应该先于经济因素（稀缺性因素），如果没有制度变迁做铺垫，西方国家的环境也未必可以随着经济增长而自然得到解决。这既是理论上的逻辑，也是环境保护实践上的逻辑。在特定的经济增长阶段，不能以牺牲经济增长为代价来保护环境。

其次，在解决了制度因素后，是否可以直接过渡到经济解决因素的层面，是当下讨论非常热烈的问题，即环保与经济发展的关系问题从西方的理论发展和实践发展进程来看，即便解决了制度因素，也并没有迅速进入解决经济因素的阶段，原因在于，经济解决能否成功取决于“规模”“技术”“结构”“支出”等因素。在一定程度上，制度完善和经济转型的进程无法绝对统一；相反会出现时滞，甚至是很长的时滞，因此，要让环境保护的重点从制度解决转向经济解决，关键取决于条件是否成熟，而不是制度因素本身。

最后，如果仅仅将环境保护工作的落脚点放在制度和经济两个层面上，看起来似乎与西方发达国家的理论和实践相吻合，但事实上仍然有一个重要的问题需要解决，即制度和经济背后的“制度”，通俗地讲，就是“市场”。因为，上述产权和外部性内部化等制度安排的出现是为了避免“市场的不完备”，也就是说，这些制度安排是与初始状态下的“标准市场”相契合的，如果现在的“本土市场”并不是西方国家初始状态下的“标准市场”，那么用来解决环境问题并照搬西方经济的制度安排便无法解决所谓的“市场失灵”。同样地，经济因素的改变基础也是西方发达国家的初始“标准市场”，这就意味着，如果不能将本土的市场调整到标准的“市场”状态，那么无论是制度因素的改变，还是经济因素的改变，都无法真正地在“环境库兹涅茨曲线”的基础上解决环境问题。这恰恰也是要让“市场发挥资源配置决定性作用”的重要原因。

## “绿水青山”就是“金山银山”吗

“环境库兹涅茨曲线”的重要性并不仅在于找出了经济增长与环境质量间的经验性变化关系，更重要的是，它揭示了经济发展与环境质量关系背后的一个“黄金定律”，而这个“黄金定律”却往往被人们忽视。

第一，“环境库兹涅茨曲线”刻画了西方发达国家在环境保护上的历史，这段历史与西方国家稳定的经济增长紧密相连。这说明，在西方发达国家实现环境保护的过程中，经济增长与环境质量之间存在较为通畅的传导关系。也就是说，在环境与经济构成的两部门框架中，可以自由地实现从成本到产出的动态均衡，最终使两个部门实现一体化。正因为有这样的传递和均衡关系，才足以让经济增长对环境质量产生诸多的正面效应，并促使环境质量的改善，这便是对“环境库兹涅茨曲线”再认识所发现的一个重要规律，称为环保的“黄金定律”。

第二，西方发达国家为了实现这一“黄金定律”，也费了相当大的精力，主要是通过各种手段促进经济增长与环境保护的再平衡，恢复其正常的比价关系，使各种要素在经济与环境两个部门间自由流动。也正因如此，才有了20世纪70年代风起云涌的环境保护大潮，从某种程度上讲，全社会对环境问题的理性反思，恰恰是为经济上的再平衡创造基础，对环境的内在价值进行“拨乱反正”，打破两者间的重重阻碍，促成“环境库兹涅茨曲线”中各种效应的实现，并最终成功地越过收入的“临界点”，改善环境质量。

第三，结合上述两点分析，反观当下中国的境况给我们的启发是，中国环境保护问题的症结在于，经济部门与环境部门之间出现严重失衡，相互之间无法实现有效传导，其本质就是在处理经济增长与环境质量关系的过程中，忽视了“环境库兹涅茨曲线”中所隐含的环保“黄金定律”。结果是，经济部门与环境部门在效率上相互背离，进而带来了资源配置上的扭曲，即经济增长了，但环境变得更加糟糕，环境保护的临界点迟迟无法到达。

换句话说，从“环境库兹涅茨曲线”的角度看，中国也存在这样一个足以改善环境质量的收入临界点，但是，在真正实现环保“黄金定律”之前，这个临界点无疑将是“高不可攀”的，而我们也将在解决环境问题上付出更大的代价。

因此，我们可以在“阶段论”的基础上对当下的绿色发展总结出以下几条结论：第一，环境质量与经济增长有关联；第二，改善结构是关键；第三，经济增长最保险。

总之，面对当下的生态环境保护问题，社会各界有些焦虑的情绪无可厚非。不过，如果我们缺乏对环保内在规律的正确认知，那么“环境库兹涅茨曲线”就极有可能只是空中楼阁，改善环境质量的临界点也将可望而不可即。反之，如果能够打通经济与环境间的阻断，充分尊重环保的“黄金定律”，那么，“绿水青山”与“金山银山”之间就能够真正地实现统一。

# 治霾：环境公共品供给的制度选择
## （之一）

如果市场并不是一个“坏家伙”，至少在它长大后不是一个“坏家伙”，而现在只不过是一个“小淘气”的话，那么我们在环境保护上，以及推动市场承担环境责任上，并不是越俎代庖，让政府取代市场，而是应该先让市场长大。

2014 年 6 月 5 日“世界环境日”，国际社会的主题是“提高你的呼声，而不是海平面”（Raise your voice not the sea level），中国的主题则是“向污染宣战”，在这两个主题之间可以找到一个最重要的共同点，那就是“公众参与”。公众参与既是克服海平面上升（全球气候变化）挑战的关键，也是集中社会全力打赢污染治理之战的关键。究竟应该如何理解公众参与的重要性？在推动公众参与的政策中，哪些是最值得关注的？通过对众多研究进行梳理可以发现，在市场经济较为发达的经济体中，公众的参与是足以让市场自身真正地肩负起环境保护职责的有效途径。因此，要想真正让公众对环境保护的参与发挥积极作用，关键在于如何理解并做出有关环境治理（公共品供给）的制度选择。

## “向污染宣战”：市场是一个“坏家伙”吗

有关市场与环境保护的关系，最有名的论断莫过于“市场失灵”，它长期左右着我们对市场角色的认识。对环境领域而言，“市场”无疑就是那个到处捣乱的“坏家伙”。譬如，市场扭曲了行为个体的成本与收益，放大了需求的无限性，衍生出了各种“盲目”和“疯狂”（比如带来了“公地悲剧”）等。既然有了“坏家伙”，就需要“警察”出面维护秩序，也就是“政府”出面开展环境“管制”（或规制）。无论是用公权的强制力，还是在原来的产品和要素市场基础上再建立一个“环境市场”，都需要政府出面，即“纠正市场失灵”。

这样的“纠正”在当下很常见，其中尤以京津冀地区的“污染企业”搬迁为甚，为了将有碍环境保护的企业搬走，政府已经对市场这个“坏家伙”不抱任何幻想了，这些企业自己不肯走，因而“胡萝卜和大棒”的政策介入显然是不可或缺的。令人唏嘘的是，这数百家企业不乏大型国企和上市公司。

那么，这样的结果究竟是因为我们的市场已经发展成熟，从而染上了一些“成熟市场经济”的陋习，还是因为我们的市场太年轻而不够成熟呢？

有关市场自身能否担负起环境保护职责的问题，可以来看一个针对美国与加拿大的研究。经过比对发现，乍看起来市场自身似乎无法有效推动企业的环境保护。譬如，对上市公司发生重大环境事件后的外部惩罚并不能影响市场投资者的投资决策，即公司股价没有明显变动，也就是说，市场的确是个“坏家伙”。但进一步的研究则发现，随着政府外部惩罚次数的增加，市场接收到这个信息之后，股价出现了向下的波动。也就是说，在推动企业承担环境责任上，即便外部的惩罚较弱，但一旦这样的惩罚信息经披露不断被强化后，市场自身就可以通过投资者的决策来进行选择和惩罚。这个结果其实也与实际情况相吻合，因为，无论是美国还是加拿大，对上市公司发生重大环境事件的惩罚力度都不大（美国平均约为 4 万美元，加拿大仅约为 2 万美元）。但这样的惩罚力度并没有让美国和加拿大的上市公司出现“向底线竞争”排污的恶性循环，反而，平均的环境绩效在逐年改善，这意味着企业在承担环境责任上更加积极，而不是更加消极。

上述研究说明，市场并非是一个“坏家伙”。其中以下三点值得为市场“正名”。其一，相关信息披露要完善。这并没有超出市场自治的范畴，企业在环境保护方面做了什么，排放了多少污染，出现重大事故后是如何处理的，等等，对这些信息进行披露，让投资者等相关利益方知晓这些信息，并不违背市场规则。其二，企业的价值决定市场价格。这也似乎没有超出市场自治的范畴，尽管资本市场的表现有时会偏离这个规律，但从长期看，上市公司的股价还是与其价值水平相吻合的，因此，企业的负面环境信息被披露之后，理应影响到其投资价值，然后是价格，这一点也应该是市场的应有之义。其三，外部惩罚讲究从一而终。也就是说，如果市场有一套规则，那么这个规则应该是一视同仁的，这一点应该也是从属于市场范畴的。

反观当下的市场，我们要思索：上述这些条件，市场做到了吗？企业是否完全披露了其环境污染信息？企业市场价格是否与价值呈正相关？投资者是否理性？规则是否从一而终？如果没有做到这些，只能说市场还太年轻，不够成熟。

如果市场并不是一个“坏家伙”，那么在环境保护方面，以及推动市场承担环境责任方面，并不宜越俎代庖，让政府取代市场，而是应该先让市场长大。

## 为何有雾霾？市场的选择性失灵与产权界定

要实现绿色发展，首先必须澄清环境问题的根源，然后才能对症下药。

### 外部性与市场的选择性失灵

有关生态环境问题产生的根源，一般而言，外部性是公认的主要原因。早在1920年，英国经济学家庇古就提出企业社会成本与私人成本相分离会使得私人生产规模超过社会最优的生产规模。因为在外部性的影响下，企业可以不用负担外溢的那部分成本，但收益是整体内部化的。可见，外部性是经济学认为造成环境污染及相关问题的关键所在，从此角度出发，消除外部性也就成了解决环境问题的重中之重，进而派生出排放权交易、环境税等将外部成本内部化的政策工具。

实际上，环境问题在目前已有变化，从而使得上述外部性的条件已经无法成立。主要原因在于：

其一，在环境污染物范围不断扩大的情况下，从广义的外部性来讲，市场中已经没有不具备负外部性的生产和生活活动了。广义的外部性认为，个体行为的后果波及他人，给他们带来收益或成本时便产生了外部性。那么，当温室气体等排放都会影响大气环境从而波及他人福利时，所有的生产和消费活动都无一例外。生产和消费活动都会利用能源，从而在不同程度上排放污染物。既然如此，其实这个世界已经没有纯粹的私人产品可言。反之，如果将各种环境污染的排放都视为私人产品，那么环境问题的根源也就不存在外部性之说了。

其二，可以将外部性的范围缩小一点，即仅考虑个体行为对他人福利的“直接影响”，而不是泛泛的“影响”。譬如，化工厂的污染排放直接影响当地水质、空气质量等，在早期还可以因为技术水平低下而存在外部性影响责任不清、影响程度不准等问题，而在各种监督和定位技术高度发达的今天，理论上这些排放源都是无所遁形的。这就意味着，排放的确产生了“外部影响”，这是基于私人利益基础之上对他人和社会福利的侵犯，根本不是庇古提出的“外部性”和“社会成本”，“福利侵犯”和“负外部性”有本质区别。

其三，另一个事实是，在现代科技水平下，“环境”或“环境污染”资源其实已经不是传统意义上的“公共产品”。恰恰相反，它已经转变为一种“私人产品”，而且是被高度“商品化”和“要素化”的私人产品。既然如此，当代环境问题的根源并非其他，恰恰是我们没有通过合理的工具将“环境污染”这一私人资源进行优化配置。也就是说，人们有意无意地忽视了环境污染的私人属性，从而忽视了通过常规性的手段来配置环境资源的必要性。而配置环境资源的有效工具还是市场和价格。

就此而言，当前世界上所出现的各种环境问题，其关键不是传统意义上的市场“失灵”，而是基于政治经济考虑的市场“选择性失灵”，其实质是非环境要素部门通过这种“选择性失灵”来降低环境要素部门的回报率，继而从中获取“剪刀差”收益。

环境问题的根源梳理清楚后，解决起来也就不难了，任何私人产品的优化配置都离不开价格机制，而解决“剪刀差”问题的出路也都离不开重新恢复不同部门的价格对比关系。

目前社会对环境问题越来越重视，政府也出台了很多环保政策，要从源头真正地解决这个问题，还必须重新思考和定位“环境污染”的私人属性，赋予“环境污染”排放以一定的市场价值，放弃“选择性失灵”的政策理念。唯有如此，才有可能真正平衡各方的政治经济关系，扭转环境质量下滑的趋势，最终解决环境污染问题。

## 产权缺失与环境污染

耶鲁大学管理学院陈志武教授曾提到一个现象，那就是很多中国人的家庭内部环境布置得非常精心，但楼道卫生往往欠佳，他认为其中的原因可能就在于产权的制度安排内外有别。

陈教授对家庭内外环境的比较分析是合理的，毕竟家庭外面楼道和小区的环境关涉家庭自身的利益，所以大家还是愿意出钱购买一些物业管理服务来保证基本卫生和安全。但再远的地方就不好说了，居民虽然纳了税，并通过政府购买了远离住家的地方的公共服务，但可能由于存在信息不对称，大家好像并不十分重视公共道路的卫生。总体上，这些地方开始出现所谓的典型“外部性”现象，如乱扔垃圾、闯红灯、随地吐痰等，其范围可以一直延伸到一些重大的环境污染问题，譬如雾霾、土壤和地下水的污染。

就雾霾而言，为什么家庭愿意购买空气净化器来清洁家庭的小环境，而不愿意节制自身的“外部性”消费行为来清洁公共的大环境呢？除了市场和政府偏好带来的“选择性失灵”的原因之外，或许公众在环境（和资源）产权上的缺失是造成环境保护内外有别的重要原因。从我们有能力较好地明确界定私人部门产权的角度来看，这实际上是另一种形式上的市场“选择性失灵”，也就是在客观上基于忽视环境产权的制度安排设定使得非环境部门规避其相应的“外部成本”及法律责任，从而为这些部门的快速发展创造条件。

在如此制度安排下，环境产权界定模糊或缺失的后果很明显，那就是环境污染不仅以邻为壑，更是害人害己。害人在于对外污染可以不承担法律责任，害己在于对内污染没有逆向激励或福利损失。

其一，一般意义上，产权是指权利束，其中最重要的是所有权，出价购得私人产品的最大回报在于拥有了相应的物品、资产、服务的所有权，继而派生出使用权、处置权、收益权、保护权等权利。有的产权并非以固定的物质形态在明确的界限内表现出来，这些主要集中在公共服务领域，包括环境服务、教育、安全、医疗卫生等。虽然的确很难对环境服务下一个具体而固定的定义，但至少在每个发展阶段，可以根据不同的科技和认识水平，确定环境服务的范围。也就是说，排除掉不确定的那部分因素，环境服务的内容是可以给定的，这就为产权的界定提供了可能性。

其二，作为公共领域的环境服务，其产权可以被分割界定吗？即有无边界可言？传统理论认为边界很模糊，不可以分割，因为污染排放出来之后对他人造成的影响范围和程度都无法确定，况且也不知道是谁排的，排了什么，排了多少，等等。但现在这些障碍都不成问题了。首先，在可知的范围和概率内，我们知道环境服务质量与福利间的传递关系，譬如，空气质量对人体健康的影响；其次，我们知道主要的环境服务质量与污染物排放间的关系，譬如，汽车尾气排放对空气质量的影响；

再次，我们知道污染物排放与生产及消费行为的关系，譬如，汽车使用与尾气排放间的关系；最后，我们知道生产及消费行为的规模、结构等细节，譬如，汽车使用的频率以及功率等。这就意味着，从生产和消费到环境服务质量，再到福利，其传导和比价关系完全可以计算出来。如果这样的条件还不能为细分和分割环境服务创造可能，那么也没有什么产品可以被称为“可分割”“可竞争”了。

既然如此，为什么从污染的源头到末端，不能将清晰产权的制度安排贯彻到底呢？也许，我们目前还不具备将环境服务细分到每个人的成本负担能力，但至少可以细分到每个地区或者社区。一是每个地区或社区拥有什么样的环境服务质量，这是环境产权中享有相应环境服务质量水平的权利；二是每个地区或社区可以排放什么污染物，这是环境产权中的排污权。如果可以将这两种权利界定清楚，那么我们大可不必因为污染排放之后越界到其他地区而束手无策。例如，即便江苏的空气污染排放被吹到了浙江，也不论其污染物的最终位置在哪里，污染源仍在江苏。如果环境产权中的所有权界定明确，就意味着超标的污染排放行为侵害了特定或非特定地区的享有环境服务质量水平的环境产权权利。一方面，如果可以进行来源追溯，也就是一方的排放侵害了另一方的环境产权，那么进行相应的赔偿是必然的；另一方面，如果无法追溯来源，那么可以从环境服务质量被普遍损害的角度出发，追究超标污染排放企业的相关责任，因为他们超标排放的收益本身等同于“不当得利”，是在侵害公众利益基础上获得的。

界定环境产权的最大好处在于让大家的行为有更加明确的博弈机制，或者让社会经济具备更加完善的治理机制。实际上，最好的环境保护方式未必是政府主导的，反而恰恰是市场本身，让拥有环境产权的各方主体进行相互博弈和制衡，这是最直接与最有效的方式。

反之，如果环境产权缺失，那么市场主体不仅没有保护外部环境的积极性，欠缺反面的制约机制，也因为没有自身所处环境的产权而缺乏保护的正向激励，结果就是在集体无意识下内外环境都遭到破坏，这便是当下对环境部门进行产权意义上的市场“选择性失灵”的后果。

## 环境税对治霾有效吗

随着城市雾霾天气在冬天的加剧，有关环境税征收的话题又开始进入公众视野，据市场的粗略估计，一旦开征环境税，其规模至少在千亿元以上，可带动的各类节能环保产业规模更是不容小觑。从市场的角度来看，这样的推测无可厚非，但这不可成为判断各种环境管制政策的依据。更重要的是，面对越来越紧迫的资源环境问题，尤其是与民生息息相关的空气污染问题，开征环境税是否有效？在现有的市场基础上，在西方曾经行之有效的环境税能够帮助我们驱散城市上空的重重雾霾吗？

### 环境税的起源与特征

按照通常的理解，雾霾等环境问题的成因与市场主体的外部性密不可分。早在90多年前，英国的著名经济学家庇古就曾指出，在市场经济自由竞争的条件下，私人成本与社会成本不一致，造成私人行为的过度供给，导致污染规模超过了最大的环境承载范围，进而削弱了生态环境质量的基础。这一点不仅体现在生产行为上，也体现在消费行为上，譬如汽车驾驶等。从此角度出发，环境税论者认为通过税收的方式将外部成本内部化显然是一条重要的环境治理途径。如果仅从理论或理想的状态出发，那么这样的判断的确是站得住脚的，污染行为会因为税负成本的提高而有所收敛。但问题在于，环境税对环境治理的适用性是有前提的，即便是在西方国家，也并非都能够成功地采取环境税的政策。譬如，针对温室气体的排放，美国环保署无法撬动国会通过有关环境税的法案，表面上看这是政党间博弈的结果，实质上是环境税无法在全社会达成广泛的共识。

为什么环境税无法得到广泛认同呢？和一般理解所不同的是，沿用耶鲁大学经济学教授威廉·诺德豪斯的话说，这种税收其实是一种“负行为”税，如果说其他的税收都是针对“收益”收取的分配调节税，那么唯有环境税是针对“成本”收取的惩罚税，对社会造成的成本越大，收取的税额也就越高，这显然非常特别。因为与其他税种相比，对社会经济而言，环境税的理想规模越小越好，如果征税规模大且时间长，这并不是国家与社会之福，反而证明这个国家和社会无法有效地治理环境，且担负了很高的社会环境成本。所以，环境税的征收困境不仅是提高公众负担的问题，如果有其他选择的话，与其开征环境税，还不如从源头缩小其征收范围。

## 市场化的条件约束

是不是在任何条件下征收环境税都会有效呢？事实显然并非如此，要通过环境税来还原或者内部化污染排放的外部成本，最紧要的一个前提是，排污主体要对环境税足够敏感，也就是在环境税与排污行为之间可以建立一个有效的传递和影响过程。什么是必备的条件？那就是市场化下的充分竞争。

举一个简单的例子，根据相关研究，当下雾霾污染的主要根源是煤炭利用，所以治理雾霾的总体方向是要降低煤炭利用在整个能源利用中的占比，假如对煤炭利用开征环境税，则在其他条件都固定的情况下，其结果将抬高煤炭利用的成本。这一效应将主要集中在煤炭利用的上游环节，包括发电、供暖等。按照标准市场化的传递过程，这个成本无疑会很快扩散到其下游的终端用户上，包括用电和采暖的企业和消费者，即提高市场价格，然后通过干预他们的最终消费规模，使得价格—数量效应足以反馈给上游的发电、供暖企业，以及更上游的煤炭开采和生产企业。上述过程中，与市场化相关的三个因素非常关键：一是煤炭发电成本会及时传递到下游的用户吗？二是煤电价格会影响煤电消费水平吗？三是煤炭利用的变化会影响煤炭的生产吗？这些问题意味着，如果其中哪怕一个环节没有实现以市场价格来调节生产和消费，就都会使环境税的征收无法克服煤炭利用过多的问题。而现实的情况是，在所有环节上，市场化与市场竞争的程度都很低，其中电力的价格完全是由国家有关部门来控制的，煤炭的价格似乎实现了市场化，但还是受到煤炭大省的重重影响。这意味着，环境税的理论效应究竟如何一环接一环地传递开来，也取决于国家和地方政府的调控，在此情况下，要说对煤炭开征环境税就能够调动全社会来减少煤炭利用显然是不可信的。

## 环境税与产能过剩

环境税在经济上的效应不仅取决于资源能源产业本身的市场化程度，从影响环境、造成雾霾的成因来看，最直接的仍然要数工业企业的生产排放了，如果所有的生产和排放规模都是根据其成本来定夺，那么节能减排的挑战还没有那么大。问题是，与真正的市场经济相区别，我们的社会经济存在长期的产能过剩，特别是在一些资源能源环境密集的产业领域，产能过剩的现象尤为突出，很难用市场经济的发展周期或波动性来解释，在完全市场化的条件下，产能过剩仅仅存在于短期，市场的力量会很快将这些过剩的产能通过价格等途径清除掉。从末端来看，我们的环境污染还不完全是行为主体受市场外部性驱动那么简单，其背后还有非常明显的“计划驱动”的痕迹，也就是说，正是在各种产业规划和计划等政策的刺激下，很多高能耗、高污染的产业都在以超过市场需求能力的规模扩张，这样一来，即便千亿元环境税可以治理来自市场外部性的失灵问题，也不足以抗衡受各级政府主导和推动的计划性产能过剩，因为市场的供求不是计划性产能过剩的决策依据。

总之，以环境治理的名义开征环境税合情合理，但在设计环境税的过程中务必考虑其他相关制度和政策措施的协同性；否则环境税也只能是一场市场的“盛宴”。

# 雾霾、公共品与“短缺经济”

## 从私人品的短缺到公共品的短缺

“短缺经济”是著名的匈牙利经济学家科尔奈概括计划经济特征所提出的概念。在国家、社会和个体之间形成的多元关系中，“计划”这个指挥棒自始至终无法实现供需平衡，并带来随处可见的“短缺”，计划经济时期的大规模“排队”现象就是“短缺经济”的典型代表。1978 年改革开放后，我们引入了另一个指挥棒，那就是“市场”，从而在短短几年里就解决了粮食短缺问题，继而解决了大部分日常消费品短缺问题。时至今日，“短缺”的一方已经从“买方”变成了“卖方”，从“买不到”变成“卖不出”，从刺激供给变成刺激消费。就此而言，科尔奈眼里的“短缺”其实就是“卖方市场”的一个特例，“短缺”也并不是计划经济所特有的情景，市场经济也会出现物价飞涨而物资紧张以及排队购买的现象。

1978 年以后，我们通过引入市场解决了私人品的供给短缺问题之后，产生了另一个短缺的问题，即公共品的供给。尤其是近年来，随着生态环境质量的恶化，环境问题日益严重，环境公共品的供给日趋紧张，成为另一种“短缺”。

2013 年 12 月，整个华东、华北和东北地区发生了有史以来最严重的雾霾。2014 年 10~11 月，京津冀地区又受到严重雾霾的袭扰。从表面上看，这似乎在意料之外，尤其是在 2014 年京津冀地区建立了区域联防联治系统（譬如《大气污染防治行动计划》《北京市空气重污染应急预案》《京津冀及周边地区落实大气污染防治行动计划实施细则》等），在区域内进行了全方位动员，费了极大的精力进行全面治理的情况下，雾霾理应躲进历史的旮旯里，但为何愈演愈烈呢？

## 环境公共品短缺的原因

通过简单的逻辑和对比分析发现，雾霾的有效治理是无法一蹴而就的，其中最主要的原因是，在多元化的利益格局中，要真正地从理念到行动来动员全社会的力量投入治霾中谈何容易，这个过程至少得经历数十年。梳理对近年来区域雾霾治理最新实践的观察，我们或许可以从中获得一些新的启发。

我们充分理解政府和公众在雾霾治理上的迫切心情，尤其是政府层面，治霾无疑已经成为众多工作任务中的“最优先”事项之一。如前所述，体现这个“最优先”的代表性举措就是，包括京津冀地区在内的几个重点地区都开始尝试在“治霾”上进行跨行政区域的协同作战。从历史上看，至少自 1978 年改革开放以来，京津冀等地区似乎还没有过围绕某个单独的社会经济议题开展跨行政区域紧密协同作战的先例。应该说，这显示了政府相当大的决心。

当前政府主导“治霾”的基本思路：第一，将“治霾”上升为社会经济发展的重点任务；第二，在全国范围内划定“治霾”的重点区域，主要是京津冀、长三角和珠三角地区；第三，在这些重点区域采取超常规的重点策略，如跨区域联防联治。在这几个步骤中，最明显的一个特征是“重点管理”的治理方式，即先以划定某个范围的工作为重点，然后集中力量进行突破。也许这样的治理方式正是经济学家戴维斯在归纳“短缺经济”时提出的一个计划经济管理模式，他称为“优先项管理”。

在戴维斯看来，计划经济之所以会产生严重的“短缺”，是因为政府部门在决定计划时，为了让有限资源发挥最大功效，往往为经济发展设置某几个“优先事项”，然后将全社会的资源都集中于这几个“优先事项”，也就是所谓的“集中力量办大事”。这样的管理方式会带来“短缺”，所谓的“优先事项”有很大的概率与真实的需求发生错配，致使出现供需上的失衡。

在公共品领域采取如上的“优先事项”治理模式，会不会导致供给上的“短缺”呢？答案是肯定的，理由并不复杂。

其一，“优先事项”的治理方式存在很大的波动性，将何种事项设为“优先事项”并无法律上的依据。鉴于政府部门在诸多公共品领域都肩负着保障供给的职责，这意味着，政府既可以在此时将“治霾”等环保议题设为“优先事项”，也可以在彼时将其他公共议题设为“优先事项”，在此情况下，即便是在区域联防联治的体系下，也不排除各级政府临时改变其工作“优先事项”的可能，这一点其实已经在环保部赴各地开展“治霾”督察的结果中有所体现。

其二，“优先事项”的治理方式忽略了治理过程中的成本—收益平衡，从而无法保证治霾的成效。与私人品相似，公共品也存在供需上成本与收益间的平衡问题，只不过公共品的成本和收益都必须将社会外部效应考虑进去。总体上，“优先事项”的管理方式在一定程度上“只计结果”而“不计成本”；反过来，正是因为“不计成本”，造成了治霾的成本与收益并不对等，这就决定了其供给水平在短期内较高，而长期内却较低的结果。因为短期内政府可以采取超常规的动员方式来投入成本治霾，但由于过高的供给水平在本质上是无效的，从而无法在长期持续，这也正是区域联防联治下无法缓解雾霾的真正原因。

基于以上两点，作为一种公共品，“治霾”的过程也应该满足基本的社会经济发展规律，在法治的基础上，施以更加常规的政策工具。反之，如果仍然以“优先事项”的思维定式来加以解决，其结果只能是再一次坠入“短缺经济”的陷阱。

## 公众如何参与“治霾”

在环境污染的治理中，公众的问责并不可怕，可怕的是沉默。不过，在公众问责政府的背后，值得进一步深思的是，为何在“治霾”的期望与困难之间，始终有一道无法逾越的鸿沟？其背后隐喻着当前中国在“治霾”上所面临的困境及悖论。

首先，市民问责意味着公众对“治霾”有较高的期望，这个期望包括多层含义。

其一，公众是“雾霾”的直接受害者，无论处于何种阶层，尽管受影响的程度不同，但几乎无一人能够幸免。总体上，公众对雾霾有一种切肤的“无言之痛”。就此而言，市民问责的背后是想表达和反映源自工业化发展方式的另类“民间疾苦”，这既是一种对自身生产和生活方式的反思式“呐喊”，在某种程度上，这样的民间“呐喊”本身重在表达，并不需要答案，也没有答案；同时，市民的问责也是一种现实的诉求，随着雾霾不断地入侵，它已经不仅是符号化的一个环境概念，而是已经非常具体地影响了公众的生活，给公众带来很多不便与巨大的成本，加大公众心理上的负担，等等。问责的背后显示，公众对雾霾的加重以及治霾的不力已经积累了很多的不满。

其二，公众也是“雾霾”及“治霾”过程的观察者，公众主要观察其他国家，特别是观察西方发达国家的“治霾”过程。在“雾霾围城”的日子里，如果说还有什么值得我们自我安慰的话，那就是西方发达国家较为成功的治霾经历。和铺天盖地的雾霾一样，有关当年伦敦、洛杉矶等“雾都”如何走出“雾霾”困境的介绍也随处可见，公众从中看到了希望，既然西方国家做得到，那中国也一定能做到。不仅公众深信这一点，各级政府对此也深信不疑，并表达出极大的热情和行动力。譬如，我们很快就实现了“APEC 蓝”。此外，公众的期望还不仅停留在阅读层面。在日益频繁的国际交流中，国人对“APEC 蓝”的念想还不断地通过“体验式”的亲身经历得到强化。

作为“治霾”的观察者，公众也是“治霾”的最大受益者，也正因为如此，公众才基于自身的认知对“治霾”进度提出了要求。然而，问题在于，为何在公众如此关切的情况下，雾霾却久散不去，抑或去而复返呢？如果做历史纵向比较的话，可见我们在治霾的进度上已经很快了，无论是直接的投入，还是制度的调整，其进展都可以用“神速”二字来形容。应该说，在现有的条件下，全社会范围内已尽了最大的努力。

在公众迫切“治霾”的期望面前，最大的挑战并不在政府，也不在我们自身，而是来自对环境质量收敛方向的理解。

在全球化的过程中，我们从西方发达国家身上学到了很多东西，最为典型的就是更有效率的市场制度。在经历了严重的环境问题之后，我们又把眼光转向了这些国家。因为它们也经历了“先污染后治理”的过程，也就是说，只要方法得当，经过制度上的学习之后，环境质量就可以逐步好转。如上所述，这其实也是构成当前公众“治霾”期望的重要原因。

但包括中国在内的诸多发展中大国，环境质量能否像西方发达国家一样在工业化之后实现正面“收敛”，研究结果表明，答案并非是肯定的。主要的原因概括起来有以下几点。第一，西方发达国家在传统污染物的减排和治理上取得了成功，但截至目前，仍然没有迹象表明，它们可以在新型的污染物——温室气体的减排及治理上取得同样的成功；第二，截至目前，发展中国家在传统污染物和新型污染物的排放上都没有出现绝对的总量下降趋势，其减排和治理的效果有待观察；第三，世界各国的排放总量，在上述两种污染物上都没有下降趋势。这一结果表明，发达国家在传统污染物上所取得的成功充其量是全球范围内的区域结构性调整，而并非取得了所谓的“治理成效”。

上述分析得出的结论是，在很大的概率上，发展中国家的环境治理无法取得与西方发达国家一样的成效，也就是说，环境质量无法实现正面“收敛”，反而只能是维持在一定污染排放水平的环境质量上。如果这个判断最终证明属实，那么在某种意义上，我们更应该将“治霾”的跨度放宽到中长期，而不是短期甚至近期。这个悖论也许才是政府被公众问责之后的无奈之处。

## 西方的治霾模式及反思

他山之石，可以攻玉。在信息大爆炸的全球化时代，西方国家曾经经历的环境演变过程实际上已经与中国的环境实践和认知实现了无缝对接。一方面，人们在叹息“十面霾伏”的同时，也通过各种信息传播渠道，感同身受地体会和认知当年西方遭遇雾霾的种种社会经济情境；另一方面，更重要的是，在这样的认知过程中，公众实则更加渴望从西方的环境演变中找到解决自身困境的出路，或者说，希望从中找到一些答案，既然西方可以成功地解决“雾霾”问题，那么我们是不是也可以呢?

正是在这样的期盼中，公众纷纷展开了对西方国家“雾霾”及其相应环境治理的观察，总体上，到目前为止，这样的观察得出了如下几点基本判断：一是西方国家在发展过程中也曾经历了严重的雾霾问题；二是雾霾也对西方国家的社会经济造成了严重影响；三是西方社会经济针对雾霾进行了有效的系统性动员；四是西方国家最终成功地完成了对雾霾的治理。

上述几点归纳起来表明，西方国家采取的是“雾霾—影响—反应—治理”四步骤解决办法，也就是后人所总结出来的“先污染、后治理”模式。

如果仅仅根据上述步骤来观察西方国家环境实践，那么，中国的环境问题似乎不难解决，也就是如法炮制即可，但问题绝非如此简单。其复杂之处在于，西方的实践的确给我们提供了一种视角，但这并不意味着我们就可以依葫芦画瓢地照搬它们的经验，同时也并不意味着我们就会审时度势地吸取它们的教训。

譬如，自 20 世纪 70 年代以来，西方国家开始反思它们的环境整治模式，实际上已经否定了“先污染、后治理”的不可持续发展道路，而中国从 1972 年开始参加联大环境峰会，接触国际环境理论和实践之后，也已经了解了这样的反思。但直到今天，在西方国家的发展已经基本摆脱雾霾等主要环境困境之后，我们仍然对“先污染、后治理”的模式有极强的依赖性。

为什么我们仍然明知故犯呢？在中西方不同的环境实践之间，究竟横亘着怎样的障碍？这个问题的关键在于，在看似通透的全球一体化环境下，比照自身，我们究竟是否真正地看懂了西方的环境演变历程？其中涉及三方面的因素。

第一，西方环境问题的根源是什么？直观地看，环境问题的根源来自污染的排放。但间接地看，大量社会科学研究成果告诉我们，其背后的真正推手来自制度安排，尤其是市场经济的制度安排。正是市场制度本身忽视了对环境污染排放行为的有效约束，才形成了大量超低成本的排放行为，使污染排放超过了生态环境可以承受的范围，最终造成环境问题。

这的确是西方国家发生“雾霾”的原因，但仅仅停留在这样的层面去观察远远不够。这是因为，污染行为的外部性特征，表面上看是指一个行为主体的排污对另一个行为主体造成负面影响，但其背后的根本是生态环境产权的归属问题。也就是说，环境产权在界定给被污染对象时，排污行为才算得上是外部性行为；反之，如果环境产权是被界定给排污企业，排污的成本实则被内部化到排污企业中，排污就不是标准的外部性行为。无论哪种情况，都不会发生像雾霾那样的严重环境问题。对此，科斯解释道，“只要排污的权利界定清晰，环境问题将会自行解决”。显然，引入排污权视角后，重新审视西方环境问题，可以得出新的结论——除了通常理解的市场失灵之外，权利界定上的模糊性是西方环境问题的另一个原因。

第二，梳理了环境问题的根源之后，继续观察西方的环境治理实践就会有一些新的发现。在以往的观察中，西方国家雾霾的根治与其环境管理水平的强化密不可分，其中最为典型的便是各国陆续出台《清洁空气法案》。对此，以往观察大都集中于严格的环境标准上。但实际上，基于相应的理论发现，《清洁空气法案》固然强调了大气的环境标准，但除此之外，它更加重视对污染权的界定，详细规定了各种情况下空气环境如何归属于相应的主体，这对控制越界性较强的空气污染而言是非常有效的。

第三，接下来的问题是各利益群体间的博弈。我们可以轻描淡写地描述伦敦或洛杉矶等地治理雾霾的顺利过程，但事实上，从雾霾发生到完成雾霾的整治，西方国家经历了 20 余年各种艰难的博弈，环境才得到了改善。也许从表面上看，环保是人类发展的大趋势，但从具体的利益分野来看，环保在给受污染群体带来好处的同时会触及其他的利益群体，尤其是触及既得利益群体的利益，对此究竟该如何平衡？事实上，这个过程充满了血腥的味道，譬如，著名环保科普作品《寂静的春天》的作者卡森夫人在写作过程中及出版后遭到了无数的攻击、谩骂，以至于在郁郁中离世，因此可以想象在环境治理过程中博弈的激烈程度。

以上是对西方国家雾霾及其治理的思考，这样的思考也许可以带给我们新的启示：我们真的已经准备好应对雾霾了吗？

# 治霾：环境公共品供给的制度选择

## （之二）

为了根治雾霾等环境问题，必须在针对中国国情下资源环境问题的特殊成因，也就是“计划与市场”的双重失灵予以重点突破。

市场价格的机理是西方成功治理雾霾的原因，表面上看起来合乎逻辑，但能不能被我们拿来解决当前的雾霾问题呢？很难。因为我们对权利的概念和意识相对较为模糊，包括资源环境的产权（如排污权）。例如，具体到某一个企业的污染排放，判断其是否违法的依据，并不在于它是否合理利用了自身拥有的排污权，抑或它是否侵犯了其他人的环境权益，而是看其排放是否造成环境影响，尤其是否会导致重大的环境污染事件，以及影响到社会稳定。如果没有，它的排污就不会受到约束。反之，即便再小的污染，也会受到惩罚。这就解释了为何一旦某地爆发环境问题，肯定就是特大环境污染事件。由于法律并未对这样的环境权益归属进行明确界定，结果是，谁的社会谈判能力强，谁就拥有环境权益，即便在同一个环境权益上，其产权的归属也会因为各种外部条件的变化而出现摇摆。对此，既然法律对环境权益界定无所作为，那么市场的配置又怎能行之有效呢？

市场经济之所以无法对环境污染进行自我治理，是因为排污权不清晰，所以，在私人物品配置上，行之有效的市场交易和价格机制放到雾霾上就无用武之地了。

而一旦明确了排污权的归属关系后，明确的所有权可以派生出合理的价格，进而以价格手段出清市场上各种多余的污染“供给”。

## 中国治霾背后的“计划”思路

市场的无效不但适用于污染的受害者，而且适用于排污者。污染的受害者值得同情，但事实上他们无法真正地向排污者索权，因为没有哪部法律把环境权益明确地界定给这一方，况且其中还有很多复杂的情况。譬如先有化工厂后有居民，那么产生污染后，要求化工厂来赔偿居民其实并不完全符合公平理念以及法治精神。这说明,在环境权益不清晰的情况下,污染的受害者是无法有效维护其利益的。

对排污者而言也是如此。例如，辽宁省曾经对各地开出雾霾罚单，其实质是针对排污者进行的经济惩罚。在产权不清的情况下，这样的经济惩罚显然有失公平。因为如果他们拥有排污权，则排污就是他们的正常权利，不应受罚。但如果这些企业都没有排污权，那么问题是，应该从什么时候进行追溯，以及这样的排污权界定是不是被固化的。而如上所述，排污权一旦被固化，在某些情况下其实是不利于提高效率的，有损经济本身。

那么，我们有没有可能做到环境确权呢？首先应明确各种排污权的边界，而不能像当下一样，在较大的自由裁量权下，由政府来确定各地的排污量，然后根据排污量来约束排污主体。

显然，排污量控制无法等同于排污权界定，其中最大的区别在于，前者在根本上属于计划的经济配置方式，而后者则是市场化的方式。在环境权益保护效果上，计划和市场的优劣比较极为明显，不仅计划本身可能偏离科学和合理的水平，而且计划的方式涉及市场公平问题，怎么分配和监督排污量，怎么惩处超额排污等都存在很大的寻租空间。

当然，环境权益配置上的“计划化”倾向并非偶然，其背后的原因是，政府主导下的地区经济发展希望能通过计划来人为地降低环境污染的成本，帮助本地企业提高“扭曲”的虚假竞争力。譬如，在招商引资的恶性竞争和循环下，各地竞相吸引高污染和高排放的企业入驻。而要最终实现这个过程，与政府通过“自主计划”来无限扩大排污量有关，只要没有引发大的环境事件，“数量”的重要性便超过了“权利”。就此而言，当下中国难以改变环境权益模糊的关键在于，我们是不是彻底地放弃对经济领域的“计划性”干预，也就是说，首先让市场来决定产品和要素的配置。只有这样，政府才可以从经济发展的比拼中解放出来，继而克服环境权益配置上的“计划性”，从而为环境权益的界定松绑。

如果说我们能从西方的治霾中吸取经验，那么在为环境确权之前，我们要做的是“去计划化”，让“市场发挥在资源配置中的决定性作用”。

## 治理雾霾须破除市场和计划的“双重失灵”

在中国，环境领域所执行的各种污染排放“计划”或者类似于“计划”的行政性规划是导致雾霾等环境问题的特殊原因，因此环境领域的“去计划化”成为治理雾霾的一个重要目标。

西方在其环境问题的初始阶段，市场便已经发挥着配置资源（环境要素）的“决定性作用”。从表面上看，他们走了一条“先污染、后治理”的道路，但事实上，他们在环境保护上走的是一条“先市场失灵，后政府干预”的路径。在西方国家，环境领域内“政府干预”的对象是“市场失灵”，而我们则是取了后面一段，即“政府干预”，譬如通过专门的行动计划、环保专项来介入环境的管制领域，其本意自然在于针对“市场失灵”，用“看得见的手”来调节“看不见的手”。但在市场没有先行完全发挥其对环境要素资源配置的决定性作用之前，我们的环境又何来严重的“市场失灵”？或者从效率的角度看，在过多计划干预的结果下，环境要素的生产效率都还没有来得及最优化，又何谈开始纠正“市场失灵”呢?

当然，对中国来说，雾霾等环境问题的更大复杂性在于，我们不仅有“计划失灵”，而且也在事实上存在某些“市场失灵”，譬如市场生产本身的盲目性、外部性等，正是这些市场失灵的存在造成了我们对雾霾等环境污染问题的误判：一是过高地估计了“市场失灵”对雾霾等环境问题的影响，因此将治理雾霾的重点方向确定为排污企业，包括停产、限产、转产等直接管制措施；二是不承认“计划失灵”，从而继续通过各种规划和计划以及专项来划定环保的工作任务，但结果是要么指标上直接大大超过了预期的目标，要么是指标上完全符合计划，但真正的环境质量严重下滑。

最直接的影响是，党的十八届一中全会上，中央提出“建设美丽中国”的战略设想，并做出了“五位一体”的战略布局，加紧并加快了资源环境领域的保护工作。但今天看来，当前资源环境领域的发展形势仍然超出了当时的估计，尤其是在资源利用效率提高以及环境污染排放控制等方面，实际的进展显然不大。相反，随着“雾霾”等环境问题的爆发，社会经济运行背后的高昂环境成本日益凸显，公众的意见和反响日益强烈，“雾霾”等环境问题已经成为制约社会经济发展的主要“瓶颈”之一。与此同时，我们的经济全面转型也面临重要关口，这意味着如果不能在关切民生的环境问题上取得实质性进展，那么“经济转型”本身极有可能失去其最大的人文关怀本义。因此，随着“结构转型”在各个领域的全面深化，资源环境领域的根本性变革已经迫在眉睫。

总体来看，为了根治雾霾等环境问题，必须针对中国国情下资源环境问题的特殊成因，也就是“计划与市场”的双重失灵予以重点突破。

第一，应延续并强化有关“建设美丽中国”的“生态文明”发展理念，确立可持续发展在社会经济发展中的“意识形态”地位。

在以往的资源环境保护工作中，有两点是明确的：一是不缺中央的意图，二是不缺法律法规和政策。最大的症结在于，各级地方政府和各个行政部门是否能真正落实中央意图和认真执行法律法规和政策，也就是他们是否从内心完全认同资源环境保护工作的必要性。当然，限于中央与地方/部门在目标和权限上的差异，地方/部门在很多具体事务上的认识的确无法达到中央的高度，但这并不妨碍它们在关键问题认识上的一致性。就此而言，在事关民生的资源环境保护上，除了必须对具体的管理领域和部门进行改革之外，首要的其实正是统一思想，确立可持续发展上的基本“意识形态”地位，因为在这个问题上我们已经别无选择，也没有任何弹性可言，这也是十八大上党中央创造性地提出“美丽中国”概念的原因。

如果说过去两年里，各个部门和各级政府仍然在揣摩中央提出“建设美丽中国”的内在意图,那么时至今日,这个谜底已经逐步揭开。从最初的环境信息公开，建立环境质量预警系统，到《大气污染防治行动计划》的颁布，再到环保法修订，资源环境领域的各项制度和措施不仅更加接地气，而且步步紧逼各级政府和各个部门。“建设美丽中国”作为保护资源环境的“意识形态”，已经在中央的部署下基本完成了各项必要的前期动员工作，而各项政策法规则在此基础上推动资源环境保护工作更上一层楼。

第二，除统一思想外，保护资源环境工作还应注重以制度提高执行力、以制度破除资源环境领域内的“既得利益”。

在现实问题面前，资源环境保护工作的重要性不言而喻，很多部门在保护资源环境上，要么是“有心无力”，即它们从本部门职责出发，不知如何推动“资源环境的保护”；要么则是“明知故犯”，即它们觉得资源环境保护与本职工作相冲突，取舍之下不得已牺牲资源环境的质量。这两条无疑都会置环保部于“尴尬”境地。结果导致长期以来，有关部门对资源环境保护不仅思想不统一，而且执行不到位，环境保护工作没有在第一线真正发挥对不良和低效经济增长的约束和纠偏功能。在不彻底的资源环境保护过程中，实际上已经造就了一个非常特殊的群体，那就是长期依赖资源环境管制漏洞而发财、升官的既得利益群体，这个群体不仅通过规避资源环境管制而获利，而且往往在获利颇丰后转身便走，将烂摊子留给继任者或当地老百姓，最后还美其名曰，“为当地发展做贡献”。不仅如此，资源环境领域内的“既得利益”群体还四处游走，竭力为“先污染、后治理”这一已经遭到否定的传统思维辩护，希望继续游离于国家的法律法规之外。

党的十八届三中全会显然注意到了上述问题，并提出了具体解决方向：一是加紧考核机制的调整，不仅要考核现任政府在资源环境保护上的生态政绩，而且对负责人实行离任生态审计，力度之大前所未有；二是确立生态红线制度，建立一个政商都不能碰的红线，其实这也正是民生的底线。这为后续的改革扫清了制度上的障碍。

第三，必须前所未有地推进生态环境保护管理体制改革。

尽管到目前为止，有关生态环境保护管理体制改革的具体内容还有待进一步明晰，但其背后的逻辑和未来的方向都是明确的，即要在制度保障的前提下，逐步厘清当下资源生态环境保护工作的本源，在此基础上，提高生态环境保护管理体制的科学性。

要彻底治理雾霾，除了全面贯彻党的十八届三中全会有关资源环境改革的相关规定，并相应地开展下一步资源环境保护工作之外，还有必要跳出资源环境领域，真正注重并执行“改革的系统性、整体性、协同性”。事实上，从资源环境保护关涉自然、民生和国家安全等领域的发展趋势来看，未来将越加呈现出与其他各个领域的交叉性。转变观念，统一思想，加强管控，提高效率应是当下应对和解决雾霾等环境问题和“建设美丽中国”的关键所在。

在过去的三十多年里，中国走的是渐进式改革路径。就资源环境领域而言，这意味着必须承受来自两方面的失灵压力，“市场失灵”可以靠政府的干预加以解决，但目前的情况是政府在保护资源环境过程中也“失灵”了。这意味着，要扭转资源环境保护不力的问题，首先要清楚地分割当下的资源环境问题的不同制度根源：究竟哪些来自“市场失灵”，对此我们必须强化监管（收权）；哪些来自政府干预性的“计划失灵”，对此我们有必要重新还给市场（放权），以促进资源环境的生产效率。总体而言，收权和放权同样重要，缺一不可，这显然也是我们得以破除市场与计划“双重失灵”，并根治雾霾、保护环境的重要依托。

## 绿色发展与转型重在市场

第一，经济的全球化带来全球化的环境问题，世界各国面临共同的绿色转型需要。

一方面，传统的局部环境问题通过国际投资和贸易等经济金融工具在全球范围内扩散并转移，受此效应影响，全球环境问题的规模和总量实际上并没有因为经济的总体增长而减缓，只是因为在结构和地理分布上的改变，造成了环境改善的假象，却无法根治环境问题本身。事实上，由于环境问题附着于商品和劳务之上在各国间双向或多向流动，全球所面临的诸多环境问题仍广泛地影响着包括发达国家在内的世界各国。唯有彻底改变传统的经济发展方式，通过绿色转型，以及物质化的技术手段降低对资源和环境的绝对依赖，才能根治经济全球化下的环境问题。

另一方面，在经济全球化下，世界经济和人口规模不断加速扩张，在此刺激下，世界面临着来自气候变化的整体环境挑战。与局部环境问题通过经济全球化进行扩散和转移的过程有所不同，人类温室气体排放的外部性本身就有全球化特征，一国一地温室气体的排放几乎可以瞬间在物理形态上传递至全球。因此，改变能源利用方式，实现节能减排，是世界各国应对气候变化问题的共同诉求，也是近期内世界各国开展绿色转型，实现绿色发展，提升绿色竞争力的关键所在。

中国作为开放的发展中大国，同时受到上述两类环境问题的影响，经济增长与资源环境间的矛盾日趋紧张，如不针对上述两类环境问题开展和实现社会经济的绿色转型，不仅无法确保未来可持续发展，甚至将无法维持之前取得的经济增长成果。

第二，绿色转型有别于绿色转变和绿色发展，转型融合转变，并推动发展。

在绿色转型问题认识上存在的误区之一便是将转型与转变或发展相混淆。自20世纪80年代国际社会提出“可持续发展”的概念后，国际社会在一定程度上便开始将可持续发展的进展和结果与促进可持续发展的过程等同，这极大地误导了各国，尤其是发展中国家对推进绿色发展这一过程的深入理解，延误了推进绿色转型、实现绿色发展的有利时机。

实际上，仅仅由政策推动的，抑或在某个局部领域出现的以绿色为特征的变化或改善都并非转型意义上的绿色发展，只有当涉及自然与环境的各种利益主体和利益相关方共同参与绿色治理过程，在充分博弈基础上形成渗透社会政治、经济、文化各个层面的绿色发展框架，并以此绿色发展框架为基石的转型才能真正解决环境问题，推动实现可持续发展。

具体而言，绿色转型与绿色转变的区别在于，绿色转型是绿色转变的集聚和融合，转变是各个领域出现的变化，不能将某个领域出现的绿色变化视为绿色转型。绿色转型与绿色发展的区别则在于，绿色转型是绿色发展的过程和途径。绿色发展体现为整体福利的提高，包括物质和非物质的福利增长和改善，绿色转型是实现绿色发展的一个重要手段，也是绿色发展的一个过程。

因而，绿色转型应重在构建推动可持续发展和绿色发展的整体制度变迁，为实现绿色转型，必须系统地开展社会、政治、经济、文化等各方面的制度改进，并将这些制度整合为一个有机联系的整体。譬如，在低碳和能源的转型中，改变能源利用方式，不能仅仅依靠价格这一经济手段，在社会意识、教育、理念和政绩考核机制等没有进行同步转变的情况下，经济手段解决的只是碳排放问题的表象，其无法使社会进入主动节能、降碳和保护环境的良性循环中。

第三，绿色转型重在市场，完善的市场有助于提高绿色转型的能力和效率。

在绿色转型问题上的另一个认识误区在于对政府与市场关系的理解上，由于涉及资源环境这一传统的公共领域，绿色转型及发展往往被理解为纯公共品的供给过程，这就为政府等公共部门的管制决策以及强势进入和主导提供了理论依据。

不可否认的是，市场在配置资源和环境的过程中确实存在某些失灵的问题，但需要注意的是，市场并非在绝对意义上无法介入资源和环境的配置过程。大部分情况下，市场失灵往往都是发生在对市场的过度利用之后，也就是说，只有让市场充分地介入资源环境等领域，并发挥其正常配置作用后，才可以判断和知晓哪些是市场无法正常发挥资源配置作用的环节，由此才能进一步把握政府管制的切入点和管制的范围与程度。

尽管绿色转型过程的激励不同于私人部门，需要外部推力，但如果不首先充分重视并发挥市场在这一过程中的积极作用，合理平衡政府与市场的关系，并将私人部门与公共部门进行有效分离，那么就有可能在公共资源的配置以及公共品的提供中发生过剩和无效现象，还会造成私人部门的产出不足和低效，这些都会阻碍绿色转型本身的能力建设和有效性，并可能使绿色转型掉入“低水平循环”的发展陷阱。

市场完善在绿色转型中的作用体现于两个方面：一是完善的价格机制，这是经济行为的指挥棒，可以调节包括要素市场和产品市场等在内的生产和消费行为，提高相关资源的利用效率，推动社会经济向绿色演进。二是完善的法律制度，这是经济行为的准则，绿色的法制建设可以为经济主体确定统一的规则，在最大限度上杜绝环境成本或收益的外溢，保护转型中行为主体的利益，确保绿色转型的公正和公平。

总之，绿色转型重在市场，轻在管制，这才是“转型”一词的要义所在。

## 市场机制的探索：停止上市环保核查意味着什么

上市环保核查作为拟上市公司的一道必备手续，自 2003 年 6 月实施以来，曾经在重污染行业企业的上市过程中发挥了积极作用。在经历了数轮简政放权的行政改革后，环保部门最终将停止这项专门针对上市公司的带有行政审批性质的核查工作。

诚然，上市公司一般都是较大规模的公众型公司，其发展不仅涉及公司股东和员工的利益，更与社会大众的利益休戚相关，理应在环境保护上有更加严格的要求和更高的标准。

那么，环保部门停止上市环保核查工作，是不是就意味着接下来我们将降低对上市公司的各种环保要求和监管水平呢？环保部门简政放权的改革实质应在于提高环境保护过程中的行政效率，而绝非放松对上市公司各类企业的环境监管。相反，我们应在市场化、法治化的基础上构建出一整套更加高效、更加严格的上市公司环保监管体系。

一般而言，包括上市公司环境监管在内的环境保护工作理应是政府工作职能范围内的事。历史上，因为市场本身存在各种失灵，市场主体本身无法自行解决环境污染的问题，促使各国政府自20世纪60年代开始逐渐重视环境保护领域，并专门成立环境保护部门开展环境保护工作，中国也不例外。因此，在环境保护实践中，各级环保部门在客观上已逐步拥有了较大的权限。

所谓上市环保核查，是指环境保护行政主管部门对首次申请上市并发行股票，申请再融资、资产重组，或拟采取其他形式从资本市场融资公司的环境保护管理、环境保护守法行为的全面核查、环境保护信息的持续披露以及后续监管。可见，仅仅上市环保核查这项工作，就涵盖了从上市前到上市中，再到上市后等多个环节，无论哪个环节没通过核查，整个上市及融资进程都会受到影响。环境保护部召开的常务会议指出，目前我国的上市环保核查存在主体责任不清、地方保护主义干扰、核查周期较长，甚至存在权力寻租等突出问题，因此决定将由政府主导的上市环保核查全部交由市场主体负责。

在新的发展背景下，上市公司环境管理有必要实现以下几方面的转变。

第一，将基于部门权限的上市环保核查转变为基于法律的现代环保治理体系。

自2003年6月开展上市环保核查工作以来，我国在环境保护的立法上取得了很大进展，包括《环境保护法》在内的各项法律，都从不同层面和角度对包括上市公司在内的各类企业履行其环境保护职责做了详尽的规定，其中一些规定已经远远超出环保核查的范围。譬如，新修订的《环境保护法》规定："企业事业单位和其他生产经营者违法排放污染物，受到罚款处罚，被责令改正，拒不改正的，依法作出处罚决定的行政机关可以自责令改正之日的次日起，按照原处罚数额按日连续处罚。"诸如此类的规定都意味着，即便没有环保核查这道手续，各类企事业单位也都必须为其违法排污行为承担法律责任。同时,环保部门应当"依法公开环境信息、完善公众参与程序，为公民、法人和其他组织参与和监督环境保护提供便利"。

也就是说，在停止上市环保核查工作之后，环保部门将失去直接的审批权，但实则是将上市公司的环境保护以及环保部门的环境监管职能置于现代环保治理体系中，而这个体系的核心是以法律为基础和准绳的。从此角度出发，改革上市环保核查将减少环境监管上的重复和多头管理现象，将会极大地提高环境监管效率。

第二，将间断性的上市环保核查发展为不间断的点面结合的环境监管体系。

以往的上市环保核查工作过程有着明显的间断性特性，主要是两个时间节点：一个是新上市之前，另一个是融资之前。这样的间断性监管实则与上市公司生产连续作业的特性不相吻合。有必要在未来加强时间点面上的结合，确保上市公司在上市前后言行一致。

第三，将惩罚性的上市环保核查引导为激励性的环境责任和贡献比较体系。

上市环保核查的工作流程，一般都是以国家排污标准为基准，来审核上市公司的资质。而国家层面的排污标准基本上都是行业内最基础的标准，并非行业领先的环保标杆。这样的标准固然有利于确保上市公司的排污符合标准，却很难对上市公司的环保工作产生有效激励，难以促使其承担起更多的环境责任，在环境保护方面做出贡献。在全社会新的环保诉求下，上市环保核查的改革方向应考虑兼容惩罚性和激励性。只有这样，才能将市场本身的效率与政府监管结合起来，真正调动上市公司推进环境保护工作的积极性和长效性。

总体上，上市公司环境管理要走市场化的道路。在这个过程中，不仅要充分完善和发挥市场自身的积极作用，也应将这项工作纳入现有的法律框架之内，并在此基础上，构建现代环保治理体系。

## 治霾需要“统一而开放”的市场

2014 年 1 月 7 日，长三角区域大气污染防治协作机制正式启动。有关大气污染防治的区域协作，按照国家《大气污染防治行动计划》的部署，在此之前京津冀地区已开展了相应的防治工作，但与京津冀地区的情况有所不同的是，长三角各地区间相互协作和连接的内在基础是市场，也就是经济发展的互补性需要。因此，具体到大气污染的防治，并不存在某个地区（省、市）一定要从政治或大局的高度来服从另一个地区大气环境保护目标的可能，唯一的可能只能是实现“共赢”。

这意味着，要真正驱动各地作为长三角生态环境功能区的一分子参与到区域大气污染防治的框架中，就要有一些内生的动力，尤其是基于不同的社会经济发展程度，这样的区域大气污染防治往往意味着某些地区在某种程度上要付出一定的代价，或者做出一些暂时的牺牲。譬如，以最基本的污染排放标准为例，上述机制规定，要在长三角区域内部进行对接和统一，这无疑是一个很大的考验。那么，如何确定污染排放标准呢？如果标准定得太严格，那么发展阶段相对落后的地区要达到标准显然会心有余而力不足；如果标准定得不够严格，对较发达的地区而言又是一种环境上的损害。诸如此类的难题还有很多，究竟该如何破解呢？显然，如果加入区域的防治协作框架而又不能给本地区带来相应的激励，那么这样的区域大气污染防治机制只能是一个“摆设”。

当然，从国家大气污染防治的大局出发，按照区域的范围建立“大块状”的生态环境保护管理新机制已是势在必行。一方面，出于缩小管理层级和提高执行力的需要，原先的生态环境保护管理体制有必要从“被碎片化”的行政区域划分中尽快地调整过来，改为适应不同生态功能区特点的“中观”管理模式；另一方面，从现有的中央与地方财权事权划分体制来看，生态环境保护工作在短期内仍需以“当地化”为主，如果一味地拔高其管理层级的话，恐怕会令万众瞩目的大气污染治理不能落地而无法在短期内取得成效。这也就是当下中央在全国范围内推进介于“大部制”和“当地化”之间的重点区域协作防治机制的初衷所在。

然而关键的问题仍在于，如果说单纯的“当地化”生态环境保护管理体制缺乏外部联动效应而缺乏成效的话，那么，长三角的大气污染防治协作机制给各地区带来怎样的内在激励，并进而实现“共赢”呢?

其实，大部分政策目标虽然是积极的，却都是远景的规划，譬如转变经济结构，提高能源利用效率，改变交通出行方式以及统一标准等。要让区域协作机制有活力，还需一个过程性的参与激励，这一点对市场化程度相对较高、市场意识基础较好的长三角地区而言尤其重要。也就是说，每执行一个朝着最终政策目标前进的过程和环节，都要充分考量能否给各参与方带来切实的利益。有切实的利益，各参与方才会积极地予以执行，进而将协作机制顺利推行下去；反过来，如果某一利益方觉得自身利益受损，不愿意继续执行下去，那么这个环节也就无法完成，政策目标将渐行渐远。

针对过程性的参与激励，长三角区域协作机制显然是有所考虑的，在十大联合行动中，有一点值得注意，那就是“推动大气污染的第三方治理，构建开放统一的环境服务市场”，这在本质上是“市场开放”的概念，其中包含两层含义。

其一，大气污染治理的环保领域要向市场开放，特别是向国企、民企、外企等各市场主体开放，这一点与上海正在建设的自贸区改革试验一脉相承。从2013

年版的自贸区负面清单中可以发现，其中并没有包括“环境服务”这一项，这就意味着，在未来的环保治理服务的产业范围内，我们将更多地依靠市场竞争的力量。

其二，大气污染治理的各种环境服务市场更要在对外开放的基础上对内统一，即长三角区域各地区打破相互之间的壁垒，让各种环保技术和服务在长三角区域内部自由流动。当然，未来这样的流动还应进一步扩大到全国范围，不过，第一步有必要在同质性较高的区域内部进行流动，让有条件、有能力的地区为其他地区服务，而不是相反。如此，长三角区域的大气污染防治协作机制也就有了进一步提高要素市场市场化的基础，而要素市场的市场化也恰恰就是当前亟须解决的改革难题之一。长三角区域能在大气污染治理的市场机制上有所突破，是对全国范围内推进环境保护工作的极大贡献。

当然，对于大气污染防治，区域性“市场开放”的意义绝不仅是环境服务的输入和输出，下一步，随着国家对各区域环境污染排放加严总量上的控制，有市场基础的长三角区域应该提前考虑的是先行先试，对污染排放权这一要素进行市场配置，这才是更大的改革尝试和突破。

# 绿色发展的成本—收益核算与比较

引入绿色 GDP，强化 GDP 环境影响核算，避免 GDP 的双重核算。同时，实行环境补偿制度，让污染环境的主体真正负起责任。只有在此基础上，发展环保产业才能真正实现“环境”与“经济”的双赢。

在绿色发展的过程中，除了理念之外，如何从成本—收益的视角来进行具体的分析，对于进一步推动和普及绿色发展至关重要。其中，如何从成本—收益的外溢、绿色 GDP 的核算以及绿色发展的市场价值等视角开展分析，是这一研究领域的重中之重。

## 绿色发展的经济账与政治账

如何真正地从政治高度来认识绿色发展的重要性，关键在于要清醒地把握大局，这个大局就是，绿色发展算的不仅是“经济账”，还有“政治账”。

旁观者清，当局者迷。放在历史长河里，社会根本不需要在建设生态文明上算这笔“经济账”，其实我们也算不起这笔“经济账”。放在理论层面上，“经济账”实则是一笔“短视账”“局部账”，更是一本“亏损账”；放在实践层面上，“经济账”

看起来是“精明账”，是“大账”，其实是一本“糊涂账”“小账”，是捡了芝麻丢了西瓜。

无论哪朝哪代，保护生态环境，建设生态文明，实现绿色发展都只可能是“政治账”。清末名将左宗棠，晚年被贬到新疆戍边，在当地植树造林，保护生态环境，造福乡里。不仅降低了生态环境风险，维护了当地的生态环境安全和军事安全，更是巩固了边疆边防，惠及当代，泽被后世，成为一代功臣，这就是左宗棠保护生态环境的“政治账”。反过来，历史上很多曾经辉煌的文明，譬如玛雅文明、楼兰古国等，却都因为忽视生态环境的保护问题而在一夜之间陷入绝境，文明消失殆尽，令人痛心。这可以算是在生态环境保护方面不算“政治账”的惨痛教训了。

从表面上看，西方的生态环境保护算的好像是“经济账”，既有理论支撑，又有现实案例，因此有很大的迷惑性。即便到今天，美国总统在应对气候变化问题上，谈的仍然是促进经济增长，拉动就业，这是经济学中典型的均衡方法，貌似放之四海而皆准。但实质上，西方国家在生态环境保护问题上一直算的是“政治账”。不说欧洲国家有很多政党直接自称为“绿党”，就算是美国，现在又有哪个党派不向“绿色”靠拢呢？原因何在？就是因为“绿色”背后有经济，更有政治。

当然，在过去 30 多年的发展中，我们的确在对生态环境保护“政治账”的认识上走了不少弯路，其中既有认识不足的主观因素，也有技术、物质等方面的客观因素。时至今日，我们在生态环境保护上的理论和实践仍然受到西方国家生态环境保护历程和有关理论的极大影响。但实践证明，中国必须在生态环境保护上彻底抛弃所谓的“先污染、后治理”“环境污染宿命论”等错误观点。

道理很简单，因为我们的市场不是西方的市场，我们面临的环境保护问题不是西方所面临的问题，而我们的社会动员机制也与西方不同，我们的文化和价值基准更与西方千差万别。在此情况下，照搬西方在生态环境保护上的方法，只能是帮助西方算它们的“经济账”，更进一步地说，这样做的结果有可能是输掉自己的“政治账”。

要想通过治理污染来刺激经济增长，在本质上就是“经济账”的表现，说穿了，就是不讲政治。为什么呢？因为如果把经济增长作为保护环境的一个目标函数，那么当此路行不通的话，是不是意味着就不治理污染、不保护环境了呢？因此，从今天开始，我们有必要将绿色发展视为“政治账”。

其一，毫无条件地执行生态环境保护、生态文明建设的战略和政策，认清形势，加强生态文明建设的意识。其二，在生态文明发展上建立统一战线，动员、团结一切力量，将各种力量凝聚起来，将生态文明的理念贯穿到党和政府的一切工作领域中。其三，要认真地做好能力建设，重点做好对规律和本质的研究，按照国情稳步推进各项环保工作，避免矫枉过正的工作作风。

事实上，如果处理得当，我们在“绿色化”上会有同时兼顾“经济账”和“政治账”的可能。只不过，在当下严峻的生态环境发展形势下，必须“把绿色发展作为一项重要政治任务”，这是绿色发展工作中的重中之重。

## 国民经济的绿色核算及误区

### 社会成本与绿色 GDP 核算

环境保护部召开建立“绿色 GDP 2.0”核算体系专题会，重新启动绿色 GDP 研究工作。之所以称为“绿色 GDP 2.0”，是因为早在 2004 年，国家环保总局就曾经联合国家统计局开展过绿色 GDP 的核算研究，并在 2006 年发布了国内首份官方的绿色 GDP 核算报告《中国绿色国民经济核算研究报告 2004》，这份报告就是“绿色 GDP 1.0”版。这份报告的主要研究结果显示，2004 年全国因环境污染造成的经济损失达 5118 亿元，占当年 GDP 的 3.05%。时至今日，尽管我们无法知晓在“绿色 GDP 2.0”的版本中，全国因环境污染造成的经济损失究竟有多大，以及占到GDP总量的比例是多少，但毫无疑问的是，从传统GDP核算到绿色GDP核算，这样的研究必然可以帮助我们揭开环境污染背后国民经济发展质量的真实面目，也足以让国人在环境保护和经济发展关系以及绿色发展必要性等问题上有更多清醒的认识。

有关绿色GDP，相关的界定比较一致，根据联合国的定义，就是指“用以衡量各国扣除自然资产损失后新创造的真实国民财富的总量核算指标”。简单地讲，就是从现行统计的GDP中，刨除由于环境污染、自然资源退化等因素造成的经济损失和成本，得出的真实国民财富总量。例如，某个地区当年的GDP总量为100亿元，但是在生产生活过程中，造成地区内河流水质的严重下滑并带来“损失”，如果按照传统的核算方式，GDP总量仍然为100亿元，但按照绿色GDP的核算方式，GDP的总量等于100亿元减去因河流水质下滑造成的“损失”。这就是绿色GDP的简单核算过程。

但是，问题并没有这么简单，之所以要给“损失”加上引号，是因为这里有多重含义。

其一，“损失”是由谁造成的？显然，在社会经济发展过程中，造成这种损失的行为主体就是市场主体，即生产者和消费者。就此而言，这样的“损失”理应被纳入生产者和消费者的决策考量中，即在收益的计算中予以扣除。但事实显然并非如此，市场主体并不会主动扣除这部分“损失”。

其二，“损失”由谁承担？理论上，既然生产者和消费者从产生污染的过程中受益，那就必须为污染造成的损失和成本埋单。但问题在于，其他的各种损失和成本都可以由市场主体直接支付，唯独这种环境的损失无法做到这一点。原因是，在市场机制中无管制的情况下，受污染的环境并不在市场主体的收益—成本决策范围之内，这就给市场主体提供了便利，即只享受排污带来的好处，而不必承担其后果。这也就是经济学统称的“负外部性”，其本质是排污的“私人成本”与“社会成本”不相等，前者远远低于后者。

其三，污染的“损失”去哪儿了？市场主体不承担污染“损失”并不意味着这个“损失”就自行消失了，它依旧存在，那它到底去哪儿了？广义上，它进入了社会成本核算体系，即这些“损失”早晚都要被社会经济以其他的各种方式消化掉。狭义上，所有由污染带来的“损失”，最终都以成本的方式被纳入居民的支付账户上，最终，生产者和消费者都没有从污染中得到什么实质性的好处。唯一不同的是，在这个传导过程中，收入的分配结构可能被改变，也就是财富进行了转移。

上述表明，环境污染的“损失”有很强的社会成本属性，在私人成本与社会成本必然相分离的市场规律下，还原出这个损失的社会成本显然可以帮助我们较好地确定生态环境本身的“影子价格”，从而为实现“私人成本与社会成本”的统一奠定基础。

再回到刚才的那个例子，既然知道有“损失”，而且损失是由自身来承担的，那么为何不直接把损失计算到 GDP 中，从 100 亿元中扣除呢？原因很简单，因为传统 GDP 核算的对象都是市场主体，以及部分转移支付（教育、扶贫等），而很少考虑到“损失”的社会成本属性。至少从目前来看，形成这种核算方式也不无道理。第一，环境污染的“损失”给社会带来的成本是一个积累的过程，在初期往往无法真正地体现或爆发出来，当然就无从下手去核算这种“损失”了；第二，环境污染的“损失”一般包括两部分，第一部分是物理损失（即环境质量自身的下滑），第二部分是对周边人群的影响（即损失带来的社会经济后果），而到目前为止，基于绿色 GDP 核算研究的局限，这两部分“损失”的计算方式都还存在很大争议，不同的情境设计会产生不同的结果。相比之下，传统 GDP 就显得更加简单明了。

然而，随着生态环境问题的加剧，生态环境退化的风险已经逐步向社会经济各个领域传导，产生了巨大的社会成本。在此背景下，推进绿色 GDP 的研究，从方法出发，解决其中的难点，澄清其中的误区，无疑将有助于全社会真正理解

GDP 数量与质量间的关系，也有助于我们更加迅速地推进“绿色化”发展进程。

### 谨防环境治理过程中的双重 GDP 核算

随着环保议题在全社会的持续升温，作为国民经济“晴雨表”的股市亦闻风而动，与环境污染治理相关的各上市公司在两市一枝独秀，成为淡市中不可多得的一抹“亮色”。对大多数投资者而言，其背后的逻辑非常简单，既然要治理污染，必然会带动相应的市场，以及吸引政府 / 私人投资，尤其是在各级政府逐步引入和强化环保考核机制的情况下，政府性投资将是确保污染控制和改善环境治理的可靠途径。既然如此，生产和提供控制污染所需技术、设备、产品及服务的上市公司就没有理由不从中大赚一笔，提高其盈利能力。基于这样的认识，各类有关环保产业市场的预测持续升温。

股市投资者的心态实非偶然，它反映的恰恰是当前社会经济发展过程中某些地区、部门以及企业的“小算盘”，那就是“先污染，后治理，然后便是更大的产值”。在这样的“小算盘”下，“环境污染”甚至已经不是一件坏事，反而成为推动经济增长的良机，一件拔高经济总量的好事。实际上，这种貌似“将坏事变为好事”“将危机作为良机”的算盘轻视了环境保护和治理任务的艰巨性，同时也忽略了环境污染及治理对社会福利再分配造成的巨大影响。其谬误之处在于，环境治理固然可以创造产值，带来福利，但各种环境污染却是一个“负生产”过程，会损害社会福利，从而抵销先前生产所创造的产值。殊不知，就整体而言，致力于环境污染治理的环保产业增加值的代价恰恰就是受损的环境质量。从经济学的角度来看，环保产业增加值与派生污染的生产过程实则不能同时被计入 GDP 增加值中。

首先，有必要梳理一下环保产业产值增长的派生路径。工业化下的生产和生活方式带来各类环境污染，降低环境质量，从而使全社会付出相应代价。一是包括各种已经内部化和还未曾内部化的成本，即社会成本；二是包括各种当期的和跨期的成本，即后代人承担的隐形成本。正是由于有这样或那样的代价，才引起了两种经济性的反应：一种是防范性的，即在事前进行预防，抵御环境风险；另一种是适应性的，主要体现为事后的改善措施，修复环境。无论是哪种反应，都意味着为了获得更好的环境质量，必须有专业的支撑，这个支撑部门被称为“环保产业”。基于这样的过程可以看到，与其他产业部门相区别，环保产业的主要产出和价值功能体现为“维护或维持”,即使环境质量维持在某个水平上。换言之，假如有一天我们的环境质量恢复到原状，或者已经较好地处在某个较高的水平，那么环保产业的功能便会大大减弱，甚至消亡。

上述环保产业派生路径和存在价值的意义在于，环保产品的需求来自环境保护，而环境保护的必要性来自工业化生产和生活方式所排放的污染。在某种程度上，如果说环保产业对 GDP 而言是在做“加法”，那么其实现的前提是其他产业部门在污染排放过程中先做了“减法”，即降低了 GDP 的有效性。这一正一负理应相互抵消，使 GDP 的增加值为零。

其一，在世界范围内对 GDP 的核算一般有两套体系：一个是名义上的，称为传统 GDP；另一个是实际上的，称为绿色 GDP。两者的主要区别在于是否排除了环境污染的影响。一般而言，在工业化的早期阶段，两者背离的程度较高，而随着对环保的重视与环境质量的逐步提高，两者会越来越趋于一致。当然，对绿色 GDP 的统计，当前学界仍没有统一的标准和方法，因而也没有被广泛认可的结果。不过，出于环保产业服务于环境质量的特性，我们有理由相信，环保产业的产值规模至少等同于传统 GDP 与绿色 GDP 之差。在环保产业供给与环保需求本身尚存在缺口的情况下，其规模甚至比 GDP 缺口更小。这就意味着，在未来环保产业的规模有多大，便证明传统 GDP 转向绿色 GDP 的可扣除程度就有多高。否则，这便是在重复计算，也就是将无效的环境污染及损害计入了 GDP 的范围之内。

其二，从福利分配的角度来看，重复计算工业生产过程（带来环境污染）和环保产业的结果是带来福利的转移和再分配。一方面，从生产到污染再到治理的过程意味着绝对意义上的福利损失，无论是从资源损耗，还是从效率角度来看，即便环境质量最终恢复到了原状，该过程也增加了社会整体成本。另一方面，从生产致富，到污染致穷，再到环保致富，看起来社会财富在总量上没有太大的变化，甚至还会有所增加，但问题在于，这三个过程的主体是有很大差异的。生产致富的群体未必就是污染致穷的群体，而污染致穷的群体又因各种原因而未必成为环保致富的主体。这相当于社会财富通过环境污染和保护的过程进行了一次再分配，总体而言，受污染影响的群体的财富被转移到生产者及环保产业者的口袋里。其结果是出现“马太效应”，福利和财富逐渐集聚于资本所有者手里，譬如生产者通过资本市场同时获得生产以及环保的双重收益，而将污染的不利之处留给了环境领域中的弱势群体。

为此，应对的根本之道是：引入绿色 GDP，强化 GDP 环境影响核算，从而避免 GDP 的双重核算；实行环境补偿制度，让污染环境的主体真正负起责任。只有在此基础上，发展环保产业才能真正实现“环境”与“经济”的双赢。

## 绿色发展成本—收益的三个案例分析

### 湿地保护“红线”的市场价值

湿地指天然或人工形成的沼泽地等带有静止或流动水体的成片浅水区，其中包括在低潮时水深不超过 6 米的水域，是“地球之肾”。

2014 年 1 月发布的第二次全国湿地资源调查结果显示，全国湿地总面积为 5360.26 万公顷，与第一次调查结果相比减少了 339.63 万公顷，减少率为 8.82%。相关负责人指出，虽然我国初步形成了较为完善的湿地保护体系，湿地保护率由 2003 年第一次调查时的 30.49% 提高到 43.51%，但我国的湿地面积还是在大幅减少。为什么湿地会越保护越少呢？

首先有一个统计上的成因：保护率是按现有湿地面积来计算的，当湿地总面积因各种原因减少，且保护的重视程度提高之后，湿地保护率自然会有所提高，但这不等于减缓了自然和人类活动对湿地的影响。

湿地主要面临两大危害：一是自然衰减。湿地的形成需要一些特定的自然条件，对气象因素有着较高的依赖性，对相邻的水体要求也较高，外部环境的变化会造成湿地的自然衰减。二是人为因素。有直接的影响，包括污染、过度捕捞和采集、围垦、基建占用等。有间接的影响，很多生产和消费过程中所排放的污染物,经过运输或二次转化后,形成了有害于湿地的物质。如人类活动造成全球变暖，而气温升高又会影响湿地。就此而言，人类活动已经逐步全方位地与湿地系统相交互，严重破坏了湿地的形成条件，在此情形下，必须进一步强化“红线”和“底线”制度，尽最大可能避免这样的交互。

湿地面积变化及其保护与人类社会经济活动的阶段性特性有关。在经济发展水平较低时，经济活动以粗放式的生产和消费为主，主要目的是满足基本的食物生产、初级加工工业生产等。这意味着人们对湿地的威胁仅止于围垦和狩猎（满足食物生产的需要）、污染（满足初级加工业的生产需要）。由于工业化程度和规模有限，人类活动对湿地的威胁程度也相对较低。但随着经济发展水平的提高，经济活动的主要方式开始向规模化、集约化方向演进。这意味着，经济活动的目的不再是满足基本的生产和生活需求，而是变得更加复杂和高精尖，其结果是，工业化程度和规模都大幅提高。具体到湿地上，就会出现从原先的低水平“利用”变为现在的直接的“占用”和“高度利用”，具体体现为基建占用、过度捕捞和采集。

受新的生产和生活条件驱动，无论是从客观上还是从市场主体的主观上来看，相比自然因素，人为因素和经济发展对湿地的威胁程度都在变得越来越大。这对政府介入湿地强制性保护和治理提出了必然的要求，也使湿地保护有了更重要的价值。

判断经济与环境孰轻孰重的一个基本原则是，看其对社会福利的边际贡献：

当经济部门随着发展水平的提高而不断降低其对社会福利的边际贡献时，环境部门的价值便开始逐步显现。这是因为，环境部门的边际贡献在环境质量长期下降的过程中被逐步推高。譬如，在收入水平提高后，人们普遍开始重视身边的环境问题便是最好的例证。反之，当环境质量改善到一定程度后，环境部门对社会福利的边际贡献又会下滑，进而开始显现经济部门的重要性。譬如，在欧洲某些国家，对气候变化的过度强调也正面临着来自经济部门的巨大压力。所以，最终环境保护究竟应该摆在什么位置，很难得到统一的答案，不同国家、不同发展阶段往往也会有不同的答案。

具体到我国，经济快速增长 30 多年，社会整体福利水平也随之大幅提高，与此同时，随着环境问题的凸显，经济的继续高速增长对福利水平的边际影响在逐步减弱，环境保护的重要性则在逐步提升。就当下中国而言，加大环境保护力度，显然更可以缩小经济和环境两个部门间在边际贡献上的差距，实现资源的优化配置。相比 GDP 的发展模式，为环保释放更多空间的发展模式，将会取得更好的福利效果。

不能把经济发展和环境保护截然对立起来，更不能说市场机制不能在环保中起作用。恰恰相反，保护环境采取怎样的技术、政策、制度，还要看究竟是否沿用了最符合市场原则的“治理”方式来保护环境。事实上，在诸如湿地的环境保护问题上，市场主体固然有一定的盲目性和外部性，但总体上也会朝着理性的方向发展，即在成本—收益的比较基础上做出最终的选择和决策，在知晓了湿地的重要生态价值之后，破坏的成本和代价显然会比保护更高。对此，政府应还原出所有的成本，包括湿地的保护红线和底线标准，湿地利用的经济成本和法律成本，然后将这个标准和成本交给市场，让市场的价格机制来配置市场资源，决定如何合理开发利用湿地资源，如何保护和修复湿地以及如何进行湿地的生态补偿，等等。此外还要强调的是，湿地保护要尽可能地避免利益部门化、保护局部化的趋势，要将湿地纳入整体生态文明建设的总体框架中，而不是与生态文明和生态环境的其他领域相割裂；否则，可能会有违湿地作为生态系统有机组成部分的系统性和完整性。

## 空气污染成本的寿命分析

2014 年，来自中国、美国、以色列三国的四位研究人员联合发表了一项有关环境与健康的最新研究成果，他们认为以淮河为界，北方地区由于长期使用集中供暖造成空气质量下降，进而危及公众健康，导致人均寿命相应降低。譬如，根据该项研究成果的结论，每提高 100 个单位的城市空气污染物浓度（TSP），人们将平均降低三年的寿命。尽管我们先前就空气污染对健康的影响已经有了一定的心理准备，但这项研究的结果还是有点惊人，难道仅仅是因为在不同的城市，寿命长短就有如此大的差距吗?

有关环境质量与生命健康之间关系的研究并非新论。曾有环保公益组织统计，在雾霾效应的影响下，仅“北上广”等地因此而增加的死亡人口便达到数千人。表面上看，诸如此类的研究中的道理并不复杂，由于空气环境质量与某些特定的疾病存在相关性，从而成为健康的影响因素，并间接地影响寿命长短。

然而，与本项研究结论形成鲜明对比的是，人口统计数据表明，在过去 30 年里，全国平均人口寿命稳步上升，从 1982 年的 67.77 岁增长到 2010 年的 74.83 岁。而如果按照南北方的地区分布来计算，长期使用集中供暖的东北三省（2010 年男性平均寿命分别为：黑龙江 73 岁、吉林 74 岁、辽宁 74 岁）与处于最南方无集中供暖的三省（2010 年男性平均寿命分别为：广东 74 岁、广西 72 岁、海南 73 岁）相比，在寿命长短上并没有明显的差异。而另据统计，同期全国各地区空气污染浓度都在成数倍攀升。此外，就直观而言，尽管空气污染确实会不同程度地影响健康，但其危害性似乎还没有大到减寿 3~5 年的地步。因此，就统计数据及直观所得出的结论而言，似乎都与上述研究成果有所出入。那么问题究竟出在哪里？环境与寿命间究竟存在怎样的关系呢?

上述研究本身在方法和论证等方面都是比较规范和合理的，符合社会科学研究的范式，但最大的不足恰恰就在结论上，或者说是结论的表述方式上。对此，我们有必要先来考察寿命的决定因素。

其一，在微观层面上，什么因素决定人的寿命长短？按照一般的理解，除了先天的基因外，后天的内外部因素也可以决定寿命长短，这些因素包括生活水平、医疗条件、生活方式以及环境质量等。本质上，这些后天的因素主要影响人们的生活质量，而生活质量高的个体，其寿命也就相对较长；反之，则会较短。在此，包括空气污染在内的生态环境质量无疑属于决定人们寿命长短的后天外部因素之一，它不受个体行为的影响。在所有其他内外因素等同的情况下，生态环境质量的差异可以用来解释不同个体间寿命长短的原因。

其二，在宏观层面上，什么因素决定城市或地区的人均寿命水平？简单而言，个体的生活质量决定个体的寿命，而群体平均的生活质量则决定平均寿命，这意味着，我们可以通过集体的力量来改善影响个体生活质量的外部因素，以提高平均寿命水平。与个体的情况相区别的是，在宏观层面上，平均寿命既取决于平均生活质量，也取决于集体的干预能力。也就是说，针对包括环境污染等影响平均寿命的负面因素，个体在应对上或许无能为力，但集体却有可能采取相应的防范及应对措施，以提升环境质量，改善生活水平，提高平均寿命。

上述对寿命长短的决定机制的分析，对我们理解环境与寿命间作用关系的意义在于：一方面，无论是个体还是集体，生态环境质量都是决定健康及寿命的诸多影响因素中的一个，生态环境质量下滑是否会通过损害健康最终影响到寿命长短，还要考察其他的寿命影响因素是否在变动并能否弥补生态环境质量下滑带来的负面影响。很多研究表明，在一定的范围内，环境与非环境的因素是可以相互替代进行抵消的。另一方面，从集体的角度来看，生态环境质量下滑后，除了实施扭转环境质量的治理政策外，还可以对健康及平均寿命水平施加防范性的干预和适应对策。譬如，加强污染空气危害性及防范措施的宣传教育；又如，提高相关疾病的治疗水平，所有的这些干预和适应措施也都会在一定程度上抵消空气污染对健康和寿命造成的负面影响。实际上，这也正是城市化的好处之一，城市可以让社会整体提高对环境污染影响后果的干预和适应能力。

由此可以得出上述研究结论在应用上的局限性，即出于研究需要而设定的理想状态与现实之间存在的差距。事实上，该项研究旨在说明，在假设所有其他影响寿命的因素都相同的情况下，空气污染程度越高，寿命则越低，而这样的假设条件在现实生活中基本是不可能发生的。试想，随着生产与生活水平及方式的演变，人们又怎么会坐视外部环境质量的退化而无动于衷呢？以人类的智慧又怎么会让自身的健康与寿命任由外部环境质量左右呢？

就此而言，上述研究的理论价值高于应用价值，其结论的警示作用也远远大于实际影响。我们实则无须为空气污染致使人们减寿 3~5 年的研究结论而惊慌，也不必以此为由来超前地强调环保工作的必要性；否则，环保过度占用社会资源的结果也将通过影响其他因素的走向而波及健康和寿命。

## “化工围城及围水”的成本分析

据粗略估计，中国各地区存在大量的“化工围城及围水”的现象，在这各类化工产业建设与水源地以及自来水厂相互“交融”的过程中，最被人们诟病的是，为何这样的情况会发生，并持续数十年之久也没有引起足够的重视而解决。这一事件虽属偶然，但其背后有其必然性。其中最大的必然性在于，基于以往较为粗放的经济增长方式，在社会经济发展过程中，对资源环境保护方面的投入水平远远达不到保护资源环境所需要的水平。更关键的问题在于，全社会普遍缺乏资源环境保护的责任意识和成本意识。这才是在“偶然”中发生某市自来水污染事件的必然原因。

第一，就化工企业方面而言，环境排污上的长期软约束，已经使其在扩张上形成了低成本利用环境资源的技术发展路线。

一方面，就化工产业目前的总体成本水平而言，中国尽管仍与其他发达国家存在一定的差距，但基本上与我们当前所处的经济发展阶段相一致。也就是说，受技术水平、管理水平和市场效率等各种外部因素的影响，作为国民经济高度倚重的化工产业，它的总体成本并没有很大地超出我们的预期。但问题是，这个看起来在合理范围内的总体成本，在结构上却存在很大的弊病，那就是过重依赖于被豁免的“责任”，尤其是在环境保护方面，化工企业基本上被豁免了各种相应的责任。其中的原因既与全社会长期忽视环境保护的氛围有关，也与各地区、各部门在某种程度上为了局部利益而进行产业保护的行为有关。

这样一来，化工产业便形成了用廉价甚至是免费的“环境要素”来替代其他投入要素，譬如资本、技术改进、劳动力等的技术发展路线。这一点在各地“化工围城及围水”的污染事件中体现明显，即为何石化及化工产业可以在如此长的时期内仅仅根据其自身的便利性而将排污管道以及厂房修建在水源地与自来水厂周边，这种便利性的实质是企业规避承担环境成本。

另一方面，如果化工企业考虑到环境保护的因素，将生产场所新建或搬离敏感地带，或者投入力量来进行足够的预防，其结果都是在原成本的基础上增加额外支出，势必会大大提高总成本，并削弱其市场竞争力，这样的结果显然是各地化工产业所无法承受的，最终只能倒逼石化企业更加积极地从排污方面寻找降低成本的空间。

正是这成本的一“松”一“紧”，便注定了“化工围城及围水”并爆发污染事件的发展格局。

第二，就自来水企业方面而言，也有媒体提出质疑，即为什么在如此长的时间里，都没有采取措施去排除这些隐患，是对安全的忽视吗？其实不是，自来水企业对这些隐患是心知肚明的，但解决隐患是要付出成本的。一般而言，无非有两种解决办法，一种是自来水企业搬离，另一种是进行管道改造，但这两种办法在当前的城市用水制度约束下都无法实现，其中最大的原因仍然是成本。

根据国家发改委的相关规定，未来一段时间内，全国各地要完成阶梯水价的制度改革。表面上看，水价制度改革会使自来水厂受益，因为用水价格变得更为市场化，自来水企业可以根据不同的用水成本水平进行相应的定价。受此影响，第二用量和第三用量档次的水价确实都有明显提升。但国家发改委还规定了一个约束性的价格限制条件，那就是要确保80%的用户在用水成本上不受改革后的阶梯定价影响，而且对第二用量和第三用量档次的水价提升比例做了明确规定。这样一来，全国供水成本各异的各地区在定价上进行了“一刀切”。

如果说，阶梯化的定价机制可以基本满足正常情况下的自来水供给市场所需，那么，显然无法满足在供求上有着巨大缺口，以及仍存在巨大安全隐患和风险的某些地区的用水需要。其中包括那些深受石化围城和围水影响的地区。

在此情况下，自来水厂既然无法真正做到价格自主，就势必会影响其成本的承担能力，以及解决环境安全隐患的能力，换句话说，即使它对存在的环境安全隐患心知肚明，在现有的定价水平下也难以采取相应的措施。

例如一些北方化工重镇，本身就相对缺水，又承受过重的产业结构之累，城市用水在供给上的各种显性和隐形成本理应高于其他一般地区，但从公布的各地区水价看，其城市用水价格却与其他地区大致持平，这其中的成本缺口显然极大地制约了当地自来水企业应对环境安全隐患的能力。试想，作为一家自负盈亏的合资自来水企业，它有什么能力来解决之前数十年发展积累下来的历史负担?

总体而言，“化工围城及围水”的实质是在考问社会各方面的“成本”承担能力，其内在脉络并不复杂。同时，其未来发展的方向也甚为明朗，那就是短期内仍有赖于政府出面进行利益的调整。但从长期来说，无论是作为排污方的化工企业，还是作为供水方的自来水企业，以及作为用水方的消费者，都必须考虑如何在水资源的利用上树立真正的责任意识和成本意识。唯有如此，才能化解“水环境”这把高悬的达摩克利斯之剑。

# 绿色发展的政治经济学分析

# 面向绿色发展的权责分配和博弈

在未来的重大体制机制改革进程中，我们不妨继续缩小“环保权力清单”的范围，转而通过完善法律的方式，不仅把保护环境的权力，更要把保护环境的职责在最大限度上交由各种微观主体本身，让微观主体来决定“为”与“不为”的边界所在。

## 环保部门肩负的原罪

据环保部于2013年5月10日公布，经过排查，证实在华北六省市范围内共查处各类环境违法行为558件，企业通过各种方式违法排放工业废水，地下水和地表水的受污情况可以称得上是触目惊心。不过，出乎意料的是，对于其中88家排污企业的处罚程度低得简直让人难以相信。

联想到各地环保部门负责人屡屡有惊人语录现世，譬如“红颜色的水未必就是不达标的水”，等等。如此种种，令人不禁生疑，作为环境污染治理的主管部门和一线执行机构，在全国推进和普及科学发展观十余年后，在全国人民期盼建设美丽中国的今天，为何各地环保部门就不能对非法排污行为斩钉截铁地下重手，为何不能有效地行使“环保一票否决制”来纠正“过低的环境污染成本”呢？

根据相关法律规定，在全国范围内，环保部是国务院总理直接领导下的环境污染管制机构，其第一条职责便是“负责建立健全环境保护基本制度”，各地各级环保部门则是相应同级人民政府的组成部分，在地方政府首长的领导下管制当地的环境，根据相关环境管制政策和法律来执行相应的环境管理任务。

从当前中央—地方在财权、事权和人权等方面的分权结构来看，这样的制度安排尚算合理，即各地环保部门既要服从环保部的统一调度，尤其是遵循环保部出台的各项环境保护制度，同时也在诸多方面内生和依赖于地方政府，其地位不能过于超然。问题在于，如同国家标准优先于地方标准的规定，在涉及社会经济安全和人民群众健康的环境污染排放上，理应是“国法”高于地方法律，“国情”优先于地方情况，这一点毋庸置疑，但具体到某些地方，环保上的这些优先权，无论是在法理上，还是在理念上，似乎都并没有得到很好的落实。

一方面，在客观上，受限于各地不同的发展水平和发展意识，某些地区仍然无法真正步入集约式发展的轨道，地方经济陷入“增长—污染排放—增长”的恶性循环，在此情况下，面临着 GDP 政绩考核的地方官员身不由己，而各种环保法规自然只能是一纸空文，无法得到有效执行。

另一方面，在主观上，长期以来，环境污染的控制落入“计划思维”的惯性和谬误之中，认为环保只能由政府主导，环保的进度也只能由政府来控制。这样一来，便出现了“市场化的污染”与“计划性的环保”的脱节与矛盾，同时，更使快速增长的“全民环保诉求”与进展缓慢的“减排计划调节”严重不符。事实证明，在环境污染上所谓的“计划控制”只是一种主观上的“选择性市场失灵”，也就是说，在诸多的环境污染和排放领域，市场可以借助于价格机制等杠杆，发挥控制与调节环境污染以及提高环境保护效率等作用，但结果是市场往往“被选择性”地失灵。因为只有“让市场失灵”，地方政府才能通过计划获得“环境”资源与“非环境”资源间的价格“剪刀差”，从而为高污染和高排放的粗放经济增长模式赢得足够的空间。

由于上述的客观因素和主观认识势力极强，惯性极大，以至于在很多地方，即便环保水平与社会主义生态文明建设以及社会主义市场经济体制的国法和国情不符，社会也无法掉头。正是由于这样的格局，造成了地方环保部门的最大软肋，即在环保部门的人、事和财三大权都受制于地方，而地方又在环保上有太多顾虑，在这种情况下，各级环保部门和官员如何能不深陷各种主客观因素的重重包围之中？还如何能对违法违规行为明确表态？又如何能严格执行环境法规呢？

长此以往，结果绝非仅仅是环保治理上的“肌无力”这么简单。其一，环境违法成本低，只会纵容排污企业，扭曲价格信号和激励机制，让地方社会经济陷入更加恶性的污染循环。其二，环保执法不严，则会让环保部门丧失公信力，脱离公众的环保诉求和需要，最终失去公众的理解和支持。其三，地方环保绩效远离中央政府及相关部门的预期，有损政令的顺利施行，从而损害制度的有效性。

## 雾霾中“环保权力清单”何去何从

据环境保护部数据，京津冀及周边地区空气污染呈加重趋势，仅在 2014 年 2 月 21 日，北方地区就有 20 个城市发生了重度及以上污染，较 2 月 20 日增加了 4 个城市。2013 年 12 月 6~7 日，严重雾霾席卷东部地区 150 万平方公里，覆盖将近 1/7 的国土，其中灰霾影响面积约为 143 万平方公里，重霾面积约为 81 万平方公里，这些数字已经充分证明，全国已经进入常态化的雾霾爆发期。对此全社会究竟应该做些什么？战斗在雾霾治理第一线的环境保护部门又该做些什么？

就在本轮雾霾爆发之前的 2 月 17 日，环境保护部根据《国务院办公厅关于公开国务院各部门行政审批事项等相关工作的通知》（国办发〔2014〕5 号）要求，为深入推进行政审批制度改革，向全社会公布了该部门目前仍然保留的行政审批事项清单。所谓行政审批事项清单，俗称“权力清单”，其内容再次公布的关键意义在于，基于深化改革对“政府”和“市场”关系的界定，各部门不仅应该尽可能地减少对市场的干预，而且还应该简政放权，让社会来监督部门的权力，进而提高政府部门运作的效率。

此次环保部公布本部门的行政审批事项无异于一份环境保护权力的负面清单，有了这份负面清单，社会各界就可以知晓，进而监督环境保护部门究竟有没有在行使权力方面“越位”，甚至“违法”，也就是“管了不该你管的”。同时，环保部门所公布的这份清单，也无异于一份政府职责上的“正面清单”，也就是说，根据现有的法律和条例，环境保护部门应该完成哪些本职工作，公众同样也可知晓，并进而监督环境保护部门在行使其应尽责任上的“无为”，以及“缺位”，也就是“该管的你没管”。

由此可知，在这一“负”一“正”之间，其中所关涉的实则是环境保护部门权力和职责的关系问题，是部门的“为”与“无为”的边界问题。而面对空气污染，特别值得我们进一步思考的是，环境保护部门所公布的审批事项清单究竟是以权力性质为主，还是以职责性质为主？这份清单是否能满足当前治霾的迫切需要？

首先，既然是行政审批事项，直观的理解当然是用来限制或规范市场主体的某些行为，这无疑凸显了其权力本性。譬如，在环境保护部罗列的30个事项中，影响最大、所涉范围最广，也最广为人知的自然是与“环境影响评价”相关的事项。根据所公布的清单，一共有两个事项与此相关：一是“建设项目环境影响评价技术服务机构资质认定”；二是“由环境保护部负责的建设项目环境影响评价审批”，在环境保护部的网站上也会定期公布这两个事项的审批结果。对此，按照一般的理解，既然“有没有环评资质”和“是否通过环评”都由环境保护部来做最后决定，那么，这两个审批事项自然就意味着极大的权限，并在事实上构成了部门权力。

换个角度来看上述两个审批事项，从其审批后果来做效果评估。既然所有的建设项目都需要通过环境保护部的环境影响评价审批，同时，所有的环境影响评价技术服务机构资质也是经过环境保护部认定的，那么，为何到现在仍会出现包括大气污染在内的严重环境问题呢？从表面上来看，即便我们扣除了直接来自消费端的大气污染排放，最保守的估计也有五六成的污染是来自工业企业、能源发电等建设项目；而如果从点上来看的话，近年来披露出来的各种工业企业点源的污染案例更是层出不穷。对此，我们应该如何理解环境影响评价这一审批项目的实际意义呢？其实，大规模环境污染所检验的正是环保类审批事项的另一面，也是与其他部门审批事项相区别的特殊一面，即职责本性。是否执行好审批事项，关系到是否真正地履行了保护环境的部门职责。

事实上，忽略审批事项职责性质而仅强调其权力本性，是当前社会在某种程度上将审批事项进行权力部门化的一种倾向。然而，与权力相对应的就是“职责”，权力固然令人陶醉，而职责却会令人忐忑，这或许正是审批事项在“权力”和“职责”上的边界所在，也是各审批部门的精神负担所在。就此意义而言，权力的越位必定祸国殃民，而职责的某种人为缺位也极为可怕。结合上述有关环境影响评价审批事项的分析，可以反推，造成当前环境质量快速下滑的主要症结，也许并不在于权力越位这一端，但与职责的缺位不无相关。

时至今日，尤其是在雾霾等环境问题凸显的关键时刻，由国家法律和条例所赋予的“环保权力清单”，仍有必要继续发挥其防火墙的重要作用。在未来的体制机制改革进程中，我们不妨继续缩小这样的清单范围，转而通过完善法律的方式，不仅把保护环境的权力，更要把保护环境的职责在最大限度上交给各种微观主体本身，让微观主体来决定“为”与“不为”的边界所在。如此，包括环境保护部在内的各个部门也就无须再纠结于“权力清单”的范围，而环境质量也会在全社会的参与下得到真正的改善。

## 企业的环境责任：以水污染为例

新《环境保护法》于2015年1月1日起开始实施，新《环境保护法》进一步强化了企业污染防治的责任，加大了对环境违法行为的法律制裁力度。企业是市场经济参与的主体，也是影响环境的主体，新《环境保护法》规定了企事业单位和其他生产经营者有保护环境的责任和义务。那么，企业究竟该怎么履行责任？企业承担了多少环境责任？

当前中国企业处在转型阶段，面对大量社会问题和环境问题，企业已经进入将社会责任和环境责任作为竞争要素进行全面竞争的时代。

以治水为例，我国水环境形势严峻，环境保护部近期公布了重点流域水污染防治专项规划2013年度考核结果的公告。公告显示，仍有17.2%的考核断面为劣V类断面，总磷、氮等污染日益严重，除松花江流域外，各流域均存在总磷、氮超标的问题，我国的水环境不同程度地有所恶化。

其中，排放工业废水占水污染排放总量的60%以上，在此背景下，企业该承担哪些责任？对企业而言，抓住末端治理固然重要，但管理好排放源头更加重要，效果也会更加明显。

所以，无论从排污总量还是对环境的危害等角度看，企业的环境责任将在水污染防治中发挥更大的作用，而国家在水环境治理的相关政策中也应强调企业的环境责任建设。

如何有效地堵住工业废水的排放源头，治理工业废水排放，除了加强执法监管，企业自身的环境责任意识也应发挥更大作用。然而目前，有些企业管理者对环境责任尚不理解，他们认为，作为市场中的盈利机构，当然要以利润最大化作为主要经营宗旨，环境保护与其何干呢？显然，这样的想法是错误的。

任何企业都具有公共性，尤其是上市公司。公众是其主要的利益相关方，作为公众公司，必须承担相应的社会责任，其中就包括环境保护责任。而且，企业面临环境监管风险，基于股东和经营业绩最大化的直接需要，也有必要担负起环境保护责任。而且在环境监管约束日益严格、激励日益明显的情况下，企业将会因为减少废水等污染物排放和保护环境而提升经营业绩。

上市公司不仅要追求经济效益，更要以环境保护为己任。现代企业有别于传统企业，现代企业在为社会提供商品的同时，还需要正确引导社会的理性消费，不能脱离资源支撑和环境承载能力的现实。上市公司间或发生的环境责任危机事件表明，不断规范和完善上市公司环境信息披露制度已刻不容缓。当前，环境责任更需要从污染治理向全面的环境责任管理转型。

企业的环境责任，首先要遵守相关法律法规。如果废水排放在某种程度上是一种生产权利，那么引入并使用相应的技术设备控制其排污规模就是义务。尽管履行这样的义务会在不同程度上加大企业的经营成本，但假如企业任由废水等污染物排放到环境中而不加以控制，那么，它就是在向社会和公众转嫁成本。在市场理性的情况下，这样的企业显然无法获得公众的信任，也不会受到市场投资者的青睐，这将有损其市场价值。

逐利是企业的本能，但逐利必须有底线，守法是企业生存的基本要求。因此，对企业应更多关注其是否守法或违法，如果违法排污就必须受到严惩。国务院办公厅印发的《关于加强环境监管执法的通知》明确提出，对各类环境违法行为“零容忍”，加大惩治力度，坚决纠正执法不到位、整改不到位等问题。重拳打击违法排污，严厉处罚偷排偷放等五类恶意违法行为，将违法企业列入“黑名单”并向社会公告。这对地方政府和监管者提出了更高的要求：不仅要守法，而且要模范守法、严格执法。

当然，企业保护水环境绝不仅仅是遵守相关的法律法规，还需要做更多工作。一方面，这与法律法规本身无法完全克服道德风险的特征有关。由于各种原因，现有的环境保护监管体系实际上无法完全覆盖各种生产经营过程。另一方面，即便在法律允许的范围内排放污染，企业也有必要从履行环境责任的角度出发，尽最大努力控制废水污染排放。

企业为何要在环境责任上“自律”？事实是，在大数据的信息化时代里，企业将不得不在环境责任上克服来自“信息披露和公开”机制的挑战。按照现有的法律法规的规定，公众型企业（以上市公司为主）必须公开经营上的系列指标，以供公众监督，目的是提高企业经营透明度，维护股东投资者的利益。近年来，随着水环境污染加剧，将相关污水排放指标纳入信息公开体系已是大势所趋。可以预见的是，未来包括污水排放在内的各类环境指标都会被纳入强制性公开的范围。

还应注意到，在环境信息公开的推动过程中，已经公开环境责任信息的企业必然会对其他同行业企业造成倒逼压力，促使其他同行业企业加强履行环境责任，逐步公开其环境责任信息。

有关企业环境责任信息披露与其市场价值的关系，学术界有过深入论证。一项对美国与加拿大的研究显示，企业违法排污与其市场价值之间似乎没有直接关系。对上市公司发生重大环境事件后的外部惩罚并不能影响市场投资者对这一企业的投资决策，公司市场价值没有明显的变动。但随着政府外部惩罚次数的增加，市场在接收到这一信息后，公司股价便明显下滑。在企业评估和审视自身环境责任的过程中，即便来自外部的惩罚较弱，一旦这样的惩罚信息经由披露并不断强化后公司价值也会受到影响。

当前，我国在促使企业承担环境责任方面也在不断加强能力建设，并已经具备了相应的技术条件。比如，我国在主要工业废水排放源都建立了在线监测和监督体系，有较为完善的标准制度。若能在新修订的《环境保护法》的框架下，制定更具有针对性的水污染防治政策，实现水污染信息公开，那么这些技术条件都将很好地成为推动企业承担其环境责任的重要基础。

## 公众的权责：市民能告环保部门吗

在雾霾笼罩下的河北省石家庄市，一位市民将石家庄市环保局告上了法庭。这位市民起诉环保局的不作为致使雾霾严重影响其呼吸新鲜空气的合法权益，并索赔雾霾带来的各种损失总计 1 万元。

河北省高级人民法院和石家庄市中级人民法院没有受理该市民递交的起诉材料，但指点其到有管辖权的石家庄市裕华区人民法院递交。裕华区人民法院受理了该市民的起诉材料。该市民的起诉之举在深受雾霾之痛的广大市民中引发连锁反应。在雾霾的应对和治理上，法庭是不是可以成为市民维护自身环境权益最后的避难所呢？

事实上，在环境问题逐渐蔓延的背景下，市民告地方环保部门已经不是首次了。近年来有据可查的已有数起环保方面的民告官案例。譬如江苏苏州村民起诉苏州市环保局（2010 年），要求公开环评信息；北京市民起诉北京市环保局，起诉理由是垃圾焚烧厂用临时证运营了五年（2010 年）；新疆石河子市民起诉石河子市环保局，要求公开企业环评报告（2013 年）。这起石家庄市民起诉环保局的案例，都是市民作为个体状告当地环保局的案例。

环保领域民告官的另一种形式是“环境公益诉讼”，是具有合法地位的环保组织因某项环保事由起诉环保局。譬如，2013 年北京一个民间环保组织“源头爱好者环境研究所”因不满北京市环保局对其两项信息公开申请的回复，而将北京市环保局告上法庭。

从结果来看，除了石家庄市民这起诉讼请求结果未明外，其他的诉讼请求都获得了法庭的受理。当然，受理之后，是否支持其诉讼请求则结果不一。根据现有的信息资料来看，大部分案例最后都在原告和被告双方间达成了庭外和解。

这说明，时至今日，中国的民众的确可以通过一纸诉状将地方环保部门告上法庭，但在目前的法律框架下，此类民告官的环保诉讼请求却未必会得到法庭的支持。

以上述石家庄市民诉石家庄市环保局为例，原告有两个诉讼要件：其一是“雾霾严重影响其呼吸新鲜空气的合法权益”；其二是提出“索赔 1 万元”的诉讼请求。那么，我们来分析一下相关的环保法律法规是否能够支持他的诉讼请求。

第一，有关“环境合法权益”的问题。

首先来看用于界定公民权益的最高法《宪法》。在《宪法》第二章“公民的基本权利和义务”中，显然没有提及包括新鲜空气在内的“任何环境权益”。同时，在《中华人民共和国民法通则》第五章“民事权利”中也没有任何关于“公民环境权益”的描述。

再来看看环境领域的最高上位法《环境保护法》，其中的确有提到公民的环保权利，但对这一“权利”的界定只有一句话：“一切单位和个人都有保护环境的义务，并有权对污染和破坏环境的单位和个人进行检举和控告。”需要注意的是，个人的权利是“检举和控告”，并不是“呼吸新鲜空气”，而检举和控告的对象也只是“污染和破坏环境的单位和个人”。这其中有两层含义：其一，权利不包括“享受高质量环境的权益”；其二，对象不包括“环境管理部门或政府”。与此相呼应的是，在《大气污染防治法》中，对公民相关新鲜空气呼吸权利的界定与《环境保护法》如出一辙。

梳理上述法律条文可以发现，在现有的法律框架体系内，没有任何可以支持石家庄市民有关“维护环境权益”这一诉讼请求的依据。仅这一点，这起民告官的诉讼其实就已经站不住脚了。这是因为，既然法律都没有明确规定市民应该享有哪些正当的环境权益，那么在环保部门的“不作为”（假使存在“不作为”）与公民“潜在”的环境权益间又如何能产生关联呢？充其量环境污染问题所表明的也只是环境保护部门的某种工作失职而已，而这个问题已经超出了诉讼请求的范围。当然，环境权益在界定上的缺位并不妨碍市民以其他理由提起诉讼，譬如信息公开等，这也是以往大部分环境类民告官的案由都聚集在这一领域的原因。

第二，有关索赔的问题。

民告官诉求索赔的法律依据主要是《行政诉讼法》，其中第九章第六十七条规定："公民、法人或者其他组织的合法权益受到行政机关或者行政机关工作人员做出的具体行政行为侵犯造成损害的，有权请求赔偿。"在此，可以理解为索赔的前提是发生了"侵权"。但如前所述，公民在环境上的合法权益既然无从界定，那就当然不会产生任何"侵权"问题，进而公民也不具有向地方环保部门请求赔偿的权利。退一步来讲，即便公民潜在的"环境权益"受到了侵犯，同条法律还规定："公民、法人或者其他组织单独就损害赔偿提出请求，应当先由行政机关解决。对行政机关的处理不服，可以向人民法院提起诉讼。"也就是说，市民在请求赔偿时，要先行向环保局提出请求，而不是直接诉之于法庭。

民告官并非易事。因为，如果大家对雾霾有什么不满或者想索赔，索赔对象是离不开地方环保部门的，但环保部门会告诉你拨打环保举报热线来履行你的公民环保义务，而这个热线并不是为民告官所设的。

## 面对环境问题：公众的选择

一则有关"女医生为子找干净空气"的新闻流传甚广。一位医生母亲为了帮助患有哮喘的孩子找一个清洁的空气环境，十多年来执着地南迁北徙，完全是一个现代版"孟母三迁"的故事，就其迁徙的范围而言，已经远大于昔日的孟母，为"孟母三迁"的故事再添新义。当然，昔日的孟母搬迁的目的是给孩子寻找一个良好的教育环境，最后定居在学堂边，终于培养出我国历史上伟大的儒学家孟子；而今日的"孟母"搬迁的目的则是寻找一个良好的空气环境，其效果也已经得到了部分的验证，那就是"哮喘基本得到治愈"，如果前者的寓意在于说明人文环境对孩子习惯养成等方面的影响，那么后者的重点则在于说明自然环境对下一代体质发展的影响。尽管两种"孟母"都值得敬佩，但就全社会而言，如果我们搬迁的目的已经从追求改善人文环境转变为追求自然环境，那么不能不说这是一种倒退，“少年强则国家强”，少年的身体素质不强，国家的“体质”又如何能强呢?

现代版的“孟母三迁”最大的意义在于，至少我们的社会已经认识到，并正视自然环境对孩子以及所有人群健康的影响了，这是一种进步。第一，这是一种科技和认知上的进步，正如上述“女医生”故事所言，从一开始不能确认哮喘的成因，到后来不断尝试，找到了病因，或者起码是找到了治疗的有效办法，相对而言，这对于很多的类似患病群体是一个福音，也是一种进步。第二，正视自然环境对健康的影响更是一种社会参与意义上的进步，从知道病因到不断搬迁，看似女医生仅仅是在不断地搬离空气污染源，但实际上，她是在以“用脚投票”的方式无声地评价环境，用不断地搬迁来参与到空气环境治理的过程中。与直接的参与不同，这样的一种参与对各地区的环境污染更具“杀伤力”，如果不是一个人，而是一大批人因为空气质量问题搬离某地的话，其背后所传递的信息是，该地应该好好地反省现有的发展模式。反之，由于空气质量的改善而吸引人们搬入的地区显然是获得了极大的肯定，而其空气等环境质量也会因为人们的关注和加入而继续维持并改善，继而获得极大的社会效益。

从社会的反应来看，一方面，人们当然有理由对这位医生母亲十多年如一日的执着而感动；另一方面，更多的人也许是羡慕，羡慕这位母亲有条件四处迁徙，甚至可以出国，这样做的背后须克服种种障碍以及付出高昂的经济成本，绝不是普通家庭的母亲为了孩子的身体健康能做得到的。

其一，现有的城镇化和户籍管理体制是横亘在大多数家庭面前的无法逾越的鸿沟，即便有钱支付得起其他成本，但就孩子而言，他们所无法克服的障碍便是入学。从理论上讲，如果家长不是本地户籍，孩子是无法进入本地公办教育系统的。即便是以各种方式进入了，也无法参加中考、高考等升学考试，仅这一点就足以让大多数家长想为孩子找寻一个更好的自然环境的念头戛然而止，自然环境再重要，也要与人文环境相平衡。这也就是搬迁的最终结果往往是将孩子送出国求学的原因。

其二，经济上的代价，简单地说就是支付能力。从上述故事中可以看出，这位孩子有一位执着的母亲，有一位能赚钱的父亲，可以负担他走南闯北的费用，甚至“还有各种机会出国”。但是，对大部分家庭而言，都还停留在“有余心而无余力”的水平，所能做的只能是关心家庭周边的环境，让自身远离那些最具污染和负面影响的污染源而已。就此而言，像这位医生母亲一样，在全球范围内“找干净空气”其实不具有复制性。

其三，还有一种成本很少有人注意到，那就是昔日孟母所追求的人文环境成本。实际上，“孟母三迁”的本意在于寻找一个对孩子教育和成长有积极影响的环境，然后稳定下来，孟母其实也不喜欢自己的孩子整天东奔西走，这样显然不利于教育的连贯性和有效性。因此，我们所听的故事也就是停留在“三迁”上，而不是更多。这就意味着，如果因为自然环境的缘故，而舍弃较好的人文环境，或者不断改变孩子受教育的环境，这对孩子的身心成长而言未必是一件好事。尽管对这位医生母亲而言，这是一种两害相权取其轻的无奈选择，但这的确也是家庭乃至社会为了发展所付出的代价。

现代版“孟母三迁”的故事给我们最大的启示在于，在全球化和新一轮城镇化逐渐加速的背景下，人们将越加有可能通过“用脚投票”的方式来逃离环境污染，进行工作和生活空间的再选择。任由环境污染日甚一日，无论是“迁”与“不迁”，全社会都将为此付出巨大代价。所以，环境保护和治理，功在当代，利在千秋！

# 资源与环境的量价问题

所谓的“价格困境”其实是不存在的，价格本身一定在调节着供求关系，并配置相关的资源，即便从结果上来看资源被错配了，缘由必定是市场的某个环节“被失灵”，尤其是市场中的“法治”环节被失灵。

## 拥堵治理：科斯定理还是庇古主义

2013 年 9 月，北京市环保局发布《北京市清洁空气行动计划（2013~2017 年）重点任务分解措施》《大气行动计划》，其中首次明确，将采用收取拥堵费的形式来治理城市交通问题。由此一度引发了将在全国范围内推广拥堵费的政策的传言。而后环保部官员出面辟谣，否认了这一说法，并表示不会在全国各地执行“一刀切”的拥堵费政策。尽管现在看来，所谓全国性的拥堵费政策的新闻属于“乌龙”，但不得不承认，在如何解决城市交通拥堵的政策方向上，公众的神经极为敏感，他们的担忧在于，这会不会又是一个收费的理由呢？

其一，如果将城市道路出行和使用作为一个产品式的服务，那么，在市场化的制度安排下，交通拥堵的最直接源头便是“供不应求”。由此出发，我们便很容易将缓解拥堵问题理解为“成本”或“价格”问题。但事实上，由于交通是从属于城市生产和生活，其“供求”的数量也与城市人口及规模密切相关，而绝非价格因素所能左右。

其二，城市的规模扩张是否必然会带来交通拥堵问题，答案是不一定，世界上同样规模城市的交通状况千差万别，究其原因，除了城市规模外，城市的结构和规划是否合理也是决定交通状况的重要变量。从这一点开始，由于城市建设和发展的周期使然，城市在发展到一定程度时，交通状况开始出现锁定效应，即在一定时期内受制于现有的结构而无法调整。

其三，如果说城市结构和布局仅仅是锁定了交通出行的供给端，那么，长期以来的经济增长方式则锁定了交通出行的需求端。我们本可以主要依赖于公共交通来扩大城市交通的可能边界，但考虑到GDP，不得不走依赖于汽车产业发展的增长模式，因为汽车产业可以带动更多产业的发展。因此，无论是从供给还是从需求上来说，我们的城市交通状况都已被牢牢地锁定，拥堵是必然的结果。

针对这样的交通锁定效应，解决办法除了长期的宏观结构调整之外，短期内可以从微观制度入手来加以缓解，其中有两种可能的选择：一是强化市场作用的科斯定理，二是突出政府作用的庇古主义。

就拥堵的治理而言，科斯定理有很高的应用价值，主要有两点：一是降低交易成本，打开市场，让“出行人”可以自由“进出”交通市场，即不仅可以选择不同的交通方式，还可以选择不同的居住场所。二是明晰产权，提供法律保障。具体到交通拥堵的问题上，应赋予“出行人”明确的道路使用权，并使之“流动”起来，可以进行售卖。在科斯看来，如果上述两点都能满足的话，那么拥堵问题将不治而解。因为市场会自行为道路使用权确定一个足以清空所有造成拥堵的过度交通需求的价格，也就是有的人会因为支付这个价格购买道路使用权，可以继续留在道路上；有的人则会因为这个价格而选择离开，将其道路使用权售卖出去，他可以继而选择用其他交通工具来取代私人交通工具，或者更加彻底地选择迁移出这座城市。

然而，这一幕并未发生。那么是市场不够完善和自由吗，还是产权界定不够明了清晰？

事实上，从城市的不断扩张来看，城市在快速地吸纳着人口，这至少说明，城内外的人口流动仍得到了一定程度的保障，尤其对尚未内化到城市户籍制度中的人群而言（他们之中属于有车一族的人也不在少数），他们流入和流出城市都是相对自由的。而汽车消费市场的火箭式增长似乎也在说明，城市的确在最大限度上维护了有车一族的各种权利，包括其道路出行权。那么为何市场仍无法做到科斯眼中的理想流动呢？

最主要的因素不难推定，即科斯定理本身存在一个最大的局限性，那就是包括科斯定理在内的所有基于边际计算的新古典经济学，都无法彻底克服社会经济发展在“资源环境”上所面临的巨大约束，正是这样的约束划定了“效率”增长的边界。在此边界之内，科斯定理完全有效，而一旦超出这个范围，便无法确保科斯定理的有效性了。

值得注意的是，致力于解决外部性问题的科斯定理，正是在否定其理论“宿敌”庇古主义的基础上应运而生的。早在90多年前，英国经济学家庇古就认为，之所以会产生环境污染、交通拥堵等外部性问题，根源在于社会外部成本的存在，而要根除社会外部成本需要政府的介入，以税收等强制手段来实现全社会外部成本的内部化，而不论其是否愿意以“退出”的方式来规避税收。这一点与科斯定理大为不同，如果说，科斯定理侧重的是通过市场和产权来相对地提高效率，从而以扩大生产边界的方式来做“增量”的话，那么庇古主义则是侧重于通过税收制度来绝对地打击“外部性”行为，从而实现既定生产边界范围内的“减量”生产和消费。这里必须注意的是，也许在90多年前，庇古将其分析重点放在有限资源环境条件下的“减量化”上，这似乎与后来随着科技大发展而形成的相对较为宽松的资源环境条件的状况不符。今天，我们实际上已经清楚，随着消费的无意识膨胀，资源环境生产边界已经不断迫近“木桶”中那根最短的木棍，这既可以是资源的紧缺，也可以是环境的污染。

就此而言，也许现在已经到了重拾庇古主义的时候，让消费从“本能”和“市场”的层面，重新回归到确保全人类可持续发展的“共识”基础上来。否则，类似于拥堵的交通等问题会很快从城市蔓延开来，使我们继续体验市场经济制度下的另一种“短缺经济”。

## “沪牌”新政的数量调控效应

2013 年 4 月，“沪牌”新政后的第一次车牌拍卖尘埃落定，终结了沪牌价格连续 10 个月的上扬。作为一种控制本地汽车保有量并缓解城市交通和环境压力的政策，车牌拍卖制度自建立后，其价格呈现节节攀升的局面，高价位让这项制度陷入尴尬境地。一方面，城市面临汽车市场供求的井喷，有限的“沪牌”投放量已经日益凸显其稀缺性，价格走高显然有利于抑制需求，这也是相关主管部门推出此项制度的初衷所在；另一方面，让主管部门感到不安的是，为何在沪牌投放如此缓慢的节奏下，城市交通却仍在加速陷入拥堵之中，拥堵到新的有车族不得不继续忍痛追高沪牌价格。那么，车牌拍卖这项被世界公认为利用市场来调节私人交通流量的“好”政策，为何不能发挥其应有的效果？沪牌新政的意义何在？它能否有效地控制价格，并解决交通拥堵问题呢？

在世界范围内，交通问题都是城市化过程绕不开的一大难题。只要城市仍在扩大，无论处于哪个阶段，交通供给总是滞后于需求。这是因为在有限的城市土地资源中，交通作为公共产品，占用土地资源的直接产出效应很难与其他私人部门（譬如房地产）相匹敌，只有当交通成为短板并在极大程度上制约了其他部门的效率提高时，交通所占土地资源的相对价值才足以显现，进而刺激扩大交通供给。由此，尽管从需求的角度来看，城市居民都希望在现有支出规模的基础上拥有更便利的交通，可一旦增加交通涉及土地资源的替代利用，他们接下来真正考量的却是其背后的投入产出效应，毕竟用于增加交通供给的土地资源也可以用于改善其他方面的福利。

因此，随着城市交通问题的加剧，在土地资源进一步趋于紧张的背景下，要想改善交通拥堵状况，寄希望于扩大交通供给已不现实。既然无法继续扩大交通供给，改善交通的另一个可行途径便是控制需求了。

一方面，可以通过集中交通的办法来控制相对需求水平，公共交通以及交通枢纽等方式便是将私人交通集中起来降低需求水平的途径，尽管如此，这些交通方式的发展和供给也受到有限土地和空间的限制，不可能无限制地扩大；另一方面，可以通过减少私人交通的办法来控制需求，一般而言，城市化进程中解决交通问题的过程往往也正是控制私人交通增速及规模的过程。为此，完全可以将私人交通的边际出行成本提高到等同于道路土地边际收益的价值水平，也就是还原土地资源的市场价值，以此来纠正因“过低出行成本”而扭曲了的私人交通资源配置，提高土地资源配置效率。针对私人交通而引入的各种市场机制，已经改变了交通作为公共产品的传统特性，私人交通不仅从其形式上，而且在经济意义上真正地成为“私人产品”。

当然，即便引入市场机制改变交通的经济属性，城市私人交通的容量也并非可以无节制地增加，除了受到交通资源本身相对稀缺性的限制之外，在一定时期内，城市范围内私人交通资源还存在绝对意义上的有限性。这就意味着无论城市居民愿意选择哪种成本水平，最后的结果都无非为两种：一是较低的出行成本鼓励“超前消费”；二是较高的出行成本激励“押后消费”。而两者的共同之处在于，城市跨期的交通资源总量不变。

以新加坡为例。一直以来，新加坡政府都是通过提高私人交通出行成本来解决城市交通问题，不仅对车辆收取牌照费，还进行周期性循环收费，其收费之高、之重、之有效世界无二。但这只不过是新加坡牌照收费政策的一个表象，其背后的重点在于，新加坡政府对城市所能承担的牌照进行总量上的估计和控制，在此基础上，将牌照进行价格化配置。这意味着，即便要通过价格的市场机制来调节私人交通的增速及规模，也必须在数量上加以约束。否则，牌照费的价格效应只能体现为经济上的价值，而无交通上的意义。

与新加坡的情况有所不同的是，上海处在一个更为二元的社会经济结构中，最大的特征是本地牌照与非本地牌照共存并互为补充。在此背景下，在城市空间规模扩容增速减缓的今天，上海部分城区可供车辆行驶的交通规模已接近饱和，而总的交通扩容量也将逐渐下降，直至为零。这说明，上海当前在交通问题上面临的最大挑战并不是本地牌照的发放数量及拍卖价格，而是包含了本地和非本地牌照在内的所有私人交通规模，一旦私人交通总规模接近城市交通容量的极限，那么再高的牌照价格对缓解交通也起不到任何作用。

就此而言，本次“沪牌”新政总体方向是正确的，即以增加数量并配合价格来有效疏导私人交通。除此之外，利用公共交通的集中优势来提高交通资源利用效率，尽可能地削减不必要的公务用车，以及优化交通规划等，也都是缓解城市交通供求矛盾的政策选项。

## 为城市用水寻找定价之道

2014 年 1 月 3 日，国家发改委和住建部印发布的《关于加快建立完善城镇居民用水阶梯价格制度的指导意见》（以下简称《意见》），计划到 2015 年，在全国范围内全面实行城镇居民阶梯水价制度。由此，城市水价再次引发关注。在公共服务领域，针对不同市场主体进行差别定价，多用水者多付费，这是阶梯定价制度的关键所在。从这一原则出发，公共资源的分配既可以覆盖基本需求，同时又让支付意愿和能力较强者（即高收入者）承担更高的价格，从而实现总价格的最大化。不过，从最近各地“涉水”事件频发的态势来看，无论是在“水环境”的保护上，还是在“水安全”的维护上，城市水资源利用恐怕都不仅仅是价格或者经济上的问题。更重要的是，我们的水价制度如何才能真正满足“水性”发展的内在要求，使水资源在节约和高效利用的基础上做到可持续发展。

就“水性”而言，在当前的发展背景下，水资源具有三种属性：经济属性、环境属性和安全属性。

其一，经济属性是从满足水资源的供求出发，通过市场化下的价格机制来进行优化配置，让价格来出清所有过剩的供给和需求。因此，仅就经济属性而言，并不存在任何的水资源问题。只要市场机制发挥了基础性和决定性的作用，再辅以相应的补贴措施，那么，无论是城市内的用水，还是地区间的转移（如南水北调），问题都能较好地解决。

其二，在工业化时代，城市所需的水资源还受到各种外部污染的影响，进而衍生出环境属性。水资源本身是包括化学需氧量和氨氮在内的污染物质的承载场所，在水资源环境承载力的范围之内，这些污染物质并不构成威胁，可一旦污染物质的数量超过了水资源环境所能承载的范围，水环境系统便会遭到破坏，并逐步将其影响向下游利用环节传导，从而给社会增加经济上或风险上的成本。

其三，日本曾发生过严重的“水俣环境事件”，几年的时间里，数千人因为周边水环境遭到企业汞排放的污染而中毒，其中有1000多人死亡。在类似这样的情况下，除了付出直接的经济成本外，公众显然还要承担极大的健康卫生风险。而这样的风险便派生出水资源的安全属性。在新的发展背景下，水资源的质量和数量不仅关系到公众的健康卫生安全，还关系到社会经济发展的稳定性和持续性。国际学术界认为，在水资源、粮食和能源等要素间存在“关联”安全关系。基于这样的认识，体现为水资源供应的“水安全”已经被很多国家政府列为“非传统安全”的范围。

上述水资源三种属性演进的意义在于，城市水价制度究竟应该如何服务于“水性”本身？如果仅从经济属性出发，则阶梯定价显然是最佳选择，因为满足经济属性正是阶梯水价制度的出发点，即在市场化的基础上配置城市公共服务资源，可以最大限度地提高城市公共资源的利用效率。但如果考虑到环境和安全两种属性，水资源的内在价值就会超过其直接经济价值（即成本），从而产生“溢价”，即水环境的保护和水安全的维护，都将派生出额外的成本。

这就意味着，尽管阶梯水价的定价机制可以发挥优化水资源配置的作用，代表着市场化的发展方向，但基于提高社会总体福利的考虑，市场本身是无法完全反映“溢价性”的。其结果是，在以“需求侧管理”为主要特征的阶梯水价制度下，城市用水的供需缺口会越来越大。一方面，受消费水平和能力的影响，城市用水需求规模将有增无减（这是刚性的公共服务需求）；另一方面，用水的供应成本却因“溢价”而趋高，供应端的积极性将大受打击。而这一缺口的扩大又会带来水安全上的诸多风险。

总而言之，在城市水价制度中，除了要遵循市场化原则来配置水资源，还应从环境和安全两种属性出发，进行必要的政府干预，只有政府与市场形成合力，才能为城市用水找到符合其内在价值的定价依据。

## 水价调整的关键在于稀缺性管理

《水污染防治行动计划》（以下简称“水十条”）正式颁布，从最初的意见征求到最后的政策出台，“水十条”可以称得上是“千呼万唤始出来”。从环保的角度看，“水十条”可以名副其实地进入史上最严的环保法规条例行列，标准高、规定严而且有很强的可执行性，这些特点都足以令“水十条”载入史册。除此之外，值得注意的是，水污染的防治行动计划中还包含了“水资源”的管理问题，即水污染防治除了将“水”定位为“水环境”，还将“水”定位成“水资源”。也许，正是在这个“资源”的特殊属性上，将水污染的防治与大气污染防治（以及土壤污染防治）区分开来。一般而言，“空气”本身还不能称为一种资源。也正因如此，水污染的防治相比大气污染的防治难度更大，当然，其政策要求也更为复杂。具体而言，在通过市场的方式保护和利用水资源的过程中，必须充分尊重水的资源属性，以及在资源属性背后所隐藏的“稀缺性”。

首先，水有没有资源属性？如果我们能理解森林、煤炭、石油等都隶属于自然资源的范畴，因为这些自然资源是生产的重要因素，那么也就能理解在生产过程中所必需的“用水”也是一种自然资源。但与其他资源相比，水资源的特别之处在于，在大部分行业，它对生产的价值贡献不大，致使在很长一段时间内，它的资源属性是被忽视的。然而，当水污染因为工业化和城市化的进程加快而越来越严重时，水的环境属性开始凸显，进而掩盖了其资源属性。结果是在水的管理问题上产生了重环境而轻资源的倾向，体现在水价中就是，污水处理费和排污费的比例相对较高，而体现水资源属性的收费比例却相对较低。

其次，如果水是有资源属性的，那么，水资源到底是“不可再生资源”还是“可再生资源”？日常所用的淡水是属于“可再生资源”的范畴，也就是说，水有自我的再生机制，而且周期较短。但是在水资源体系进行再生的同时，水资源也在被快速利用与开发。据比较可靠的估算，全球淡水资源的规模增速大大低于其利用与开发水平的增速，即从相对规模来说，水资源是在萎缩的。因此，水资源似乎更加符合“不可再生资源”的界定，即在长期是不断减少，甚至趋于枯竭（在部分干旱地区）。从“可再生”到“不可再生”，这个变化给我们带来的最大影响在于，水资源的稀缺性大大提高。也就是说，要承认水的资源属性，就目前的条件而言，其实质是要承认水的稀缺性。只有这样，我们才能将问题延伸到“如何管理这个稀缺性”的阶段上，也就是水资源管理最为关键的阶段。

最后，从水的资源属性到经济属性。既然水具有上述特殊的资源属性，从社会经济发展的视角看，工作的重点不是如何改变这个资源属性，而是应该集中在如何在稀缺性的条件下，更好地促进水资源的有效利用。在此，价格机制仍然是不二的选择。只有通过价格形成信号，才能让水资源的利用在不同市场主体、不同时期产生福利最优化的激励效应。当然，所谓的价格机制并不是简单地通过市场竞争来实现均衡的价格和产量，这与水资源供给上的自然垄断性有关。众所周知，在这一类产品上，根本无法实现完全竞争的市场机制。所以最好的办法是价格管制，由政府和市场来共同确定价格体系。该如何确定水资源的价格水平（这里不包括污水处理和排污两部分价格）？答案无疑是成本。既然这不属于充分竞争的行业，那么比较可行的办法就是采取“成本加成”的定价方式，即政府在市场的基础上核算出该水资源的边际成本，然后再加上平均的利润率，最后形成用水价格。

其中的关键问题在于，水资源的边际成本由什么构成？除了直接的采水／生产成本外，还有什么成本？其中，最为重要也不可忽视的一个成本就是从水资源稀缺性中衍生出来的“稀缺租金”成本，也就是说，当水资源被逐步利用而规模减小后，其稀缺程度是在逐步递增的，这意味着，每一次的水资源利用都是以增加其“稀缺”程度为代价而获得某种产出或福利，因此，有必要对这个“稀缺性”进行付费，这就是“稀缺租金”。其结果是，随着水资源的不断减少，其稀缺程度不断增加，“稀缺租金”也将越来越高，直到超出边际收益为止，抑或直到出现某种替代性的技术或资源为止。

上述有关水资源经济属性的分析带来的启示是，在水资源直接生产成本（供水成本）相对比较稳定的情况下，我们可以制定较为贴近供水成本的供水价格，这相当于是支付水资源水质的维护费用，但与此同时，任何利用和开发，以及污染水资源的生产和生活其实都是在加大水资源作为一种不可再生资源的稀缺程度，而且利用的程度越高，稀缺程度就越大，按照水资源总成本的界定，也应支付相应的“稀缺租金”。因此，如果我们要真正厘清水资源的价格组成，并在此基础上制定合理的水价，那么，就应该更多地在水资源“稀缺性”的管理上下功夫，即制定更加合理的水资源费，譬如实行阶梯形的水资源费，同时，在供水水价、排污费以及污水处理费上反而可以根据市场的直接成本来定价，毕竟，在成本方面尚有一定的效率提升空间。

## 死猪漂浮背后的价格困境

2013 年 3 月，黄浦江上游水域漂浮死猪事件引起广泛关注。据报道，截至 3 月 10 日晚，上海松江、金山区水域已打捞起死猪 2800 余头。而据上海市政府新闻办发布的消息说，经相关部门核查，初步确定这些死猪来自浙江省嘉兴地区。但死猪怎么会漂到黄浦江来呢？

据 2013 年 3 月 4 日《嘉兴日报》报道，“嘉兴乱扔死猪现象再次抬头”。3 月 5 日《嘉兴日报》继续报道，“乱扔死猪现象引热议，市民建议成立‘公民监督团’”。据文中介绍，尽管当地建有死猪收集站，但一般的养猪户大都不会把死猪送往收集站，而是选择直接就地、异地扔掉，这样做无非为省事、省钱。不难想象，其中一些有“责任感”的养猪户基于对乡土环境的“热爱”，觉得费点精力，走远点把死猪扔到江中去会更加彻底些。却没想到这些死猪会漂到上海境内。原先看似没有价值的死猪，现在的价格将超过生猪，因为所有后续的巨额处理费用都会折算到每头死猪上。早知如此，为何不从一开始就给死猪（处理）定个合理的价格？

想必，这个合理的价格并非没有，而是有价无市。理论上，对每个养猪户而言，按照每个季节的生猪死亡率，并根据死猪的平均处理费用是可以计算出总成本的，然后将这些成本均摊到最后存活的并进入市场的生猪价格上去。尽管这样做的结果是，在利润不变的情况下，会小幅提高猪肉的绝对价格，但这至少证明，这样的过程还是有操作余地的。只要市场竞争充分，总会有一个让生产者和消费者都能接受的猪肉市场价格，也就是说，死猪的处理成本在正常情况下是可以被市场机制出清的。

可是这么简单的逻辑在现实中却没有发生。其中最有可能的原因是，市场结构的不完善，一旦因为处理死猪而增加了相应的成本，这些成本将只影响养猪户的收入，而不会进入猪肉的购销及消费环节。也就是说，在养猪户相对分散，而购销商相对集中的市场力量不对等情况下，任何微小成本的增加都会影响到养猪户的市场竞争力，从而影响其收入。相比要增加成本的处理死猪的方式，理性的养猪户自然会选择零成本的方式直接扔掉。同理，基于地方收入和发展的考虑，如果对死猪的合理处理进行强制性规定和执行，那么意味着该地的养猪业整体竞争力下降，这显然也不是地方所愿意接受的结果。

由此，便出现了死猪处理的价格困境。一方面，如果不对死猪处理进行有效管制，那么养猪户会越来越多地选择没有处理成本的方式直接扔掉死猪，这必然会产生各种各样的不利后果，包括舆论影响，最后，社会在其他方面会付出更大的价格成本。另一方面，如果对死猪处理进行严格管制，收取一定的处理成本，就会直接影响本地养猪业的经营，造成竞争力下降，收入下滑。如此一来，价格杠杆在死猪的处理上似乎失灵了。

其实，所谓的“价格困境”是不存在的，价格本身一定在调节着供求关系，并配置相关的资源，即便从结果上看资源被错配了。譬如死猪漂到了黄浦江，这是很明显的错配表现，那么其缘由必定是市场的某个环节“被失灵”，尤其是市场中的“法治”环节被失灵。

其一，国家和地方政府都对地表和地下水源污染排放有明文规定，死猪肯定是不允许被如此草率处理的。但问题是，如何监督？又如何惩罚？其二，如果养猪户处在不利的市场地位，那就意味着有垄断成分，国家对禁止市场垄断行为也有明文规定，同样的问题是，如何界定？又如何惩罚？这“一堵一疏”的市场机制本身便是价格杠杆的最大保障。如果忽略了这两者，死猪处理出现价格困境也就不足为奇了。

# 邻避主义：困境与出路

关键之处在于，我们是否以人为本，在全社会真正地建立并执行一整套抵御环境风险的全社会参与和沟通机制，以及完善的市场治理体系，唯有如此，才能从根本上杜绝以环境换经济、以环境换政绩的不当之举。

杭州某官员称，面对民间在生态环境保护领域里兴起的“邻避主义”，政府显得“左右为难”。言下之意是，如果“左了”，对公众意见不管不顾，那么便有可能被扣上“罔顾民意”的大帽子；如果“右”了，全盘接受民间的反对声音，那么又有点对不起“科学”的真相，会给经济增长拖后腿。有一点值得肯定的是，体现某种环保民意的“邻避主义”通过该官员的表态，从幕后走到了前台。但事实上，当前中国所发生的系列环保群体性事件，都不是严格意义上的“邻避主义”，充其量只不过是打了引号变形的“邻避主义”而已。

## 源自权利与义务的“邻避主义”

按照“邻避主义”的发展历史，其早期内涵的确是与垃圾焚烧、填埋以及污废处理等环境类设施设备的建设有关。只要是建设有较高风险的这类工程，就会引起该地区居民的强烈反对。发展到后期，“邻避主义”已经脱离环境保护的狭窄范围，演变为对一切可能引发该地区环境改变的工程的抵触，其理由也从安全上的“危害”或“风险”转为心理上的“冲击”或对某种“不确定性”的担忧。对于前者，克服邻避主义还有理可讲；可对于后者，却没什么道理可言。西方国家一路走过来，在克服各种邻避主义的途径上积累了很多的经验。其中最重要的一条就是“公共利益”（Public Interests）原则，假如能够确认某个垃圾处理厂的建设可以极大地改善当地社会的福利，也就是有利于“公共利益”，政府便有理由坚持实施。当然，假如这个垃圾处理厂最后由于排放的原因侵犯了当地居民的利益，那就是另一个法律范围的议题了。基于这样的原则，再加上西方国家的环境污染问题本身也在逐渐得到较好的治理，并被纳入法律框架体系内，所以“邻避主义”并没有掀起很大的风浪。

但问题在于，就当下的发展态势而言，起源于西方的“邻避主义”却得以在中国生根发芽并愈演愈烈，尤其是在中国快速城镇化的发展背景下，无论是围绕化工项目，还是垃圾，抑或是其他的污废处理等，“邻避主义”都有四处蔓延的迹象，一直到杭州某官员公开提出这一现象。这其实是一个危险的信号，那就是，中国逐步上升的环境保护事业正步入一个紧要关头，如果对“邻避主义”处置不当，便极有可能阻碍环境保护事业的进程。

从西方的实践看，与其说“邻避主义”是对环境变化的一种担忧和抵触情绪，不如说这是基于“治理结构”基础上的一种本能反应，这种在初期所表达出来的本能反应，在多起博弈过程中，要么是逐渐平复，要么是愈演愈烈，其决定因素在于“治理”是否得当。譬如，中国众多邻避主义的案例中，公众最担忧的并不是其他损失，而是集中于“未来万一发生污染泄漏或排放怎么办”这一问题上。对此，政府和企业当然是出面予以保证，比如誓言以更高的标准来建设，并予以监督。这个由政府和企业出面进行担保的过程看起来与西方国家的“治理”并无区别。但从治理体系的角度看却有很大的不同，因为公众接下来的一个疑问便是：

“假如政府和企业的保证本身便有问题呢？”这个问题的潜台词是，“谁该来为政府和企业的保证做担保呢？”对此，西方有解而中国暂时无解。

西方有解的原因在于，政府和企业的保证必须负有法律上的责任。如果是企业自身原因造成的，那么公众个人便可以追究企业的责任，直至其倾家荡产；如果是政府监管上的问题造成的，那么政府就可能坐上被告席。中国暂时无解的原因则在于，截至最新的《环境保护法》（修订案），因环境原因受损的个人无法对企业提起环境公益诉讼，这意味着，除非发生重大环境污染事件，一般情况下个人同样实际上并无能力发起针对企业的民事诉讼。比如，受到空气污染的影响而患上某种慢性疾病；又如，因为噪声而影响了生活质量等。同样，这些理由显然也是无法将政府有关部门告上法庭的。

对第二个问题的不同解答，意味着我们在处理所谓“邻避主义”上的困境所在，那就是“治理结构”本身无法给博弈各方创造实现动态均衡的条件。按照经济学的理解，尽管在第一阶段里，邻避主义的对立双方之间是有机会实现均衡的，譬如公众充分信任政府和企业的保证，但在缺乏稳定制度保障的条件下，这个均衡只能是“静态”的。到了第二阶段，如果一切都能按照先前预期的那样发展，那么还可以维持双方间的均衡，可一旦出现了某种“违约”，那么双方的关系就会直接失衡，而失衡后的社会自身基本上是无计可施的。紧接着，第二阶段失衡重复反馈的结果便是，双方在第一阶段便已经失去了实现静态均衡的信任基础。

回到先前谈到的一个问题，为什么说我国发生的系列环保群体性事件充其量只不过是打着引号变形的“邻避主义”呢？原因在于不同的“治理结构”，真正的“邻避主义”其实是在已具备完善的治理体系的情况下所出现的各种“反对”和“抵触”，也就是居民已经充分地预估到第一和第二阶段的各种可能发生的情况，即在没有受到侵权时而做出的反应。

假如居民是在权益本身就没有得到充分保障的情况下做出的“反对”或“抵触”等反应，那么，对此更准确的表达应该是“维权”，而非“邻避主义”。就此而言，要解决当前愈演愈烈的“邻避主义”，其中的逻辑已不言自明了。

## 求解“垃圾处理”的邻避困境

首先，求解“垃圾处理”邻避问题的本质是“经济”。有关“垃圾处理”，最引人关注的莫过于与此有关的“邻避事件”。随着垃圾围城现象越来越严重，可供用于垃圾处理的社区的选择空间已经越来越狭小。尽管狭隘的“邻避主义”的确要不得，但从另外的角度来看也有其合理性，那就是为什么要把其他人的垃圾集中到某个社区来处理，让这个社区来承担垃圾处理的社会成本？根据“垃圾处理厂社会成本估计”的研究，居民对本地区垃圾的接受程度明显高于外部地区。为什么同样是垃圾，却有不同的接受程度呢？这是因为不同垃圾的处理会带来不同的社会成本，尤其是在测度居民对垃圾处理的“补偿性意愿”上。

显然，对来自本地区外的垃圾，居民希望得到更多的“补偿”。这其实从另一个侧面说明，居民之所以强烈反对在本地区修建垃圾处理厂，往往反对的并不是处理自身的垃圾，而是其他地区运过来的垃圾，反对得越强烈，体现在经济上就是对补偿的要价越高。垃圾处理邻避思维的实质是一个经济问题。这个经济问题的反面是，对于将垃圾运到其他地区进行处理的地区，是不是应该承担更高的成本,即更高的“收费水平”。这是我们将“垃圾处理收费”纳入探讨的原因所在。

其次，求解“垃圾处理”邻避问题均衡的关键是“制度”。既然“垃圾处理”邻避问题的本质是经济问题，那就应该用经济手段来解决，按照市场经济的理论，无论是在哪种情况下，如本地垃圾就地处理，或本地垃圾异地处理等，都会在最终取得均衡，最简单的方法就是通过价格机制来取得成本与收益的平衡。

然而，问题并没有这么简单。其一，垃圾处理历来是一个公共产品，在公众心目中是政府应该提供的，而且是低成本提供，这个支付意愿显然与垃圾规模迅速增长而倒逼成本的发展现状和趋势有差异；其二，垃圾处理面临着公众越来越高的“要价”，这一点也是原有政府主导型的社会治理体系所始料不及的一个现象。由此，支付意愿与社会成本间的差距越来越大，一直演变到今天的局面。

从表面上看，垃圾处理是个经济问题，事实上，更与社会治理体系息息相关。譬如，垃圾去哪儿了、垃圾是怎么处理的、处理后有什么后果等问题，据调查，公众大多是一知半解。这就产生了一个症结，即社会治理过程中缺乏一个让公众参与的途径，这其实就是不鼓励公众去了解和参与，那么诸如垃圾分类、垃圾处理、垃圾回收等也就自然很难获得公众的有效认知和理解了。

垃圾处理是社会经济发展的正当需要，但在修建垃圾处理设施的过程中，有必要在两方面照顾到公众的情绪，一方面是感情上的情绪，另一方面是知情上的情绪。感情上要考虑对公众进行“补偿”，知情上要做到信息透明。在此基础上，不必刻意地追求效率，毕竟，不取得当地大部分居民的支持，不考虑地区间的公平因素，会很难真正维系垃圾处理的可持续性。

综上可知，有关垃圾处理的制度安排其实有很大的经济价值，至少可以帮助我们解决上述经济层面上的部分难题。

譬如，建立垃圾分类制度其实是通过改进技术来降低垃圾处理成本，为降低垃圾收费腾出空间；建立垃圾处理的社会认知和沟通机制有助于提高居民对垃圾处理的理解，有效提高居民的支付意愿。此外，建立严格的、科学的垃圾回收制度，更可以从源头上减少垃圾的排放规模，减轻垃圾处理设施设备的压力，也就从源头上根除了社会邻避思维的滋生土壤。

最后，如果能对垃圾处理设施布局建立更加合理并兼顾公平的选址制度，那么，就可以有效地减小区域间的差异，降低垃圾处理地区的居民对外来垃圾的“排斥情绪”，有效减少“补偿意愿”。以上这些制度，只要在深入研究的前提下安排得当，就有可能在解决垃圾处理经济问题的基础上，有效地缓解当前社会围绕垃圾处理问题所产生的邻避思维及对立情绪。

# PX 项目：以发展破解“邻避”

近年来，随着油气资源市场规模的扩大，PX（二甲苯）项目逐渐成为提高全行业生产力，有效提升规模经济和范围经济的关键一环。但由于 PX 项目处在产业链的下游，对各种环境资源有着较强的依赖性并具有一定的环境负面性，因此受到诟病，遭到公众的抵制。这样的诟病和抵制无可厚非，尤其是在我国已经推出有关环境影响评价相关政策的背景下。提高公众参与度不仅是政府“想民之所想”，推进环境保护公开决策、维护公众环境权益，以及完善公众参与机制的积极之举，更是我们构建和完善社会主义市场经济法治基础的必经之路。此外，公众环保意识和环保参与度的提高给全社会带来的另一个启示在于，各地 PX 项目的经历及发展趋势告诉我们，在全球化和工业化程度日益加深的今天，“邻避主义”这一西方发达国家曾经经历的环保主义思潮已经影响到中国。

“邻避主义”最初仅指公众基于环境和安全的考虑，反对将诸如发电厂、火电站、核电站等有着巨大安全风险的基础设施建于自身周边地区的一种心理反应。而发展到后来，“邻避主义”所涵盖的范围不断扩大，包含了一切潜藏着环境和安全风险及危害的大型生产项目以及设施建设，其目的也从最初的以抵制“危害性”风险为主扩大为抵制一切可能“改变现状”的建设和生产。在此，具有一定环境和安全风险的 PX 项目无疑便属于“邻避主义”的对象范围。

作为对世界环保主义运动影响范围极广的思潮，“邻避主义”的最大特征是，公众反对在其周边地区建设项目和设施却不抵制对项目产品或服务的使用，即只要不在其周边地区生产这种产品或服务就可以满足“邻避主义者”的需求。例如日本福岛核电事故之后，包括日本、德国、丹麦、挪威等国的国内民众都掀起了“反核”运动，但这些国家的民众“反核”只是反对在本国本土生产核电，他们并不反对其他国家生产核电，也不反对利用其他国家所生产的核电，譬如“反核”并“弃核”的德国由于缺电而进口来自法国的核电。这说明仅停留在“邻避主义”

层面上的“反核”，无法真正地让电能利用脱离“核阴影”。

“邻避主义”的出发点并非在于改善整体环境质量，而仅在于改善与己有关的局部环境和安全质量，其直接结果是，“邻避主义”最终会成为地区之间竞争和博弈的一种工具：通过抵制存在环境和安全风险的生产项目和设施的实施，并在客观上使之转移到其他地区，从而使得本地区在规避相应生产和设施风险的同时，享受其他地区同类生产带来的福利。由此造成的间接结果则是，潜在的环境污染或安全风险被同步转移到其他地区，尤其是在这些地区尚缺乏足够的环境意识和监管能力的情况下,潜在的环境污染或安全风险将被放大。这样一来,就整体而言，“邻避主义”不仅不会降低社会整体的环境污染和安全风险，反而还会扩大。

从西方发达国家已有的实践来看，在“邻避主义”发展的早期，与其他社会环保运动的兴起相伴随，大量高污染和高风险的生产实际上是通过国内和国际的途径转移了出去，特别是通过国际投资和贸易的方式转移到了发展中国家。无论是化工生产、能源供应，还是垃圾处理、污染排放回收和处理，所有这些上游和下游的生产和服务，只要与环境和安全相关，都会在当地公众的压力下或者搬离，或者关闭。这样的结果一方面表明公众环保意识的提高和相关信息的透明公开，这无疑是积极的；但另一方面，在“用脚投票”的决策机制下，体现为“邻避主义”的集体选择或许在一定意义上是以邻为壑，并竭泽而渔。这是因为，如果不能真正消除环境和安全等方面的各种风险，所有的生产在转移之后其负面影响就会以某种“外部性”的方式再次扩散出来，波及自身。譬如福岛核电事故，至今还有带着核辐射的垃圾在海洋上漂流。

正因如此，随着本地社会经济发展的客观需要和全社会环保意识的提高，对于某些具有高污染和高风险的行业，仅基于“邻避主义”而进行的生产转移，在事实上已经很难行得通。譬如垃圾处理，这是任何城市发展都无法避免的，同时也是不受欢迎的一个行业，“邻避主义”的结果无非是选择在城市的这端还是那端处理垃圾而已。事实上，如果不能真正地实现清洁化、无污染、无风险的垃圾处理，无论是在哪里，都会遭到当地公众的反对和抵制。

幸运的是，目前在很多国家和地区，一些重化工业、垃圾处理等高污染和高排放的产业，都完全实现了全生命周期的清洁化生产，并且越来越多的企业正朝着这个方向努力，也就是以技术进步和资本来换取清洁和环保。因此，所谓的“邻避主义”将逐渐没有立足之地。

这说明，针对“邻避主义”，无论是一国还是一个地区，一味地逃避并非长久之策。以 PX 项目为例，如果不能消除其中潜在的环境和安全等风险，那么，迁往任何地区生产所凸显的，只是不同地区的不同程度“邻避主义”在“话语权”和“嗓音”大小上的差异。从社会系统的视角看，任何地区如果在 PX 项目生产中产生了新的环境污染，其负面影响必定会通过各种机制波及整体。

总之，在新一轮的城镇化及工业化的发展过程中，针对区域的环境保护，无论是对政府还是对公众，“邻避主义”都非长久之策，关键在于，我们能否以人为本，在全社会真正地建立并执行一整套抵御环境风险的全社会参与和沟通的机制，以及完善的市场治理体系，唯有如此，才能从根本上杜绝以环境换经济、以环境换政绩的不当之举。

# 环境保护的尺度：法经济学的视角

从福利效应考虑，当下我们更应该提倡的并非“零容忍”污染，而是要严格地在法律允许的框架内最大限度地“容忍”污染，唯有如此，才能走出一条兼顾环境保护和经济发展的道路；否则，在各种强大的阻力和压力反弹下，我们的环境保护之路将很难获得真正的持久动力。

新《环境保护法》于2014年4月24日经全国人大常委会通过，并于2015年1月1日开始正式执行，和旧环保法相比，新环保法在此条款上做了重要修订，真正承担起环保的重任。另外，《大气污染防治法》也在2015年全国人大会议上通过，对于推动“治霾”将发挥重要作用。下文将从法经济学的角度对这些被修改或新增的条款逐一进行分析，进而阐明新环保法以及《大气污染防治法》的社会经济福利效应。

## 环境公益诉讼的法经济学分析

新环保法中最为重要的一个变化是新增了一个章节，即第五章“信息公开与公众参与”，其中有关环境公益诉讼的规定是一大亮点，“对污染环境、破坏生态，损害社会公共利益的行为，符合下列条件的社会组织可以向人民法院提起诉讼：（一）依法在设区的市级以上人民政府民政部门登记；（二）专门从事环境保护公益活动连续五年以上且无违法记录。符合前项规定的社会组织向人民法院提起诉讼，人民法院应当依法受理。提起诉讼的社会组织不得通过诉讼谋取经济利益”。

从字面上看，这个条款有以下几层含义：

其一，有权提起公益诉讼的主体只能是“社会组织”，因此，在新环保法的有效期内，个人以及企业法人等个体不得以个体身份提起环境公益诉讼。

其二，有权提起环境公益诉讼的社会组织并不是所有的社会组织，必须是满足上述两个条件的社会组织，即依法在设区的市级以上人民政府民政部门登记的社会组织，在无违法记录的前提下于五年后才具有环境公益诉讼的权利。

其三，最后一点，也是非常重要的一点，“提起诉讼的社会组织不得通过诉讼谋取经济利益”，其用意在于杜绝变相地以环保名义进行敲诈勒索的行为，同时也意味着任何社会组织不会在环境公益诉讼中获得额外的收益。

这三点解读的只是这个条款的基本含义，那么，如何从法经济学的角度理解这个条款呢？换句话说，这个条款会有怎样的社会经济福利效应？

按照传统理论，法经济学的视角重在审视法律效率改进的意义，也就是一个法律条款或者法庭审判如何通过调节各利益方的关系，从而通过提高法律效率来促进社会福利的提高，这与通过法律本身推动各利益方关系的“公平性”和“合理性”是有一定区别的。

具体到允许环境公益诉讼的法律规定，如果仅从立法的视角看，这显然是在环境问题集中爆发的背景下，通过环境公益诉讼来确保受污染影响的一方拥有对等法律权利的一种有力保障，也就是让造成污染一方和受污染一方可以在相对公平和对等的法律环境下进行博弈，这显然是“合理的”。也正是从这一个视角出发，旧环保法中限制环境公益诉讼主体的条款才会引发法律界的巨大争议，这是因为，如果极大地限制环境公益诉讼主体的范围，就意味着博弈双方的地位无法在较高的程度上实现“公平”和“对等”，也就无法在法律的层面上做到“合理”。

当然，在法经济学的视角下，考虑的重点不是“合理性”，而是“福利性”，即能否改善社会总体福利。那么，开展环境公益诉讼能否改善社会总体福利呢？

这个问题可以从两个层面来进行分析：一是微观层面；二是宏观层面。

第一，微观层面。如果某地的生态环境受到企业排放的污染影响而质量下降，那么从受污染影响的众多个体角度看，环境公益诉讼可以帮助他们获得一些补偿以及权利上的保障。从科斯的角度看，这个保障应该体现在是否可以最大限度地降低博弈的交易成本，并在新的法律环境下进行合作。

环境公益诉讼所针对的必然是众多个体，在理论上，被污染方与排污方之间的博弈有着较高的交易成本，在先前缺乏环境公益诉讼渠道的情况下，受污染方是很难在高交易成本条件下获得赔偿的，即双方之间不可能形成合作型博弈。其结果就是，排污方受益较多，被污染方受损较多。而在新环保法的法律环境下，排污方会因考虑到可能被提起公益诉讼而更多地采取合作的态度。就此而言，双方更有可能达成合作型博弈，也就是排污方会将部分污染收益分配给被污染方。从福利结果来看，现有理论证明，在交易成本固定的情况下，合作获得的总福利远大于不合作获得的福利，也就是说，环境公益诉讼对博弈双方有正的福利效应。

第二，宏观层面。环境问题在经济上的根源是环境资源的要素价格被低估，这意味着作为要素投入的环境资源被错配，既然无法实现市场意义上的优化配置，就必然会造成福利受损。如果通过包括环境公益诉讼在内的众多措施能够提高环境污染的“违法成本”，就可以使环境资源配置朝着更优的方向发展，更大地发挥社会总体福利的效应。

当然，要使包括环境公益诉讼在内的众多措施在全社会发挥这样的积极效应，不可能一蹴而就。要考虑两方面问题。

其一，环境公益诉讼的成本是否可控？如果包括交易、诉讼等成本在内的各种成本远远超出公益诉讼所产生的效益，那么环境公益诉讼就不是福利改善型的法律了。对于刚刚进入环境公益诉讼阶段的中国而言，这种情况是很有可能出现的。

其二，环境公益诉讼还存在一个反方向发展的可能，就是前面分析新增条款的第三点，假如环境公益诉讼被恶意利用的话，环境资源就可能超过其要素禀赋的价值范围，即夸大了环境资源的重要性，这将造成另一种资源的扭曲——非环境资源的配置被低估，这对于全社会福利的改善而言，显然是不利的。

总之，要在更大范围内来审视环境公益诉讼的福利效应，就必须对环境公益诉讼的相关利益函数和博弈过程进行深入的研究和探索；否则，环境公益诉讼就有可能陷入“有法可依”却无“法”操作的尴尬境地。

## “按日连续计罚”会有效吗

在新《环境保护法》中，有一项修订引起了广泛关注，那就是将对企业违法排污的处罚从一次性“罚款处罚”修订为“按日连续计罚”。从表面上看，这项修订无疑大大提高了排污的违法成本，会促使企业不断地提高其生产经营的排放效率，降低其排放水平直至法律允许的范围内。但事实上，“按日连续计罚”的效果如何，还有待厘清和商榷。

第一，相比修订前的一次性“罚款处罚”，按日连续计罚的侧重点是“连续”。根据新《环境保护法》规定，“企事业单位和其他生产经营者违法排放污染物，受到罚款处罚，被责令改正，拒不改正的，依法作出处罚决定的行政机关可以自责令改正之日的次日起，按照原处罚数额按日连续处罚”。也就是说，在新环保法施行以前，对于违法排污企业，发现并处罚之后，企业会继续排污，因为罚款处罚是一次性的，相当于一次性支付了排污成本，接下来当然要继续排污才能补回这个成本，直到下一次被发现并处罚，然后开始新一轮恶性排污，如此循环博弈，最终便会产生“越罚越排”的结果。这样的结果在经济学上很容易理解，在上述情况下，企业的违法排污成本其实是“沉没性”的，一旦支付了罚款，企业接下来的行为就不再考虑这个成本，排污的边际成本呈递减趋势。要解决这个问题不是没有办法，那就是加大发现和查处违法排污的频率，例如隔天再次检查，但这显然是做不到的，因为背后的交易成本太高。

因此，要终止上述的循环博弈，必须让企业排污的违法成本是“累计性的”，也就是企业从本次违法排污被发现并处罚开始计算，如果继续违法排污，那么就继续处罚，直至停止违法排污。这样一来，企业便会发现，每次违法排污之后都有成本叠加上去，也就是违法排污的边际成本是不变的，相对于由违法排污带来的收益（产出）而言，如果预期这个成本更高的话，那么企业自然会选择停止违法排污。这就是新环保法规定“按日连续计罚”的理论基础所在。

从以上比较可以看出，不同的处罚方式最重要的是给企业带来不同的预期，同时也就会有不同的反应。

第二，执行“按日连续计罚”后，企业会有什么反应呢？理论上，企业会有两种反应：第一种是在首次被处罚后，因为预计到继续违法排污的高成本，所以立刻停止违法排污，不管是通过减产减排，还是通过技术改造进行污染处理，都意味着排污的绝对成本提高，倒逼回生产经营过程，如果影响幅度较大，企业将面临倒闭或转移他地生产的可能。当然，在统一执法的假设前提下，转移他地生产的可能性实际上会很小，而企业走到倒逼的地步是迫不得已的下下策。因此，很多企业一开始并不会主动选择“停止排污”以及“倒闭”这条路。第二种是首次被处罚后，选择继续违法排污。其中第二种反应可以理解，因为如果继续排污，是不是一定就会被“按日连续计罚”呢？其实不然。

其一，尽管有了“按日连续计罚”的规定，但是否能落地执行呢？按照新《环境保护法》的界定，“被责令改正，拒不改正”是“按日连续处罚”的前提条件，这就意味着要连续跟踪监督企业的排污情况。尽管我们可以针对重点违法排污企业采取这样的措施，但要做到这一点，需要付出较大的人力、物力、财力，成本很高。

可以预见的是，在国家没有增加这一项工作的预算投入之前，基于开支上的约束，这一条款的实际执行率并不会很高。而在受开支约束的情况下能够提高执行频率，那么旧环保法的处罚条款也就没有必要修订了。既然无法对企业的违法排污进行有效的跟踪监督，那么“连续计罚”又从何谈起呢？而环保部门无法掌握实际排污情况，处罚又如何“连续”呢？

其二，执行“按日连续计罚”规定后，企业的确面临更大的环境管制约束和成本，但在“违法排污”和“接受处罚或停产”的中间，还有一种可能的选择，那就是以更加隐蔽的方式违法排污。虽然监督更严了，处罚更重了，但如果能以隐蔽的方式来降低违法排污被发现的概率，企业便会选择一试。这是因为，即便被发现了，最坏的结果也就是接受“按日连续计罚”，但事实上，企业还可能会通过转变为其他排污方式的方法来规避“连续”这个字眼。如果环保部门找不到其“拒不整改”的证据，也就无法对其执行“按日连续计罚”的条款了。

根据上述分析可知，“按日连续计罚”从完全执行的角度看，有极大的可能让高污染企业无法继续生存，而从不完全执行的角度看，又会出现较大的“漏出效应”，致使规定成为一纸空文。但无论是哪种结果，其实都背离了我们通过修法来促进全社会“绿色发展”的本意，毕竟，“绿色”与“发展”的并行不悖才足以推动社会进步。

基于以上的理由，新《环境保护法》开始执行后，究竟能在多大程度上成功地执行“按日连续计罚”这一条款，还有待我们继续观察，或许数据能更加有效地检验出其真正的效果。

## 环保法应“修释”兼备

2013 年 7 月，十二届全国人大常委会第三次会议审议环保法修正草案二审稿，其中有关“公益诉讼”条款的规定引发了社会较大的争议。事实上，不仅是引起争议的这个条款，更值得注意的是，借鉴发达国家环境保护法规的立法及修法实践，本次环保法修正草案中的相当一部分条款都极有可能在未来激起波澜，尤其是在法案逐步确认并保障相关社会组织享有提起环境公益诉讼权利的条件下，草案中任何含混不清或者容易引发争议的条款都可能成为环境公益诉讼（包括环境公益行政诉讼）的由头。

从法经济学的角度来看，如果是因为法案某个条款存在歧义而引发众多诉讼，那么这样的条款就是不够完备或者是无效的，而无效的法律条文必然会造成社会（法律）资源的大量浪费，有损社会整体福利。虽然环保法属于较高层面的基本法，有必要在某些领域为后续法律实践存留一定的延伸空间，但基于审慎的原则，仍有必要尽最大可能限制各方的自由裁量权，也就是在“修法”的同时，应开展相关“释法”的工作，以缩小环保法修正法案生效后的模糊地带。

在本次环保法修正草案中，主要针对的对象有三类：一是环保污染主体（比如企业），二是环保主管部门（包括相关的其他部门），三是各级人民政府。像环境保护责任、环境影响评价等制度规范的对象便是污染主体，环境管理、监督检查等制度规范的对象则属于后两者。从现有的信息看，本次环保法修正草案将明显强化对这三类主体各自具体责任的约束，这一点值得理解。但其中部分条款规定背后的自由裁量权似乎过大，容易引起后续的争议。

譬如本次环保法修正草案中针对污染主体的第十四条进行了修订，其中规定“产生环境污染和其他公害的单位，必须把环境保护工作纳入计划，建立环境保护责任制度，包括企业负责人的环保责任制度和向职工代表大会报告环保工作并接受监督的机制”，这其中所谓的“单位”便容易引起歧义。作为污染主体，按照后续“企业负责人”的表述，“单位”似乎仅包含“企业”主体，但在同一小节第二部分中规定“检测设备安装使用”的内容中，又将排放污染物的主体表述为“企事业单位”，这是否意味着除了“企业”之外的其他污染主体不必建立环境保护责任制度，但又必须“安装使用检测设备”呢？事实上，除了“企业”之外，我国还有很大比例的特种污染物是来自医院、学校等传统“事业”单位，从环境污染防治的角度出发，这些单位无疑也有必要建立健全环境保护责任制度。

又譬如，社会各界质疑较多的条款，“对污染环境、破坏生态，损害社会公共利益的行为，中华环保联合会以及在省、自治区、直辖市设立的环保联合会可以向人民法院提起诉讼”。该条款的不当之处在于，环保法修正草案仅赋予中华环保联合会对“环保不作为”所造成的损害公共利益行为提起诉讼的权利，却没有相应地赋予其他社会组织对“过度环保”导致的潜在公共利益损失提起诉讼的权利，也就是保护社会经济发展抵御过激环保行为的权利。实际上，无论是环保公益，还是社会经济发展权利都应得到法律的正当保护。尽管当下企事业单位处于强势地位而无须担忧“被侵权”，但从长期来看，从公益的角度保护它们的权利也将势在必然。

再譬如，本次环保法修正草案第十一条新增的一项条款“国家对重点污染物实行排放总量控制制度”，其中规定，“国务院发展改革部门会同有关部门，提出国家重点污染物总量控制约束性指标分配意见”。这条规定存在两个可供主管部门选择的自由裁量权：一是“总量控制水平”，二是“重点污染物”。自由裁量权对主管部门而言自然是好事，但对修法而言却极为不利。因为按照该条款规定，再结合上述“环境公益诉讼”的规定，便意味着如果具有环境公益诉讼资格的组织认为“总量控制水平”有损地方生态环境质量，抑或国家有关部门对“重点污染物”的界定忽视了其他污染物，从而造成特定地区的生态环境质量下降，那么该组织便有权提起相应的诉讼。尽管这样的诉讼概率极低，却不能完全排除其可能性。事实上，围绕概念界定而展开的诉讼在国际上已有先例。

比如，2007 年美国马萨诸塞州便提起了一个在环保史上极为有名的“温室气体诉讼案”。其时，马萨诸塞州州政府连同美国十多个州的州政府及环保公益组织起诉联邦环保署，起诉理由是环保署在温室气体的控制上不作为，其中诉辩双方的争论点便在于“温室气体是否属于美国《清洁空气法案》所规定的空气污染物”。须注意的是，尽管美国《清洁空气法案》已经将环境保护的范围扩大到“在物理、化学及生物等方面产生不利影响”的一般大气排放物，但仍然由于其概念界定不清而引发了双方的争议。该诉讼案历经3年多，最终美国联邦最高法院9名法官以5:4的微弱优势支持了诉讼请求，判令联邦环保署必须就“温室气体是否属于空气污染物”进行研究并答复。

上述分析及案例都说明，诸如什么是“单位”，什么是“重点污染物”，怎么样才算是“合理的总量控制及其分配水平”等问题，都应在环保法修正草案生效之初便予以解释。否则，日后类似上述案例的诉讼请求将不可避免，会极大地浪费社会法律资源。就此意义而言，环保法的“释法”与“修法”同样重要，不可偏废。

## 环境污染：“有罪推定”还是“疑罪从无”

时至今日，已经没有人去怀疑“环境保护”这辆列车在挟裹了滚滚民意后，未来究竟会驶向何方。但事实上，正是这样的“确定性”反而给环保事业自身套上了沉重的枷锁，进而造成了未来发展的很大“不确定性”。

如果说之前我们还对此有疑惑的话，那么随着近期从环保立法、改革到传媒等一系列事件的发生，这种疑惑的声音已逐渐消失了。环境污染被称为“民生之患、民心之痛”，因此要加以“铁腕治理”。

环境保护的形势确实日趋严峻，已经到了非常危急的时刻。但这并不构成决定环境保护对策和举措的唯一依据，未来环保何去何从并非已经铁板钉钉。

当下中国的环境保护已经走到了重要关口，尤其是环保的战略和政策都因存在分歧而停在“十字路口”。分歧的关键之处在于，随着经济增速的下滑和向现代国家治理形态的转变，我们究竟是要对环境污染进行“有罪推定”，还是“疑罪从无”。简单地说，就是对环境污染“零容忍”，还是“最大限度地容忍”。

当下很多人将“污染”等同于“腐败”“恐怖主义”等负面事物而予以绝对抵制、消灭和清除，这足以表达社会各界对环境污染的痛恨之情，也属于“政治正确”之举，但这样的简单化“讨伐”在理论和实践上实在很难站得住脚。这是因为：一则，无论是在“法”内还是“法”外，各种“污染”的排放比比皆是，如何能实现“零容忍”？二则，有些“污染”的排放并非绝对的不合理，社会经济有必要与其“和平共处”。三则，在全面依法治国的基本要求下，我们不能将“污染”一棒子打死，从社会经济的角度出发，反而应该在“法无禁止即可为，法无授权不可为”的原则下对污染予以“最大限度”的容忍。

换句话说，即便环境污染带来了“民生之患和民心之痛”，也不宜过分倡导对污染“零容忍”，不仅如此，还应该对那些和当前生产消费相适应的、合理的、科学的、适度的污染排放做到最大限度的容忍，特别是在法律许可的范围内对污染做到最大限度的容忍。这一点，无论是在理论上还是在实践中都有所体现。

理论上，从环境污染与生产及消费的关系来看，有必要对污染的性质进行科学分类。

第一，与基本生产和消费活动相辅相成的环境污染。事实上，自工业革命以来，所有的生产和消费都在不同程度地排放形形色色的污染物，虽然这些污染物会对自然环境造成破坏，但这是人类的基本生存需要使然。而人类的基本生存需要并不会很快突破自然环境的容量边界，并且随着技术的改进，人类的基本生存需要所排放的污染水平也在逐渐得到改善，所以这个层面上的污染并不会真正损害环境质量，对此，我们应该予以“容忍”。

第二，与扩大化的生产和消费活动相关的污染。人类发展除了满足基本生产和消费活动之外，还要进行必要的积累（生产）和改善（生活），相同规模的人口和土地面积，环境污染就可能会倍增，从而破坏我们的生态环境。对此类污染是否需要持否定或“零容忍”的态度，要视环境的承载能力而定。如果这个排放水平在生态环境的承载能力范围内，社会经济也应该予以容忍，只要满足这个“自净”条件，便可以通过事后的处理和治理，帮助自然环境消化和净化污染，将生态环境的承载力维持在合理范围内。

第三，过度的生产和消费活动产生的污染。按照经济学的分析，尽管在个体层面上，过度的生产和消费可以带来福利的增进，但如果从社会整体的层面来衡量就会发现，过度的生产和消费产生的污染会绝对地增加社会的成本，包括给社会造成损害以及治理污染的诸多额外支出。这类污染在绝对意义上是不利于社会经济发展的，因此，对这部分污染必须“零容忍”。

从以上分类可以看出，环境保护和经济发展存在辩证的关系，对前两类，无法因污染就否定发展，因为两者之间完全有良性互动的可能和空间。只不过进入第三类污染，即个体最优污染水平超过社会最优后，额外的生产和消费的确是以牺牲环境质量为代价的，要坚决予以杜绝。这对各类环保立法提出了较高的要求，即环境保护的法律有必要识别出哪些环境污染是可容忍的，哪些则必须是“零容忍”的，然后才能依据法律来甄别不同性质的污染活动并加以正确处理。无论是法律自身，还是在执法过程中，如果对所有的“污染”都进行“扩大化”的处置，那么，表面上看是保护了生态环境，实际上是忽略了对合理排污的最优利用。很多地方的实践都表明，忽略污染的投入产出效应，所损害的是污染的治理能力，进而也不利于环境保护本身。

事实上，新《环境保护法》中明确规定需要承担法律责任的是“违法排放污染物”的企事业单位，这说明新环保法并不提倡污染“零容忍”，充其量是对“违法的污染排放”零容忍。

当下中国环境保护问题的复杂性在于，我们的环境承载能力已经接近极限，甚至部分地区已经超越了极限，在此情况下，是否有必要把“零容忍”的原则绝对化呢？答案明显是否定的。

道理很简单，无论某个地区的环境承载能力是否超过了极限，其社会经济都有进一步发展的需要。因而，要对生态环境加以区别利用，在生态环境较好的地区，可以继续挖掘本地区的环境承载能力；生态环境较差的地区，则应将眼光转向区域外的环境承载能力（历史证明，环境承载能力在某种程度上是可以转移的）。这就意味着，我们必须对污染和环境保护树立一个统一的标准，尽管西方发达国家已经或者正在经历环境保护标准的二元化，但结果表明，二元化标准是有损终极的环境保护目标的。因此，无论是在利用本区域的生态环境资源，还是在沿用本区域外的生态环境资源上，都有必要树立一个统一的规范：法律规定允许利用的就要最大限度地利用，法律规定不允许利用的坚决不利用。

这一点，在环境承载能力逐年下降的当下尤为重要。中国正在快速步入发展的“新常态”，按照经济学的理解，这实际上表明，社会经济活动至少在生态环境上的可能最大边界已在不断萎缩。在此情况下，我们提出加速进入对外开放新阶段（也就是推动中国资本的国际化），是希望以此来扩大我们的生态环境边界（这一点尚有待进一步论证）。在外部生态环境资源尚未到位的情况下，在内部更需要充分利用好仅存不多的本土生态环境资源，也就是说，如果必须排放污染的话，就把污染排放量用在最关键之处，用在产出效率最高的地区和领域。

总之，从福利效应计，我国目前更应该提倡的并非“零容忍”污染，而是在法律允许的框架内最大限度地“容忍”污染，唯有如此，才能走出一条兼顾环境保护和经济发展的道路；否则，在各种强大的阻力和压力下，我国的环境保护之路将举步维艰。

## 治污用重典的市场效应

2013 年 6 月，最高人民法院和最高人民检察院联合发布相关司法解释，针对以往办理环境污染刑事案件中的取证难、认定难等实际问题，以及对有关环境污染犯罪的定罪量刑标准做出新的规定，以进一步加大对环境污染犯罪的打击力度。这标志着我国在污染治理上已进入真正的“重典”阶段。当然，“重典”并非治污的终极目标，治污用“重典”的最大成效在于最大限度地保障普通公民的环境权益，进而还原生态环境的市场价值。

值得注意的是，在《2012年中国人权事业的进展》白皮书中，我国首次将环境权益作为我国公民人权的重要组成部分纳入人权保障的范围内，这显然是中央政府正视环境污染的挑战，在明确和完善公民环境权益上所做出的积极尝试。在该白皮书中，公民环境权益包括三个部分，“保障公民环境权益的法律和政策体系；保障公民的清洁生活环境权益；保障公民享有良好生态环境的权利”。从服务于环境权益保障的角度来看，公民环境权益被界定为“制度建设、生活环境和生态环境”。2013年6月出台的治污司法解释无疑就属于其中的第一条。那么，为何要如此突出地用“重典”来保障环境权益？将环境权益提高到“重典”角度进行保障又有何特殊而积极的意义？从法律的角度来说，环境权益保障是否有底线和边界？

首先，突出环境权益的法律保障，有助于我们更好地维护和满足公众的“生存和发展”诉求。基于新的形势和挑战，社会经济发展的内涵和诉求都不可避免地发生了改变。如果说几年前，提高生活水平，尤其是提高物质层面的生活水平还是社会经济以及绝大部分公众重点追求的“生存与发展”，那么，随着国民经济的增长和收入水平的提高，物质上的相对满足已经极大地改变了大众对“生存与发展”的利益诉求构成，并将环境权益的保障推到了第一线。

一方面，在我国工业化和城市化的进程中，生态环境质量在客观上的确出现了不同程度的下降，无论是直接效应还是间接效应，都极大地影响了大众的生活质量，从而也影响到体现为生活水平和品质的“生存和发展”，就此而言，进一步加强环境权益保障的制度建设，无疑有绝对意义上的福利效应。另一方面，不同发展阶段和收入水平的社会群体都相应地提高了“环境利益预期”，这一点与当前全球范围内的快速信息化和环保知识普及密不可分。也就是说，和以前相比，彰显大众的环境权益在福利评价中所占权重越来越大，这意味着公众从环境权益保障中获得的满足效应越来越明显。上述两方面都表明，进一步提高环境权益的制度保障力度是应时代需要，是有效维护大众利益的积极之举。

其次，进一步强化环境权益的法律保障，有特殊的制度效应。事实上，作为基础性工具，有优化资源配置的重要功能与作用，构建并完善社会主义市场经济体制的核心便在于承认并发挥“市场”的功能与作用。而要实现这一点，必备的前提是首先在法律的基础上确认并保护公民对生态环境的各项权益。否则，环境权益不仅无法得到公平的对待，更无法彰显其重要性。只有这样，“市场”才能通过有效的价格杠杆、激励机制以及再分配过程等来扩大产出、提高效率、促进公平。如果体现为生活和生态环境的公民环境权益不被法律所确认，则意味着在根本上，环境权益将无法得到社会主义市场经济体制的认同，当然也就无法通过市场的制度安排进行有效的资源配置及优化。其结果是，远离市场之后，生活和生态环境作为一种必备的要素性资源，其价值和价格都必然被扭曲。反之，如果环境权益再次被明确为法律保障的重要构成，那么，至少在市场制度的框架内，可以消除环境资源优化配置的不利因素，会在很大程度上为更有效的长期环境治理和保护奠定坚实的基础。同时，这也是当前我国在新形势下注重转变政府职能、深化改革，以及实现可持续发展的重要一环。

最后，在理解“重典”治污的内涵中有必要澄清一点，那就是环境权益的保障理应与其他社会经济政治文化的权益保障相互融合并形成整体。也就是说，从环境利益诉求的主观和客观效用及特征来看，它并不是无限度地向其他领域延伸，甚至是完全地替代。环境权益作为一种福利，与来自其他领域的福利间更多的是一种互补关系，没有人会愿意生活在只有经济福利而没有环境福利的空间里，同样，没有人可以在只有环境福利而没有经济福利的空间里生存。环境权益与其他权益是相辅相成的，任何忽视及消极对待环境权益底线或者夸大并跨越环境权益最大边界的倾向，都应当极力避免。在最大限度上通过“重典”维护公民各种正当而合理的环境权益，应是 2013 年 6 月治污司法解释的用意所在。

事实上，我国推进社会主义市场经济制度建设的目标也正在于此，即在社会主义法治精神的基础上，通过构建完善的治理结构，使包括环境权益在内的各种权益得到有效的保障，从而让包括环境资源在内的各种资源的生产力在市场化的基础上得以解放。

## 案例分析：机动车限行治霾的法经济学分析

目前，全国人大常委会正在审议《大气污染防治法》（修订草案），其中第四十五条规定，“省、自治区、直辖市人民政府根据本行政区域大气污染防治的需要和机动车排放污染状况，可以规定限制、禁止机动车通行的类型、排放控制区域和时间，并向社会公告”。据报道，有部分委员对此条款提出了明确的反对意见，认为“机动车单双号限行常态化”侵害了公民的财产权利，属于不当授权条款，应当予以删除。围绕《大气污染防治法》（修订草案）第四十五条的讨论是“依法治国”精神的重要体现，更重要的是，要真正地将“依法治国”精神贯彻到底，就必须在立法过程中对法律草案的每一个条款进行科学的论证，尽可能地使法律条款足以促进社会福利的最大化，并实现社会公平。

针对《大气污染防治法》（修订草案）第四十五条，我们首先必须厘清的是，判断和计算法律条款合理性的依据是什么。如果从法律本身的视角看，其重点是维护公平正义的话，那么就全社会而言，法律至少还应该有另一个重点，那就是保护和改善社会总体福利。

一般来说，这两者之间并不存在冲突，因为从长远来看，维护了社会的公平正义，其实也就是保护和改善了社会总体福利。但问题是，如果这两个目标在短期内出现了某种背离呢？譬如，具体到《大气污染防治法》（修订草案）第四十五条，大部分反对意见认为，保护大气环境可以改善社会福利，这固然是必要的，但把治理污染的责任落实到机动车车主身上，这似乎违背公平正义的基本原则。

对此情形，我们应该如何理解和做出抉择呢？

回答这个问题之前，先来分别审视一下上述两种视角，即社会福利和公平正义落实在“机动车单双号限行常态化”上的具体含义。

第一，从社会福利的视角看，制定“机动车单双号限行常态化”条款的主要目的是治理和维护大气环境质量，而对相关的污染源所实施的一种管制。从平衡的角度看，必然存在因为大气环境质量的改善而福利得益的一方，那就是全体公众，也必然存在由于“单双号限行”而福利受损的一方，那就是机动车车主。如果从社会福利的标准出发，那么，判断该条款合理性的依据就是，大气环境质量改善后的社会收益是否大于因“单双号限行”而造成的福利损失。也就是说，如果前者大于后者，那么这个条款是合理的；反之，则是无效的。

第二，从公平正义的视角看，主要的焦点则集中在“权利”上。“单双号限行”的确是侵犯了机动车车主的财产权利，因为车主付费（税）购买的是全天候的道路使用权，而不是部分时间段的道路使用权，所以这一条款的正当性值得商榷。但我们不应忽略的是，“限行”的出发点是什么？是为了维护另一种权利，也就是公民不受环境污染侵犯的权利。机动车行驶所排放出来的气体污染物造成了大气环境质量的下滑，进而影响到公众的福利，在这个环节上，机动车车主首先是侵犯了其他公众的环境权益。而通过“限行”来限制机动车污染物的排放，正是从源头上来纠正公众环境权益的受损。因此，《大气污染防治法》（修订草案）第四十五条实质上蕴含着“双向”的公平正义。

第三，以上两种权益或权利都理应受到法律的维护和保护，但接下来的问题是，我们能不能以全体公众的环境权益受损为由来侵犯机动车车主的财产权利呢？有部分人大常委会委员认为，可以采取不限行的方式来解决环境污染的问题，譬如提高排放标准、限制汽车数量等。但这是对财产权利理解上的一个误区，因为诸如提高排放标准、限制汽车数量等方式实际上同样会“侵犯”公民的财产权，只不过是以提高价格和成本的方式通过市场机制更加隐蔽地“侵犯”了公民的财产权利（至少在经济上，这些措施与公民受“限行”影响而购买第二部车的结果是相似的）。就此而言，关涉公平正义，问题的核心仍在于，能否以保护一种权利的名义来实质性地侵犯另一种权利。关系到两种公平的选择问题，仍然有必要引入上述的第一个判断标准，即对社会福利的影响。最重要的理由是，公平正义的重要性，在本质上仍起源于对社会福利的价值贡献，尤其是对长期社会福利演进的影响。一般而言，是“公平”，而非“不公平”的社会体制才能够保障社会的长治久安。

综上所述，当两种“公平”互相矛盾而必须有所抉择时，则有必要选择社会福利价值较大的一种。也就是说，相对于机动车车主的“公平”而言，如果全体公众的公平性诉求更为重要，那么前者的“公平”就必须满足后者的需要，反之亦然。至于如何判断哪种“公平”更为重要，则需要我们对两种公平的价值进行科学评估。至少，在目前“良好生态环境是最公平的公共产品”的界定下，社会公众公平的价值显然有很大的概率远远大于机动车车主的“公平”。但无论是哪种结果，如果只因为某个群体的权利受损就判定这个法律条款的“是”或“非”的话，显然是有失公允的。

# 环境治理的有效之道

在进行了环境信息披露之后，进一步承认和明确公众在环境上的相关权利，特别是增进和维护公众对环境治理的参与权和选择权，实则有利于通过全民动员来提高环境污染的社会成本，在全社会范围内推行更为合理的环保制度，更可以有效减少各种环境侵权事件的发生，并在最大限度上降低社会经济发展的环境污染风险，提高社会总体福利。

## 环境治理重在知情和确权

随着我国冬季雾霾天气数量的增多和程度的加剧，屡创新高的 PM2.5 数据再次引发社会对空气环境质量问题的极大关注。这一方面显现了当前开展全社会节能环保的深刻紧迫性；另一方面，日益普及的环境信息也标志着我们的环境治理机制正在逐渐转型，步入全民动员与参与的治理阶段。当下，要彻底解决环境问题，让公众参与到环境治理的过程，就不能仅停留在“知情”上，更有必要进行“确权”。

进入工业化生产以来，各种污染物便如影随形地寄生在每个经济体上，并以其特有的外部性侵蚀着经济体的健康。对此，擅于提高经济效率的市场机制无能为力，以至于从工业革命伊始到工业化时代的漫长时期里，世界各地不时爆发各种各样的大规模污染事件，造成严重的生命财产损失，史称“八大公害事件”，西方所有发达国家无一幸免。在此之后，主要发达国家兴起波澜壮阔的环境保护主义运动，各国政府逐步开始强化各种环境的治理，控制环境污染的排放，并较为成功地使环境质量得以改善。

表面上看，环境问题的发生与解决似乎与历次的重大环境污染事件有直接关联，但细究可以发现，在环境污染事件背后的推动因素中，最重要的推动力来自信息的披露与公众的参与，前者的核心在于“知情”，后者则为“确权”。事实上，只有在“知情”的前提下，重大环境污染事件或信息才能得以曝光，而要让环境问题得以真正解决，则必须进行“确权”。

最新的《环境保护法修正案（草案）》中的相关修订条款规定，“国家建立监测网络和监测数据信息体系”，同时“监测数据依法公开”，目的是保护公众对相关环境信息的“知情权”。具体而言，“知情”不仅是披露重大环境污染事件和环境数据的信息，实现公众对相关环境信息的知情权，还可以让公众知晓环境污染和保护的全貌，避免一些不必要的误解，以及造成“二次污染”的可能。

譬如，针对大城市雾霾天气的增多和PM2.5指标的高企，大多数公众的应对方法是做防护，各种空气清新剂产品应运而生，出行方式可能会更多地采取私人交通来取代公共交通。殊不知，此类防护措施从表面看起来是改善了私人的空气环境质量，但实际上造成了一个个新的污染源，让新的外部性叠加到原来的外部性上，进一步恶化整个城市的空气环境质量。

在此，需要强调的是，与以往人们对环境污染来自工业化生产过程的直觉理解不同，在当下城市里，尤其是大城市的空气污染物，有很大比例的污染源是来自居民本身。在工业、交通、能源和建筑四大主要污染排放源中，与居民或消费者直接相关的占据了后三项，这三项的比例在城市化水平较高的发达国家和地区甚至高达70%以上。就此而言，让公众“知情”，应该是以更加全面的环境信息促使其转变生活和消费方式，唤醒其环保主体意识，实现产业与人口意义上的同步“转型”。如果实现了“人”的转型，那么，各种环保信息的披露与其说是对社会经济发展施加了某种压力，还不如说是为发展的可持续性注入了新的动力。

当然，仅有“知情”对提高环境质量显然是不够的，作为总消费的构成，各种环境的质量对个体而言都是有价值的，在不同的发展阶段，人们会对环境价值的重要性做出相应的评估。一般而言，发展水平较低时，环境价值的估值较低；发展水平较高时，环境价值的估值也会比较高。环境质量的价值既是公共的，也是私人的。它的客观存在意味着：公众有权参与这些具有价值的环境质量的保护过程；公众也有义务保护这些环境价值，避免价值的流失。无论是权利还是义务，其本质都是公众应享有和遵循环境治理上的参与权和保护责任。

从法律的角度来看，《中华人民共和国宪法》第二十六条明确规定“国家保护和改善生活环境和生态环境，防治污染和其他公害”。《中华人民共和国环境保护法》第六条规定“一切单位和个人都有保护环境的义务，并有权对污染和破坏环境的单位和个人进行检举和控告”。而《中华人民共和国刑法》则将严重危害自然环境、破坏野生动植物资源的行为定为危害公共安全罪和破坏社会主义经济秩序罪。这些都表明，法律充分鼓励公众积极参与环境保护和治理，而通过法律细化和明确公众在环境保护和治理上的各种权利和义务，是提高环境质量的必由之路。

在“知情”之后，进一步承认和明确公众在环境上的相关权利（即“确权”），特别是增进和维护公众对环境治理的参与权和选择权，将有利于通过全民动员来提高环境污染的社会成本，在全社会范围内推行更为合理的环保制度，还可以有效减少各种环境侵权事件的发生，最大限度地降低社会经济发展的环境污染风险，提高社会总体福利。

# 信息公开与环境治理

## 破解环境信息公开之困

2014年2月，国务院常务会议部署2014年大气污染防治工作，其中的一个重点是“规范环境信息发布”。2月11日，环保部部长周生贤，发表题为“改革生态环境保护管理体制”的署名文章，所概括的环境保护领域改革六个要点中，其中第四点是“完善环境信息公布制度”。与此同时，1~2月召开的“两会”也高度关注环境保护议题，议题中也大多包含“环境信息公开”。然而在实际的工作实践中，目前从整体而言，我国的环境信息公开制度并不完善，公开的环境信息数量有限，并且质量参差不齐。由此，有理由相信，环境信息的公开将成为环境保护领域下一步工作的重点，而如何破解环境信息公开的体制和制度障碍也将成为深化生态文明体制改革的关键。

从目前的情况看，我国环境信息公开存在的具体问题有，环境信息公开在立法上缺乏支持，在制度上缺乏保障，在行政上缺乏明细，在政策上缺乏激励，在微观主体上缺乏约束，在市场上缺乏效率。种种问题导致的结果是，环境信息在部门与部门之间，在地方与地方之间，在政府与市场之间，甚至在机构与机构之间，都严重地相互隔离。这样的信息隔离往往是基于环境信息安全和国家环境利益等方面的理由而产生的，尽管部分环境信息的确关涉国家安全和利益，但除了极少数敏感数据外，绝大多数的环境信息所关涉的都是公众利益以及市场利益。

进一步探究便可发现，造成上述环境信息隔离的真正原因是，环境信息公开在体制机制上既缺乏创新的勇气，又缺乏定力。

创新是指在环境信息公开手段、途径和范围上如何与全球大数据的发展趋势以及环境问题的公众参与趋势相结合，这关涉我国在公开环境信息的过程中如何真正实现互通有无，并吸引社会力量的进入。定力是指在环境信息公开上是否能经得起历史检验，从全社会共同参与促进环境保护的角度看，环境信息公开并不是要求公布的信息都百分之百地准确、客观，而是要求所公布的环境信息是真实的，尤其是充分体现现有环境科技水平和数据处理能力的第一手环境信息。进而可知，在环境信息隔离的背后，更加深刻的原因是从现有体制派生出的环境信息利益部门化和地方化。

那么，在欠缺环境信息公开的情况下，会有什么样的不利影响呢？

没有充分的、透明的公开意味着信息垄断。对公众而言，近则，这样的垄断意味着公众被剥夺了环境信息知情权，会严重打击公众参与环境保护的积极性；远则，将对公众环境意识、行为和理念的形成产生极为不利的影响，极大地束缚公众环境素养水平的提高。

对部门及研究机构而言，小则，为了获得相似的环境信息，这样的垄断意味着环境信息的重复建设，造成政府财政资金和各种科研资金极大的浪费；大则，意味着环境信息的质量在重复建设中鱼龙混杂，出现相互混淆，乃至矛盾的信息成果，信息质量低下，信息公开进展缓慢，甚至误导国家和地区的环境治理战略和方针，影响环境保护政策成效。

此外，就市场而言，环境信息公开滞后会造成市场中的信息不完全和不对称，这对基于信息透明而存在的市场效率是致命的缺陷。在这种情况下，无论是环保产业市场还是资本风险市场，都有可能在模糊的信息环境中做出投资和投入上的误判，这样的案例已屡见不鲜。同时，环境信息公开问题还会延缓市场资本对环境服务产业的进入进程，使得包括环境信息产业在内的环境服务在数量和质量上都无法满足国家和社会各方的紧迫需要。

为此，当下的环境信息公开制度必须在体制机制上进行突破和大胆尝试，首先，可以充分借鉴西方发达国家在环境信息公开制度上的成果，将环境信息公开作为连接公众与企业的纽带，通过完善环境信息公开制度对政府治理以及排污主体进行倒逼。其次，可以本着深化改革的总体精神，借鉴来自其他各相关部门在改革开放过程中所采取的体制和方法创新成果。

譬如，上海在自贸区建设的过程中，引入了“负面清单”的管理模式。“负面清单”在传统上主要是适用于自贸区建设和国际自贸谈判的政策手段，在当下环境信息公开面临来自环境保护挑战的关键时刻，能否成为破除环境信息垄断和壁垒的一种可能途径呢？如果“负面清单”在实践中被证明是可以用来复制和推广的有效改革措施，那么从国家环境保护管理体制机制改革的顶层设计高度出发，能不能借用这个来自自贸区改革的成果呢？事实上，在环境信息公开的制度建设中，我们还可以多总结、多借鉴，摸索出一条真正符合中国特色，既能维护国家环境安全和利益，又可满足环境保护日新月异发展需求的长久之道。

值得庆幸的是，到目前为止，在环境信息公开问题上，各地也纷纷出现了一些积极的发展势头。譬如，城市大气环境质量的即时报道和预报系统，又譬如，碳排放权即时交易数据的日报披露等，究其实质，都是为了让环境信息更加贴近公众，让环境信息的公开制度更好地服务于我国当下保护环境的迫切需要。

## 环境信息公开：重在制度设计

《中共中央关于全面推进依法治国若干重大问题的决定》指出，全面推进政务公开。坚持以公开为常态、不公开为例外原则，推进决策公开、执行公开、管理公开、服务公开、结果公开。各级政府及其工作部门依据权力清单，向社会全面公开政府职能、法律依据、实施主体、职责权限、管理流程、监督方式等事项。重点推进财政预算、公共资源配置、重大建设项目批准和实施、社会公益事业建设等领域的政府信息公开。

环境保护部10月17日发布《企业事业单位环境信息公开暂行办法》（征求意见稿），向全社会征求有关企事业环境信息公开的建议。

审视企事业单位环境信息公开的关键之处在于，切实贯彻和落实四中全会精神，基于新修订的《环境保护法》，从促进经济转型和转变政府职能的高度，来理解推进企事业单位公开环境信息的重要性，以及在此基础上通过更加透明、更加科学、更具可行性的治理方式，来确保各类企事业单位及时有效地公开相关的环境信息。

值得一提的是，在《大气污染防治行动计划》公布一年后，一些地区的大气污染治理仍然难见成效。在一些短期应对政策效果尚不明显的背景下，更加凸显出大气污染防治等各领域环境治理任务的艰巨性和当前亟须建立包括公开环境信息等在内的根本治理体系，以实现中长期环境治理目标。

从各国环境治理的经验来看，除了着眼于改善短期环境质量的各类应急措施外，更加普遍的做法有两种：一是通过法治化的方法，强化企事业等排污主体在环境上的硬约束；二是通过市场化的方法，修正排污主体的成本函数。以上两者都具有中长期的治理效应，即可以改变排污主体的目标预期。

就我国情况而言，首先体现在法治化上，排污主体将面临越来越严格的监管和违法惩罚。譬如新修订的《环境保护法》针对一些环境违法行为规定“按日连续处罚”，这意味着排污主体规避惩处和偷排的空间将逐步缩小。其次体现在市场化上，排污主体将不得不承担日渐高企的排污成本。这部分成本既包括排污对生态环境造成的直接损失，即内部化后的外部边际成本，又包括排污行为公开化后，市场对不同排污水平和效率企业的自行甄别和选择。其中，排污水平较高的企业显然会在市场竞争中处于不利地位，将承担市场份额下滑、市场信用度下降等方面的损失和成本。

从经济转型的角度看，改变排污主体预期的实质，是要扭转长期以来国民经济过度依赖于资源环境投入的倾向，让经济结构从偏重于低成本的资源环境消耗中摆脱出来，进而从效率上改进和技术进步中寻找新的经济增长动力，即朝着更加集约的发展模式演变。

当然，如同雾霾等环境顽症难以在短时间内解决一样，经济结构的演变也绝非易事。其中，最为核心的问题是如何合理处理政府与市场的关系。要想让排污主体彻底摆脱长期形成的资源环境饥渴症，仅靠传统意义上的铁腕手段是不够的。必须从培育排污主体的自觉性出发加以适当引导，使其改变行为模式，可以不断地适应从效率上和技术中要效益的新常态，而不是从资源环境的过度利用中要效益。因此，政府有必要从转变自身的职能出发，简政放权，促使企业不断地做出调适，使政府与市场之间形成新的互动关系。

以上分析表明，环境保护要想取得中长期的治理效果，进而倒逼经济转型及政府职能转变，必须从根本上杜绝违法排污的主观因素，在强制性的管制政策（譬如排污标准、处罚等命令与控制措施）和激励性的规制手段（以市场化的方法为主）之间进行交互选择。

针对企事业等排污主体所规定的环境信息公开，在很大程度上是属于激励性的规制手段，其主要目的绝非仅仅着眼于环境保护。中央政府对此寄予厚望的是，通过转变环境治理的方式方法来实现环保部门的简政放权，厘清政府与市场在环保领域的关系，进而由点及面，推进企业经营方式和社会经济发展模式的转变。

根据四中全会精神和新修订的《环境保护法》以及《企业事业单位环境信息公开暂行办法》，未来推进环境信息公开的方向和侧重点主要有以下两方面：

第一，公开企事业单位违法排污的环境信息。未来，企业违法排污不仅会受到经济和法律上的处罚，还会臭名远扬，使企业的市场信用及经营业绩受到较大打击。根据美国的一项研究，一旦企业违法排污的信息经常公布，就会被纳入市场自动形成的黑名单。在这种情况下，虽然环境违法的处罚水平不高，却会对企业的声誉和经营产生较大的负面影响。《企业事业单位环境信息公开暂行办法》对这一点已经有所涉及，具体提出了通过绿色信贷等各种方式约束违法排污企业的规定。

第二，公开企事业单位的日常排污及环境管理信息，规范相应的信息披露内容和机制。督促企业公开这些信息（共 14 项）并不难，难的是如何确保和监督所公开信息的可靠性和真实性。鉴于排污情况的千差万别，仅靠环保部门是无法做到全面覆盖和监控的,即便采用随机抽样的方法,也无法真正解决这一问题。对此,最好的办法有两个:一是加强社会监督,动员第三方的力量对排污企业进行监督。目前,在碳排放领域,很多试点地区已经开始采取这种办法,由政府委托具备资质的第三方环保机构进行碳排放核查。这种办法可以在一定程度上提高信息的可靠性和真实性。二是借助信息本身。要加强研究不同环境信息之间的关系,分析不同行业的环境信息与财务信息、人事信息、技术信息以及经营信息的联系,从中找出规律。譬如,针对某个产业,在专门的投入下,会产生怎样的环境治理效果等。这些潜在的规律可以帮助我们拨开环境信息背后的重重迷雾,而不是被迷雾所遮蔽。

总而言之,在现阶段,不仅要加强重典治污过程中的各种制度细节设计,还应该关注如何在市场经济规制及基本规律的基础上,更好地发挥环境信息公开的积极作用。也只有这样,环境保护及治理才能真正取得长治久安的效果。

## 环境保护的区域治理

### 区域机制对破解“输入性污染”的意义

2013 年 12 月,据媒体报道,“上海市环保局局长张全表示,上海正在会同江苏、浙江及有关部委筹建长三角大气污染防治协作机制。同时,环保部将在上海设立长三角区域大气污染预警中心”。这意味着,“继京津冀之后,长三角大气污染防治协作机制启动进入倒计时”。长三角建立区域大气污染协商机制显然贯彻了“大气国十条”(《大气污染防治行动计划》)有关污染联防联治的政策意图。

与该机制相对应的背景是,进入冬季以来,长三角各地区陆续出现严重雾霾天气,而据有关报道,输入性的污染源是入冬以来长三角各地雾霾天气的主要成因之一。譬如,以杭州为例,“冬季里,约 72% 污染源来自外地,而一年平均下来,也有65%的污染源来自外地”(《东方早报》2013年11月24日)。这个所谓的“外地”是指“北方地区”。也就是说，受气象条件影响，一方面，本地的污染源扩散不利；另一方面，又迎来了外地“霾团”。那么，在这种情况下，长三角建立区域大气污染联防联治的相关制度，究竟可以发挥怎样的作用？又应如何发挥作用呢？假如上述有关输入性污染源所占比重的数据是真实的话，那么，面对来自北方地区的“输入性污染”，包括长三角、珠三角等地的南方城市又将如何因应？

有关“输入性”的概念，最初的本义与“污染”无关，是指通胀等宏观经济现象，说的是一国国内的通胀成因有可能是产生于其外部。譬如，前几年我国便曾发生“输入性通胀”，即美国增发货币后通过国际金融体系传导到中国，引起国内资产贬值、物价水平上涨。就此而言，“输入性”的含义不言而喻，是指一种“外部性”的影响。具体到大气污染上，就是排放出的污染气体通过气象体系从一地转移到另一地，即“输入性污染”。当然，这个“输入性”不会直接地影响到物价而造成物价水平的变动，但会通过特殊的渠道影响到另一种价格体系，即“雾霾”的“价格”。

“雾霾”也有价吗？当然有，那就是和它对应的治理成本，当雾霾程度较低时，相应的成本也较低，所以它的价格不高，甚至可以忽略不计。但是当雾霾程度趋高后，社会经济便要付出越来越高的代价，从各种直接的应对和治理措施，一直到城市的竞争力下滑（比如人才外流等），此时，它的价格无疑会变高。雾霾的价格变高了，还会进一步传导至整个价格系统，因为雾霾的应对和治理会占用大量的社会资源，在社会资源总量短期固定的条件下，这必然会挤压一般商品的供给空间，并造成这些商品的价格高企。因此雾霾绝不只是影响身体健康这么简单，它会影响到社会经济的肌体。这样看来，“输入性污染”看似只是加重了被输入地区的雾霾程度，但实质是抬高了被输入地区的“雾霾”价格，使其承担了原本不应承担的成本。

在理论上，按照“谁污染、谁治理、谁负担”的原则，既然“输入性污染”

的源头来自其他地区，又带给受污染地区如此巨大的影响和损失，就应该进行追责，至少也要与其协商如何共同分担那部分额外的污染治理成本。但事实上，这是不可能实现的。根据经济学家科斯的解释，当各方协商的交易成本高于内部直接治理成本时，任何的协商都是无效的（科斯在这一点上是正确的）。大气“输入性污染”就属于这种情况，一则我们无从知晓污染的真正源头，“北方地区”是一个很大的范围，不同于“邻县”“邻市”这么明确，向谁追责呢？二则即便知道了明确的污染源头，大量受污染的地区及个体也得经历举证、诉讼等极其漫长的过程，这无疑会耗费大量的社会经济资源（这恐怕也是新修订的《环境保护法》无法在更大范围内放开环境公益诉讼的原因之一）。简言之，针对“输入性污染”，受污染地区、个体向输出污染地区、个体的追责基本是不可行的。

那么，针对“输入性污染”，我们是不是就束手无策了呢？有一点值得注意，即“输入性污染”是发生在一国的范围之内，这其实给我们解决问题提供了便利。科斯在其论述中也大致给出了一个方向，那就是“一体化”。即当外部协商的交易成本高于内部直接治理成本时，唯一有效的解决途径便是通过各种“一体化”来不断地缩小协商的交易成本，直到最后各方合而为一，实现零交易成本。此时，也就不存在各方之间进行协商的必要了，因为各方成为一个利益共同体时，任何“输入性污染”对这个共同体都是不利的。

那又如何来实现协商交易成本的趋低呢？这一点正是“大气国十条”推动建立区域联防联治制度背后所隐含的关键精神所在，先是在国家颁布的法律法规的基础上，完成各区域内部环境保护工作的整合，譬如京津冀、长三角和珠三角等区域的环境保护一体化。这样一来，不仅可以降低各区域内部有关环境保护的协调成本，还可能在未来大大降低在全国范围内进行跨区域环境治理协商的主体数量和交易成本，进而在条件成熟的情况下，可以围绕“输入性污染”所产生的治理问题展开协商，并最终提高国家对大气污染防治的管制水平。

综上所述，长三角建立大气污染区域联防联控制度应向提高区域环境治理整合能力的方向发展，而不是仅仅用来联合应对雾霾出现后的影响；否则，将无法与国家层面系统的大气整治相适应，从而也无助于真正地帮助本地区改变由“输入性污染”导致的不利格局。

## 联防联控体现改革未来方向

2015年5月，中共中央和国务院发布《关于加快推进生态文明建设的意见》（以下简称《意见》），在“全面推进污染防治”一节中，再次提及了“健全跨区域污染防治协调机制”。

所谓“健全跨区域污染防治协调机制”，在政策实践中体现为建立健全“区域联防联控”机制。通过《大气污染防治行动计划》和《大气污染防治法》（修订案）的相关规定可以看出，区域联防联控显然被寄予厚望。在具体的指向中，包括京津冀、长三角和珠三角等在内的重点区域是这一措施最为重要的实施对象。鉴于此，如何从真正有利于建设生态文明的需要以及从推进环保改革的视角出发来看待区域联防联控，并使之发挥积极的作用，无疑是落实《意见》的重要举措。

提出有关区域联防联控的环保理念的时间，可追溯到“十二五”规划之初。当时主要是针对大气污染防治问题，提出建立“大气污染的区域联防联控机制”的政策理念，并为此专门制定了《重点区域大气污染防治“十二五”规划》。随着各项环保政策的有力推进，区域联防联控机制分别在京津冀、长三角和珠三角三个地区取得了较为实质性的突破。就改革的视角而言，区域联防联控所取得的阶段性成功也体现了环保改革的演进过程和未来发展方向。既要推进生态环境保护和经济发展的有机互动，又要充分尊重其背后的制度和市场逻辑，正是区域联防联控乃至整个环保改革的基本出发点。

第一，环保改革的两大内在逻辑。区域联防联控是环保改革的一个组成部分，与其他环保改革有共同的内在逻辑。这个共同内在逻辑的要点是：一方面，如何促进生态环境与发展的互动；另一方面，如何在公共品供给的逻辑基础上建立合理的制度和市场规则。

在生态环境与发展互动性方面。生态环境的属性决定其保护至少要在区域性以及系统性的基础上展开，这是污染防治实行区域一体化的充分条件。地方政府在行政上是有不同隶属关系的，这意味着在生态环境保护的职责和对策上也是相互分割的，这是区域生态环境保护一体化的最主要前提。在经济发展上，同一区域内的不同地区有明显的区域性和阶段性共性特征，这是区域一体化环保政策的必要条件，也是必要的支撑性条件。

在制度和市场逻辑规则建立方面。污染收益是私人品，污染是地方经济发展造成的，污染收益也由地方获得，因此保护环境的职责也应该是地方的。污染防治是一个正外部性公共品的供给过程，这个过程既对自身有利，也对他人和其他地区有利，容易造成供给不足的结果。因此，要通过联防联治来克服这种外部性的矛盾。如果某地方单独提供了公共品，有效的激励机制包括成本就会在区域内共担和阻断收益的外溢。可见，区域性共治可以在最大限度上将成本与收益在有限范围内对等起来，从而构建具有积极意义的环保激励机制。

第二，环保改革的阶段性特征。尽管区域联防联控取得了阶段性成果，但这个成果也在一定程度上体现出环保改革的阶段性特征：一是突出行政权威，初建法律权威；二是突出共性，承认差异性；三是以省级为单位，构建区域环保垂直体系。

以京津冀、长三角和珠三角地区在大气污染防治的执行情况为例，总体上，珠三角的成效最好。这是因为珠三角的主体是广东省，省内联防联控比跨省市联防联控来得方便。省级的行政力量之所以更有效，是因为它用行政力量取代了法律的力量；而原先低效的原因，也正是在于行政的力量无法取代法律的力量。但是，同属于一个法律体系下的不同地区，为何需要行政力量来取代法律力量？这是因为，在同一个问题上，法律的文本规定过于原则性，或者过于模糊，给实际的执行带来很大的伸缩空间。明明是某地被认定为违法的事情，在另外一地却可以接受，长此以往，法律的权威性就会大打折扣，就需要用行政的权威性来弥补，这也是现阶段重点推进区域联防联控的关键所在。在此情况下，区域联防联控的治理成效就和行政力量的权威性程度相关了，这就是广东环境治理成效好过长三角和京津冀的原因。

第三，环保改革向何处去。接下来的问题是，我们在区域联防联控的实践中有什么收获？基于改革的目标和逻辑，区域联防联控的实践可以为环保改革的未来发展方向提供一定借鉴，概括起来有以下几点：生态环境保护的制度建设应该党政企同责，法律、行政和市场权威并行；生态环境保护的区域共治要进一步突破行政界限，逐步向生态意义上的区域靠拢；生态环境保护仍应秉持顶层设计的原则，逐步在财税、人事、执法等方面理顺环保的央地关系。

总之，区域联防联控是当下大气等环境污染治理上的重要抓手。但从长远看，还需要积极推进市场和法律等制度（即权威）构建、环保改革顶层设计和生态环境区域共治等问题，毕竟，生态文明建设是一项规模和范围都极其庞大的系统工程。

## 案例分析：浙江的“五水共治”

近期，浙江省在环境治理上围绕全省生命之源的“水环境”，提出了“五水共治，治污先行”的战略规划，这个战略很好——首先，这个战略把“环境”回归到“民生”的本质上来；其次，更深层的意义在于，这个战略把“发展”的重点落到了“质量”上，通过“治水”倒逼从“数量”向“质量”的“转型”成效。从这两点出发，如果未来的5~10年里能够较好地贯彻执行该战略规划，那无疑将彻底扭转并改善包括“水环境”在内的整个浙江省的生态环境。

首先，“五水共治”的五水从“污水”“洪水”“涝水”到“供水”和“节水”都与民生相关，但与民生的关系最密切的当属“污水”。从涉及面来看，“污水”

影响的不仅是河流湖泊各个点上的水源，往往还会危及“源头之水”。譬如，一旦上游的水源受到不同程度的污染，那么“自上而下”的水流便会将污水扩散到中下游，使河流中下游地区在生产和生活等各方面付出巨大的代价，并承受各种未知的环境风险。因此，治理污水改善水环境实则是在改善民生，就此而言，水环境就是民生环境，保护环境就成为民生和安全的大事。

其次，“五水共治”中的“污水治理”对浙江水环境的重要性不仅体现在地理属性上，其重要性更在于，“污水治理”表面上治的是“水环境”，其实治的是“发展环境”。直观地看，污水是社会经济发展过程中各种污染物排放的直接产物，这意味着：一方面，“污水”的形成在很大程度上与以往过分重视“数量”的经济发展模式密不可分；另一方面，治理污水也将对粗放的经济发展模式进行倒逼，唯有彻底地改变发展的理念、政策和驱动力，才能真正地堵住排污的口子，并取得治水的实效。

因此，不管是为了改善民生还是发展经济，我们都有必要堵住“污水”排放的口子，接下来的问题是，这个口子能堵得住吗？口子堵住了，污水会不会倒灌回去，抑或最终又会冒出来？

对此，必须切实考虑并消化“污水治理”可能产生的影响，尤其是在治污的同时如何同步促进发展。治污不是以牺牲发展为代价，而是为了谋取更好的发展。

浙江水环境治理，相比于其他地区有一定的优势，那就是经济整体的市场化基础比较好，市场化的程度比较高，在长期发展的过程中，浙江的民营经济已经成长为主要的经济力量，这看似不利于环境保护，其实正是浙江提前于其他地区实现“五水共治”目标的优势所在。

其一，民营经济固然存在一定的市场盲目性，也就是所谓的市场失灵，但民营经济最大的好处在于，对它们而言，所有的外部约束都是硬性的，长期以来已经适应了相对比较“严格”的政策环境，对政策有较高的调适能力。一旦环境领域的政策缩紧，民营经济完全可以发挥其韧性上的生存优势，将逐步增高的外部环境成本削减下去，事实上，这也是市场主导型经济的优势所在，即不会因为某项政策的改变而出现大起大落。

其二，这一优势也并不意味着浙江可以高枕无忧，在逐利的理性思维下，民营经济固然可以及时掉头或者升级换代，但在某些情况下也可以选择“出走”的方式来规避环境政策约束，尤其是当其他地区的环境约束相对较弱时，民营经济完全有可能做出这样的选择。针对这种情况，浙江必须做出正确的预估判断。一则，所谓“倒逼”，即便真的“逼”走了部分产业和企业，也是情理之中的事，对此要有思想准备；二则，更重要的是，“逼”走了污染密集型产业，会为新的产业腾出发展空间，此时政府应与市场一起及时培育新的产业和经济增长点来填补“空缺”，由此来看，绿色生态的竞争优势实为可期。

# 通向美丽中国之路

美丽环境的建设不仅需要政府自上而下的主导，民间和市场的自发推动力量也不可或缺，包括严格执行国家制定的各项环境政策和法规，同时以市场和税费的方式加以调节，而将政府与市场的一切措施都进行制度化，形成“美丽规则”，实乃是实现美丽生态环境的关键所在。

## 世界性的“美丽主义”及启示

冬季中国各主要大城市的雾霾天气，以及屡创新高的 PM2.5 数据，终于让国人切身体会到当前社会经济所面临的巨大挑战，那就是，在历经 30 多年高速的经济发展之后，那些如影随形、无孔不入的环境污染将我们多年奋斗所取得的成就打回了原形。原来，我们现代化的物质基础与条件竟如此不堪一击，以至于连空气都成为健康与生命的杀手，让我们付出数亿元，甚至更多的代价和成本。

显然，环境问题已经成为中国发展模式背后的重大困境，也是横亘在世界发展道路上的一块拦路石。受此影响，以往的发展与成果都显得微不足道，社会从发展中长期积累的幸福感、满意度和竞争力也将荡然无存。这一切困境所凸显的都是在全社会范围内开展全民动员，建设美丽中国，倡导“美丽主义”这一具有普世价值和意义的发展观的万分紧迫性，紧迫程度已不允许我们对解决当前发展中的环境问题再抱有任何的拖延与侥幸心理。

所谓的“美丽主义”，是指在工业化和城市化的同时，实现空气清新以及鸟语花香的人与自然和谐共处和发展的图景。曾在很长一段时期，人类社会迷失于工业化所带来的辉煌成就，过于自信地征服自然、掠夺环境资源，行为短期化的结果便是环境污染随之而来，给予人类沉重的打击。在一本风靡于20世纪60年代，并积极推动西方环保主义运动的环保科普著作《寂静的春天》里，作者卡逊夫人这样描绘工业化环境污染后的大自然，“在春天里，不再有鸟语花香，不再是山清水秀，环境不再美丽，到处是一片死寂”。这便是自然界对人类掠夺式的生产和消费的最大惩罚，人类不尊重和保护自然与环境，也会失去自然与环境的尊重和保护。这或多或少地让当代人醒悟，工业化已经让我们离彻底失去自然与环境只有一步之遥了，也许只有在它消失的时候才会显得更加重要和美丽，为此，从20世纪六七十年代开始，在全球范围内掀起了轰轰烈烈的环保主义运动，其宗旨便是回归“美丽”，倡导旨在实现人与自然和谐共处、相互尊重的“美丽主义”。

世界各国尤其是发达国家在遵循“美丽主义”的过程中，其出发点具有功利性的一面，那就是应对由环境问题引发的社会经济危机，包括公众的反对意见，经济竞争力的下降以及部分阶层的自我反省等，尽管它们的“美丽主义”具有较强的“本土”色彩，包括由此派生出“污染转移”等一些并不符合真正“美丽主义”的环境保护“潜规则”，但它们最终还是通过“美丽主义”较大程度上实现了本地区的可持续发展。但同时，世界在“美丽主义”的征程中也不乏一些具有借鉴意义的反面教材，譬如苏联，因长期漠视和忽略环境问题，环境污染的影响叠加到其他各种社会经济问题上，加之整个区域又处于相对隔离的发展背景，使得国家的竞争力、凝聚力和实力被大大地削弱，最终导致经济崩溃和国家解体。“美丽主义”的价值和意义由此可见一斑。

受全球化进程的影响，“美丽主义”已经具有明显的世界性特征，过于功利化的“美丽主义”已经无法满足现实的需要。一方面，全球化加深了世界的融合程度，环境问题与其他社会经济问题一样，都可以通过各种渠道与机制在世界各国快速地传播与传导；另一方面，人们在全球化过程中通过地区比较大大地提高了对“美丽主义”的预期，从而使差异日益凸显。因而，仅仅基于本国本土本城和个人的局部“美丽主义”最终将以恶性循环的方式反作用于自身，正如西方社会曾试图通过转移污染来解决环境问题一样，最后却发现，人类的最大敌人二氧化碳等温室气体，无论在哪里生产和排放，都会波及全球。

世界的“美丽主义”征程给中国的启示在于：其一，一国与地区若对“美丽”掉以轻心，小则会有损社会经济利益，大则可以成为引爆社会经济危机的导火索，必须予以高度重视。其二，要解决环境问题的困境，必须从源头解决：梳理生产与消费的关系；梳理市场与政府的关系；梳理制度与环境伦理的关系。其三，倡导“有节制的现代化”发展理念，将此作为衡量发展绩效的导向和标准。

另外，具有高度世界性的“美丽主义”对解决中国困境的最大挑战则在于：地球只有一个，我们已经无处可遁，我们应该从真正地、彻底地尊重和敬畏自然与环境开始来建设我们美丽的国度。

## 美丽中国：发展主义的修正

在党的十八大报告构建五位一体体系的描述里，提出建设社会主义生态文明必须与社会、经济、政治、文化等方面的建设相融合，这是基于对生态文明建设与社会各系统间耦合性基础上的一种科学提法。但与此同时，在强调生态文明建设的章节中，又非常特别地指出建设“美丽中国”的必要性，“美丽中国”是新概念、新提法，但在直观上与生态文明建设的内涵有着较大的重叠，以至于在随后的众多解读中，人们往往将两者混为一谈，譬如“建设生态文明，实现美丽中国”等。在此，生态文明似乎成为一种手段，美丽中国则是目标，这样的逻辑很难说得通，因为如果前者是手段，后者是目标，那么建设生态文明本身就不是一种最终状态，仅是过渡性的过程。而“美丽中国”也就不能成为建设的过程，只能是最终实现的状态了，这样一来，两个概念似乎纠缠在一起，无法真正厘清它们的区别。

这样的困惑也体现在社会科学研究中，包括中国社会科学院发布的重点课题项目指南中，便把相关领域的研究选题定为“推进生态文明与美丽中国建设研究”，教育部的重大攻关课题为“生态文明制度建设研究”，上海的年度社科选题则定为“走向社会主义生态文明新时代研究”，还有上海市市政府的决策咨询重点课题为“上海生态文明建设的激励和约束机制研究”，委托招标课题为“上海特大型城市生态文明建设的阶段性目标和重点举措研究”，上海市科委的招标选题则为“生态文明建设科技创新工作研究”，这些选题的共同之处都在于，即便是国家和地方各级社科和科技研究部门本身，到目前为止也没有捉摸清楚中央同时提出“五位一体”的生态文明建设与“建设美丽中国”两个概念中所体现的真实意图，从而也未能真正厘清两者间的关系，以至于把研究任务作为课题发布出来，交给全国的社科研究工作者。那么，我们究竟为何要在倡导建设社会主义生态文明的同时，提出建设美丽中国的新概念呢？其中的关键问题在于，作为一个并不新颖的概念，“生态文明”与“美丽中国”所代表的“美丽主义”概念之间究竟有何不同。

在人类历史上，能够称为一种文明的概念并不多，譬如，以产业形态来划分，有农业文明、工业文明等，这样看来，××“文明”的含义里面有着“××主导发展”的意思，农业文明显然是指农业作为一种主导的产业支配着全社会的发展，涵盖了一切宏观和微观的主流制度、行为及变迁。所谓的生态文明，其参照物在于“生态环境”的主导性，即社会发展是否以遵循生态环境发展规律为标准，如果遵循了，那么就符合生态文明的要求，从而建成了生态文明；反之，则属于没有符合生态文明的要求，也就没有建成生态文明。可以想到的一点是，在农业社会中，由于人类还缺乏足以大规模改造和征服生态环境的能力，人类活动基本上只能服从并遵循生态环境的规律而行，因而农业文明是天然意义上的生态文明。当人类不断积累了各种能力，进入工业社会后，开始从依附于生态环境逐渐转为独立于生态环境而生存，进而转为生态环境在一定程度上反而开始依附于人类。在这个阶段，尽管人类貌似仍然是与自然相依为命，但在工业化和城市化的发展背景下，生态环境实则已经面目全非，生态环境的未来会变成什么样，其实是取决于人类的态度。一则，人类可以继续朝着既定的方向前进，进一步改变乃至摧毁原生态的环境，按照目前的趋势，这并非没有可能。二则，人类也可以放慢发展的脚步，改变发展的方式，尽最大可能地保全原始的生态环境，让生态环境与人类共存，甚至是重新按照生态环境的重塑要求来规范自身，也就是建设生态文明。

一般的理论及舆论都较为认同第二种发展方向，因为人类这些年遭到自然的一些挑战，各界对工业社会的发展有了一些反思以及自我超越。但事实上，人类真正朝着生态文明发展，无论是在客观基础上，还是在主观意识上都没有做好准备，至少在人类没有改变功利主义的行为取向之前，“生态文明”仍然是一个遥不可及的目标。因为按照生态的原则，现在很多的人类生产和生活活动都将被淘汰，这在技术进步有限的条件下是不可能实现的。由此，倡导生态文明建设在一定程度上最多只能是一种愿景，或者是一种心理暗示。但与此同时，出于各种考虑，人类已经充分认识到了建设生态文明的必要性，因此我们有必要在功利主义与生态文明之间寻找一个均衡点，通过确立过渡性的目标、方式、途径来推进生态文明建设，并以此彰显人类在建设生态文明的道路上从未停歇，并在无限地接近生态文明的最终目标。那么，过渡性的目标、方式和途径是什么呢？在这一点上，尽管各国的背景和情况不同，但做法都大同小异，那就是改变之前以环境换经济的做法，转而以经济换环境。

2012 年首次提出的“美丽中国”的主要特征是以一定程度上的经济代价来换取生态环境质量，这与 20 世纪 60 年代美国提出的“美丽美国”（《寂静的春天》）

如出一辙。之所以说，美丽中国只不过是生态文明建设的阶段性目标，是因为“美丽中国”建设仍受人类发展上的功利主义思潮影响。尽管如此，相比于之前的极端发展主义，“美丽中国”的概念无疑对人类基于功利的“发展主义”的重点进行了修正，使得人类生态环境总体上趋好，并越来越靠近生态文明建设的最终目标。

其一，“美丽中国”承认生态环境的内在价值，以及由提高生态环境质量所带来的产出和福利效应，其特点是经济上的引导性仍较为明显。这一点很重要，之所以任何一种资源都具有价值，是因为与其产出性密切相关，即经济学意义上的投入产出效应。一般而言，产出和福利效应越强，表明资源的价值越高，其利用过程也会越加有效；反之，所谓的资源环境浪费和无效利用表明的只不过是它们没有得到产出和福利意义上的肯定。“美丽中国”的概念实质是在扭转生态环境部门与非生态环境部门间的比价关系，让生态环境的价值得以被发现并确认，以此对市场形成正确的刺激和导向。“美丽中国”的过渡性也正体现在此，虽然仍是以经济和福利刺激的功利主义来推动生态环境的保护，但就纠正市场机制对生态环境的错配而言，这已经是很大的进步。

其二，当前“美丽中国”的诉求重点在于“山青、水净、天蓝”，其实质在于让生态环境在形式上实现“赏心悦目”，而不是在内涵上全面推进生态环境的保护以及建设生态文明，尽管如此，相比于工业化，“美丽中国”显然有很大的进步性。因为即便是要做到上述形式层面上的“美丽”，也必须极大地减少各种工业排放，让工业化和城市化更多地满足生态环境的各种约束条件。“美丽中国”的现实意义在于，这是一条从生态环境破坏到生态环境表面修复，再到生态环境实质改善的生态文明渐进性变革之路。

其三，“美丽中国”在概念上具有很大的弹性，与其说这是一个绝对意义上的客观标准，还不如说这是一个可与时俱进的主观判断。尽管已明确地将“美丽中国”建设的对象界定为“山、水、天”，但实际上美丽只是人们的一种主观印象，从“对象”到“印象”的转变过程，显然有诸多的可能与解读。其中最大的一种可能就是“美丽”与社会经济“发展”间有较强的适应性，包括体现为在不同发展水平对美丽的不同需求，以及对美丽的不同判断标准。但归根到底，“美丽中国”并不排斥发展，甚至本身就是一种具有包容性的发展，从实现生态文明建设的角度来看，这样一种包容性的发展无疑可以不断增强我们的能力，夯实生态文明建设的基础。

综上所述，“美丽中国”作为一个福利意味较强的概念，有重要的务实性，是从“美丽”入手，为人们创造更好的生态环境，继而打开传统“发展主义”的缺口，逐步引入更多的非功利性的发展内容，这对全面推进全社会的生态文明建设有深远的价值与意义。

## 美丽中国：更具包容的增长之道

党的十八大报告明确提出，“要把生态文明建设放在突出地位，融入经济建设、政治建设、文化建设、社会建设各方面和全过程，努力建设美丽中国，实现中华民族永续发展”。“建设美丽中国”的新概念赋予了我国生态文明建设前所未有的广度和深度，与经济、政治、文化以及社会等方面的建设相结合，“建设美丽中国”的关键内涵在于从社会主义生态文明出发，把中国建设成为既富裕又幸福的小康社会。建设社会主义生态文明，将确立全新的发展理念、发展道路和发展目标，并对中国的经济增长提出更高的要求。

第一，生态环境是一切生产力的源泉，“建设美丽中国”旨在保护我国的生产力源泉，为社会主义经济、政治、文化以及社会各方面的建设与可持续发展保驾护航。第二，生态环境也是一切社会生活和生产场所的源泉，“建设美丽中国”有利于优化和改善生活与生产的自然环境和条件，更好地为社会主义劳动者与建设者服务。第三，生态环境还是社会认知与精神世界发展的根源，“建设美丽中国”

可以丰富和深化本土精神领域的探索与挖掘，为建成富有底蕴和幸福感的小康社会服务。

从生态文明出发，建设美丽中国，意味着中国不赞成西方发达国家在生态环境上曾经主张并实践的“先污染、后治理、再转移”的错误理念，社会主义生态文明是“尊重自然、顺应自然、保护自然”的理念。在全球化、城市化和工业化的背景下，中国既没有“污染环境、治理环境和转移污染”的资本与空间，也没有这样的主观意愿。中国更加有条件和责任遵循“绿色发展、循环发展和低碳发展”的可持续发展观。

从生态文明出发，建设美丽中国，意味着中国将不再继续走粗放式的经济增长老路。粗放式增长的结果必然是高投入、高排放和高退化，同步体现为资源利用低效、环境保护无力、公众健康日下、社会福利受损。社会主义生态文明建设要求“坚持节约资源和保护环境的基本国策，坚持节约优先、保护优先、自然恢复为主的方针”，其实质在于实现经济的集约化高质增长，以及实现生态环境的更好保护和能源资源的更高效利用。

从生态文明出发，建设美丽中国，意味着中国有必要改变唯“增长速度”和唯“政绩”的发展目标。节约资源和保护环境会在一定程度上和一定时期内降低经济的增长速度，这看似不利于地方经济发展，有损“政绩”，但研究表明，由此产生的更高质量的生态环境会在长期给公众带来更强的幸福感和满意度，实现社会经济的长治久安。社会主义生态文明建设的终极目标是“扭转生态环境恶化趋势，为人民创造良好生产生活环境，为全球生态安全做出贡献”。在新的发展阶段里，“生态”代表着健康与美好，“美丽”则寓意为更加全面而平衡的发展。

保护生态环境，建设美丽中国，一是要优化资源与环境的配置。无论是作为资源的土地、水、能源及矿产等，还是作为环境的生态、排放等，都必须做到物尽其用，要在科学研究和规划的基础上，本着集约的原则，严格保护那些必须加以保护的资源和环境，充分利用那些可供利用和开发的资源与环境，进一步提高各种资源利用与环境保护的经济性与生产效率。只有这样，才能在经济增长的同时为建设“美丽中国”争取足够的空间。

保护生态环境，建设美丽中国，二是要建立和健全各种资源配置方式。一方面，节约资源和保护环境的法律制度要更加强硬，坚决打击破坏生态环境、浪费能源资源的行为，完善企业与个人的节约资源和保护环境的制度框架；另一方面，以更加灵活和富有弹性的市场机制来有效推进全社会节能减排，在资源开发和生态环境的承载范围内，通过市场机制激励社会主体更加积极而主动地开展资源节约和环境保护。

保护生态环境，建设美丽中国，三是要兼顾资源环境利用的效率性与公平性。纠正资源环境的扭曲配置，提高资源环境的利用效率，这是国策、是大局。但生态环境与自然资源条件在各地存在各种差异，我们既要做到服从节约资源和保护环境的基本国策和大局，也有必要兼顾不同地区在生态环境与资源上的发展权力和利益诉求，通过生态的补偿机制，实现地区间资源利用与环境保护上的有机平衡。尤其是先发展地区，有必要从全局出发，对后发展地区的资源和环境进行合理补偿，唯有如此，才有可能在所有地区成功建设社会主义生态文明，实现共同“美丽”。

当然，在现阶段保护生态环境和建设美丽中国的过程中，仍有必要将生态文明贯穿于经济建设的发展道路。资源节约和环境保护的基本国策既为经济增长套上了一道紧箍咒，让它在资源环境的利用上有所顾虑，也是为了从根本上增强经济在增长中长期的安全性和稳定性。生态文明对经济增长是一种约束，却是抵御风险，让经济得以科学发展的有力保障。就此而言，生态文明的建设从来都不会，也没有必要完全脱离经济增长的需要。“美丽中国”象征的是更加健康、更加全面、更加科学以及更具包容性的经济增长之道。建设“美丽中国”必将为我们成就一个更加富裕、更加幸福的小康社会。

## “美丽”价值几何

“美丽中国”这个概念在很大程度上提升了中国在推进生态文明建设上的高度和力度，人们有理由对未来的生态环境产生更高的预期，从而使“美丽中国”概念对未来的社会经济发展形成资源环境上的更大约束。包括城镇化在内的诸多发展战略都将站在新的生态文明建设平台之上，走出一条绿色、低碳的发展道路，这是未来中长期里中国领导人所面临的巨大挑战。在这样的巨大挑战面前，只有掌握“美丽中国”背后的真正发展规律，寻求克服生态环境挑战的理论与实践，才能够避免重蹈覆辙（苏联解体的原因之一便是生态环境恶化）。

为何要在现在这个时机提出建设“美丽中国”的理念呢？这离不开“美丽”的价值或其经济意义。

“美丽”在这里指的是生态环境质量的改善，更直接的解释是天更蓝、水更清、鸟语花香的自然环境。一般而言，美丽价值可以分为两部分：一部分是实用性价值，另一部分是享受性价值，譬如空气用来呼吸是实用性价值，而清新的空气可以令人心旷神怡，由感官的用处变为精神上的享受，这便是享受性的价值。实用性价值与健康有关，因此，其测度很大程度上是与人们的健康成本相关，也就是说，当健康质量因为空气污染而下降时，便可以通过计算疾病的治疗或康复成本来体现空气污染造成的损失，这一点是客观的，但在不同社会、不同发展阶段会有所不同。享受性价值则与主观判断有更大的关联，尽管烟雾弥漫的空气让人抑郁，令人生厌，但很难衡量所造成的损失程度，不同收入、不同教育、不同职业、不同地区甚至不同性别的人对此看法都会有所不同，诗人可能还会觉得这是美景，因此完全因人而异。幸运的是，经济学家勉强找到了一个办法来测度这个价值，那就是（支付或补偿）意愿调查法，即通过一定的调查技巧来克服人们在行为选择过程中产生的各种外部性，披露每个人对环境的偏好，然后汇总形成社会的总偏好或价值。两种价值相比较，实用性价值令人信服，享受性价值则显得有点抽象，但就重要程度而言，两者相当。在很多情况下，两种价值无法截然分开，人们往往将两者混在一起来评判环境的价值。譬如，PM2.5 指标的价值，既可以按照理论上的生命价值评估方法来进行测度由此带来的各种损失（或收益），也可以通过人们的心理承受能力来估算其对城市或区域发展的重要性（或货币价值）。

其一，当我们的社会经济在支付巨大的因环境污染产生的医疗卫生成本时，当我们在觉得环境糟糕而不够幸福甚至沮丧时，当我们在被国际社会指责破坏生态环境而承受巨大压力时，所有的这些损失都来自生态环境破坏后的“不美丽”，但同样也意味着，我们可以通过建设“美丽”来止损。

其二，“美丽”既然是有价值的，可以为我们带来收益，那追求“美丽”就不可避免地要支付成本，制度的建设、体制的改变、物质的投入、人工等，这些都意味着各种有形和无形成本的支付，如果这个过程中又产生新的污染，那么还要加入其他生态环境破坏的社会成本。美丽成本的最小化实际上也正是其价值最大化的基础。如何才能让全社会的“美丽”成本最小呢？无他，只有从根本上让人回归“理性”，尤其是在关涉资源环境消耗的生产和生活等活动中，要让行为主体从内到外自觉自愿地追求“美丽”，只有这样，才能在新的区域发展中实现美丽，同时可以改造旧的发展区域。一方面，所谓的“理性”就是信息的更加充分和全面，要让人知道何为“不美丽”及其毁灭性后果，也就是强化教育，从先天上教育大家保护环境，节约资源；另一方面，仍有必要消除“无形之手”和“有形之手”的两种失灵，以更科学的制度设计来杜绝后天的各种“不美丽”现象。

## 美丽中国的政治经济学视角

自党的十八大首次提出美丽中国的概念后，各地或将随之提出美丽城市、美丽城区、美丽社区乃至美丽校园等概念，从而在全国范围内由官方推动，形成新一轮的环境保护主义运动。这体现了中国从城市到乡村，从东部到西部，从社会精英到普通公众，对自身生存环境前景的一种忧患意识。在高度全球化和信息化的后现代社会，中国和西方发达国家的社会与环境境况通透得犹如一面镜子，仍处于发展中的社会希望寻求更加富裕的生活方式，但同时又无法再走之前的致富道路，因为他们已经完全明白“简单粗暴”致富的结果是破坏自身的环境，这便是当代中国走向发达之路的痛苦。简单地说，我们羡慕欧美的工业化成果，既富裕又“美丽”，但无法去走他们曾经走过的工业化道路，须知正是工业化时期的财富积累才为后来的“美丽”建设奠定了基础。这个过程发达国家长的走了200多年，短的也至少有100年，而我们至今只有30多年，算上技术进步加快工业化进程的因素，要完成“美丽”建设所需的财富积累，最少也得50~60年的时间。也就是说，从现在开始计算，距离我们真正建成像欧美发达国家那样的“美丽中国”还要15~20年的时间。问题在于，在社会经济政治矛盾重重的中国，如何才能兼顾各种社会经济政治改革目标而同步推进“美丽”环境建设呢？按照十八大报告的表述，即如何将生态文明建设融入社会、经济、政治和文化建设中来建设美丽中国？要解决这个问题，有必要从政治经济学的综合视角来审视美丽中国的过程。

其一，如上所述的全体中国人在生态环境问题上的焦虑其实来自两个方面：一则经济增长的确带来了工业污染，造成了环境退化，威胁安全与健康，这是中国本轮环境保护主义运动的直接导火索，环境退化会损害经济发展的绩效，并对其他部门的发展造成冲击；二则，当前环境问题可以引发更大范围内环境保护思潮和运动的间接因素是，那些受工业污染威胁较轻或还未受到致命污染影响的地区和人群，从世界其他地区的环境保护成效中产生了有鲜明对比的疑问，那就是，为何中国要为发展经济牺牲环境，而发达国家现在却可以坐享其成？对此，部分国民的应对之策是逃离（移民），但更多人却无法逃避，只能奋起。如果仅从经济学的角度来看，环境库兹涅茨曲线告诉我们，是收入水平和经济结构的变化促使我们更加重视生态环境问题，但在新的全球化背景下，较低的收入水平和初级的经济结构在较高的环境意识下也可以推动社会环保运动的进展，这是当前中国建设“美丽”的特别之处。

其二，从传统经济学来看，建设“美丽中国”的代价必然是延缓经济增长，因为在要素的分配上，用于环境保护的资本等要素与其他产业部门的资本要素之间具有替代性，环境保护会对其他产业部门的投资和产出形成挤出效应。这是纯经济学的视角，如果我们将公众对环境保护或“美丽中国”的极大需求愿望考虑进去，实际上的保护环境的成本效益便会由于非市场因素的加入而发生改变。如果说环境污染的最大问题在于它有很大的外部成本的话，那么环境改善的最大好处也恰恰在于它有很大的外部收益，包括降低社会焦虑感、缓解矛盾和对立、提高幸福感和认同度等，这些因素也都是一个社会得以发展和进步的重要组成部分。而环境的改善在当前阶段恰恰可以发挥这样一个临界作用，使社会重拾凝聚力和信心，重新建立信任，重新进入良性的循环发展。这一政治经济上的收益才是建立“美丽中国”的应有之义。当然，在需求创造供给的理论指导下，也未必不能从中走出一条环境保护与产业发展相得益彰的新模式，这也是建设“美丽中国”的特点。

其三，要探究“美丽中国”的受益者，并从中找到其背后的推动力，也许从表象上看，富有和特权阶层可以借助其优势通过各种途径享受国外的美丽环境，而中下阶层则只能享受本土的美丽建设，是“美丽中国”的主要受益者和推动者，但随着中国中上富有阶层对西方社会经济的入侵，发达国家已经逐渐感受到某种压力，在未来极有可能变得更具排斥性。而从经济学的角度来看，虽然环境资源并非贸易品，但在发达的交通运输条件下，发展中国家富人的越境消费实际上在转移发达国家的环境资源，从而平衡不同国家和地区的环境资源和“美丽程度”。在此情况下，建设“美丽中国”实际上也是在为全球的统一市场服务，富人和穷人作为共同体，都在直接或间接地推动着国内的环境保护。当然，从自觉的程度上看，富人是用“脚”来推动，而穷人则是用自身的双手来推动。

世界会因为中国的美丽而更加美丽，也会因为中国的丑陋而更加丑陋，因为，我们生活在一个高度全球化的时代里。

## “美丽美国”是怎样建设的

放在全球化的进程及世界发展的视野中看，中国提出建设“美丽中国”的目标并非偶然，也绝非首创，世界各国各地都一直有追求“美丽”的诉求，只不过现在这个诉求正式地降临在中国。尽管“美丽”的范围只限于国境，但在全球化强大的传播能力和思维影响下，不能说“美丽中国”的诉求完全是自身派生出来的，内外部环境的变化和对比是催生“美丽中国”理念的重要因素之一。其中，最关键之处在于，在其他条件不变的情况下，行为主体因为有了新的更高、更好的参照物而提高了自身对“美丽”的需求意愿，也就是行为心理经济学中的“标杆效应”，意思是根据行为主体所设置标杆的不同，即便收入水平不变，它的福利倾向也会发生相应的改变，原先重要的东西现在不一定重要了；反之，原先不重要的东西现在可能会变得更加重要。如果忽略了这一点，就很难真正理解中国社会内部产生的对建设“美丽中国”的迫切需要。因此，在有了外部比较后，“美丽中国”的推动力就可以分为两种：一是基于可持续发展需要的基本生态环境保护（必需品）；二是基于比对结果进行心理调整后产生的生态环境保护的额外需求（奢侈品）。在一定程度上，在一个注重议题设置能力的社会中，生态环境保护的第二种需求在推动美丽中国建设上所发挥的作用是不容小觑的。

那么，中国的公众在生态环境质量上可以参照哪些国家呢？答案很简单，就是那些已经走过或完成“建设美丽”过程的国家，譬如美国。从表面上看，美国走的是一条高能耗、高消费的发展模式，但实际上，在工业化后面临生态环境退化困境的情况下，美国在20世纪60年代便在环保主义运动的推动下走上了建设“美丽美国”的进程。当然，不能说美国现在就是完全“美丽”了，但客观地说，仅就某一些局部的、地区性的环境质量而言已有很大改善。在美国，无论是城市还是乡村，无论是河流还是森林，都有各自的美丽之处，虽仍有一些“美丽死角”，但已经不多，这也使得很多国人在感官上产生了强烈对比。那么，美国是如何建设“美丽美国”的呢？

其一，“美丽美国”的建设可以追溯至20世纪60年代美国的环保主义运动，当时的美国社会已经深受工业化污染之害，生态环境退化危及公众的安全与健康，社会从民间层面上开始对种种的“不美丽”进行反思，如《寂静的春天》一书中虽然只是描绘了生态环境退化的其中一种形式，却得到了美国社会公众的积极响应，为何经济发展了，美国却变得“不美丽”了？由此，本处于萌芽之中的抵制工业品、反对环境污染、加强环境保护的思潮和行动在瞬间被激发，学界、政界、商界都加入了环保行动，生态环境保护的各项措施也逐渐由民众自发的抵制，转为政府的强制性政策，再转为国会的立法法案，短短几年后，时任总统尼克松便着手成立了新的部门——环境保护署，专门负责生态环境的保护，其目标就是建设“美丽美国”。

其二，在20世纪70年代初，美国很多地方爆发了垃圾危机，由于城市的发展，工业化生产和生活方式产生了无数的垃圾，而垃圾的处理一方面需要土地、空间等成本；另一方面还关涉技术，尤其是垃圾分类的技术。因此短期内各地区垃圾成山，从而将处理垃圾的价格推至天价，短短几年飙升数倍乃至十数倍，社会公众对此意见极大，社会和政府终于意识到通过垃圾分类及回收来减少垃圾总量的必要性。从70年代中期开始，美国从联邦到州政府都陆续开始推动垃圾回收的进程，制定各种规章制度，其中包括对垃圾排放主体（公司和家庭）在回收种类和比例上的强制性政策和惩罚措施，并且随着时间的推移，垃圾回收的标准和比例逐步严格，持续至今。后来证明，这些强制性政策和惩罚措施取得了明显的效果：一方面，通过回收很好地遏制了垃圾量的快速上升；另一方面，在很大程度上刺激了垃圾分类技术和回收技术的进步。所以到目前为止，美国不仅不存在垃圾产生的环境问题，而且公众也逐渐养成了垃圾分类和回收的良好习惯，再加上先进的垃圾处理技术，生态环境的美化和改观自然就顺理成章了。

美国“建设美丽”的经验告诉我们，美丽环境的建设不仅需要政府自上而下的主导，民间和市场自发的推动力量也不可或缺，包括严格执行国家制定的各项环境政策和法规，同时以市场和税费的方式加以调节，将政府与市场的一切措施都进行制度化，形成“美丽规则”，这才是实现美丽生态环境的关键所在。

## 建设美丽中国勿陷入“美丽误区”

据报道，有关权威机构日前发布了《淮河流域水环境与消化道肿瘤死亡图集》，其中值得注意的是，淮河流域某地的水源已经达到国家四类水的用水标准，属于“主要适用于一般工业用水区及人体非直接接触的娱乐用水区”，基本符合了“无臭无味”的要求，但仍然因为水体中的“持久性化学物污染、重金属超标”，而严重威胁到当地居民的身体健康，并直接导致鱼类畸形生长。此外，据上海有关媒体报道，“在蓝天白云的条件下，上海本地午后依然出现‘臭氧浓度多次超标’”，而这种臭氧属于“二次生成的污染物”，据大气专家介绍，“植物释放的异戊二烯和单一芬多精两种有机化学成分与机动车排放的尾气污染物中的氮氧化物相结合，便可以生成臭氧”，因此，“当一个区域内机动车尾气排放较多而绿化程度较好的时候，就有一定概率产生大量的臭氧”，而“超标臭氧是哮喘多发的重要原因”。以上两个案例告诉我们，改善生态环境质量，保护公众健康安全，并不等于简单的“达标”。在建设“美丽中国”的过程中，千万不要将“美丽”简单化，继而陷入各种“美丽误区”。

党的十八大提出建设“美丽中国”的设想与愿景，标志着我国生态环境保护工作进入了一个新的阶段，即从之前的“主要污染物减排”以维持生态环境“不恶化”为主导，向未来“修补并提升生态环境质量”的方向过渡。与之前生态环境质量不断下滑有所不同的是，在未来，经过治理，我们的生态环境质量将逐渐变好，不仅要在“数量”上减少污染排放，而且更要在“美丽”上下功夫，让生态环境逐渐变得“赏心悦目”。建设“美丽中国”对我国的生态环境保护提出了较高的要求，不仅要让公众免除健康及安全之忧，还要让公众从中获得一定审美上的消费和享受，以实现全面提升社会福利的目标。

在理论上而言，面对环境污染的挑战，实现生态环境的“内外兼修”，建设“美丽中国”，最大的难点是“内”，而不是“外”，而其实现的顺序也应该是“先内后外”。但在实际工作中出现了各种将上述生态环境保护“内外”目标相混淆，甚至本末倒置，及陷入“美丽误区”的现象。总体而言，这样的误区有如下几种表现。

其一，以“形式的外在美”替代“质量的内在美”。在对“美丽”的理解中，生态环境质量显然是其中的焦点，但这并不等于只要消除那些肉眼可见、鼻子可闻、耳朵可听的“污染”就可以了，正如上述有关淮河污染的报道所述，“经过多年的治理，淮河上游那些‘会说脏话的排污口’已经很难找到了。现在这里的水已达到四类水质的标准，你看不到污染，也闻不到怪味儿”，从外观上看，较之以前，这样的用水可以说是越来越“美丽”了；但从其成分来看，还远远没有达到健康和安全所需的基本要求。这样的案例还有很多。譬如，空气污染中，随着公众环保意识的提高，肉眼可见的污染物已经越来越少，但这并不代表空气质量就越来越好；相反，各种肉眼看不见的细微颗粒物也加入了污染大军，影响空气质量。

其二，以“标准的孤立美”替代“生态的系统美”。生态环境各部门之间有高度的系统性，但人们基于工业化发展背景下对生态环境的有限认知，在保护生态环境的过程中，常常将生态环境割裂开来进行治理，为生态环境的各种子环境建立标准体系，比如用水的、大气的、土壤的，而且各种标准间缺少交互性，大都相互孤立、各自为政。结果，在符合标准的情况下，就某个子生态环境而言，的确已经实现了环境质量的改善，但就整个生态系统而言，各种标准建设在其环境影响上仍存在很大的不确定性，标准与标准之间很可能会相互抵消甚至抵触，最后危及整个生态系统。上述植物释放的有机化学成分与汽车尾气中氮氧化物结合生成新污染物的案例就说明，只在某部门内部建立标准来保护生态环境，对实现整体的“美丽”而言是远远不够的。

其三，以“加工的后天美”替代“自然的先天美”。在生态环境退化、变得越加“丑陋”的背景下，为了重新实现“美丽”，人们利用各种科技手段来进行后天的加工，譬如通过各种景观工程、灯光工程来美化城市，这种做法的出发点固然是好的，但整个城市所呈现的只是有明显雕琢痕迹的“加工美”，已越来越远离生态环境本身所具有的“自然美”。更严重的是，在后天加工的过程中，不可避免地又会产生新的污染，加重了生态环境的总体负担，结果是城市变得“美丽”了，但生态环境的整体质量却下降了。

总之，在建设“美丽中国”的进程中，我们应秉着回归“美丽”而不是消费“美丽”的态度，来推进生态文明建设，最终建成既“美丽”，又健康与安全的人居环境。

## “美丽主义”与中国新型城镇化

所谓“美丽主义”，简言之，就是在工业化和城市化的同时，实现天蓝、水清、空气清新，以及鸟语花香的人与自然和谐相处和发展的图景。从20世纪六七十年代开始，在全球范围内掀起的轰轰烈烈的环保主义运动，其实质便是回归“美丽”，倡导旨在实现人与自然和谐相处、相互尊重的“美丽主义”。

受全球化进程的影响，“美丽主义”已经具有明显的世界性特征，一个国家及社会的“美丽”程度与其长治久安不无关联，而“美丽中国”的提出，也表明我国已把生态文明建设摆在了总体布局的高度，这也是中国新型城镇化的应有之义。体现为人与自然和谐相处和发展的“美丽中国”建设，不仅关涉新型城镇化的质量与健康，更是关涉中国的可持续发展及长期竞争力，而新型城镇化过程回应和满足内生于当下社会的“美丽主义”诉求已属万分紧迫。

首先，随着工业化生产和生活方式的进一步深入，环境污染进一步扩散与加剧，中国国内可利用的环境红利已经越来越少，并在加速衰减，环境承载能力的下滑还使得环境污染及事件进入爆发期，阻断并扭转这一趋势已是当务之急。

其次，环境知识及信息在全世界更加普及和通透，环境质量成为社会幸福感和满意度以及凝聚力的重要来源，这是中国新型城镇化过程无法回避的基本事实和民意基础。

最后，“环境保护”作为一种在主客观上都具有普遍价值和意义的理念继续在全球发酵，一轮新的环境保护主义运动的焦点就是中国、印度等发展中国家。改善自身所处环境的迫切需要已使得“美丽主义”内生为新型城镇化的重要诉求。

## “美丽主义”的战略支撑

在以上背景下，唯有形成新的发展观，从根本上调整发展战略，通过体现为“美化、优化和绿化”的“美丽主义”战略，来同步推进新型城镇化过程中的发展和环境两大主题，才能实现长治久安。

“美化”：“美丽主义”发展观。自工业革命以来，有关社会经济发展的理论和指导思想大致沿着从“重要素”到“重效率”再到“重制度”（或结构）的路径演变。而由此呈现的发展观具有两大特征：一是主要服务于西方发达国家自身的发展，二是资源环境上的约束性相对有限，其中前者又决定了后者。这样的发展观意味着，先前的这些发展理论与理念一旦应用到全球范围或发展中国家和地区，资源环境就会面临更大的约束性，即资源环境容量将无力承载更大范围和更高水平的发展。为此，着眼于解决当前全球共同发展的理论应继续演进，那就是“重美丽”，“重美丽”的实质在于将发展的重点由物质增长转变为物质与环境的平衡增长，尤其是提高社会经济发展成果在主客观上的统一性，让物质增长最终落实到人们的体验和观感上，“重美主义”或“美丽主义”有必要成为新型城镇化的一个重要战略指导思想。

“优化”：优化资源配置。根据公众的环境价值和利益取向变化来调整资源配置方法，实现资源的最优化利用。作为总消费的构成，各种环境质量对个体而言都是有价值的，在不同的发展阶段，人们会对环境价值的重要性做出相应的评估，发展水平较低时，环境价值的估值及其消费占比较低；发展水平较高时，环境价值的估值及其消费占比也会比较高。“美丽主义”下的新型城镇化战略，必须正视环境质量在微观上的这一价值性特征，并在此基础上利用价格杠杆和市场机制提高资源对环境保护的投入程度，优先解决各种与环境质量有直接和间接关联的生计和民生部门，包括影响空气、水、土壤等环境构成的各种工业、能源、交通及建筑等领域。

“绿化”：形成绿色竞争力。倡导“美丽主义”发展观和转变资源配置导向的终极目标是通过城镇的“绿化”发展来提升竞争力，最后催生绿色竞争力。在人类发展史上，竞争力的比拼曾经体现为“金银”和“货币”的财富多寡，也曾体现为“技术”和“制度”的能力高低。而今，在资源环境的极大约束下，最具竞争力的国家不一定需要占有最多资源，而是采取最集约的发展方式。国家发展如此，新型城镇化过程也一样。绿色竞争力在新型城镇化过程的重点是充分整合多元的经济和金融工具，提高资源环境生产效率。

## “美丽主义”的政策要点

“美丽主义”发展观具体落实到新型城镇化过程有三大政策要点：一是战略要点：承认环境价值客观性及正确判断其背后的社会经济结构和利益演变；二是制度要点：全民参与，完善治理结构和顶层设计；三是实体要点：合理安排城镇能源与交通发展，以及推进绿色金融创新。

在“美丽主义”与城镇化结合的具体政策上可以分为五个方面。一是“以外促内”，以非城镇地区的“美丽建设”为新型城镇化创造有利条件，包括释放更多的空间、节约资源、保护环境、平衡生态、美化自然等，都可以在根本上有效地提升城镇赖以生存的生产力源泉。二是“分合有序”，通过“分布式”的能源供应与“集中式”的公共交通来降低城市的能源与交通负荷，以应对新型城镇化过程中的资源环境挑战。三是“细节治理”，新型城镇化要让环境治理真正落地，有必要深入分析并解决“最后一公里”的各种瓶颈问题。四是“金融助力”，必须提高对金融工具的驾驭能力，尤其有必要推进微小型的绿色金融创新，让更多的金融经济资源服务于城镇的“美丽主义”建设。五是“宣教护航”，加强新型城镇化过程中有关“美丽主义”的宣传教育，重新树立对自然和资源环境的尊重，是赢得“美丽”发展成功的重要保障。

## 以“美丽制度”来建设“美丽中国”

党的十八大报告承前启后，在新的概念、新的提法以及新的精神理念上指导未来10年乃至更长时期里国家社会经济的发展政策和方向。尽管表面上看起来，报告中的用词似乎都是一些政治上完全正确的话语，但在特定的语境下，再结合中国特有的“做加法”的政治文化，仍可从中觅得有关未来中国发展方向的玄机。

受环境保护与经济增长双重挑战的影响，全球化的最新体现是依托高科技的绿色发展浪潮向绿色转型，这已成为世界各国的普遍共识，为此，党的十八大也将事关绿色发展和转型的生态文明建设提到了前所未有的高度并写入党章，成为未来社会经济发展的行动指南与纲领中的重要内容。那么，在当前的发展阶段里，提出“建设美丽中国”这样一个概念有什么特殊含义呢？

### “美丽”是发展的长远目标，“健康与安全”是发展底线

仅就概念本身而言，建设“美丽中国”凸显的是中国在历经30多年经济高速

增长之后面临着极为严峻的资源环境挑战，改变环境污染和大规模利用资源所造成的种种“丑陋”发展现象，是建设“美丽中国”的重要出发点。各种形式的环境污染固然是导致“不美丽”的直接原因，但这些环境污染却是资源的高强度开发和利用造成的，尤其是在经济高速增长的需求推动下，以能源资源利用为主要内容的资源开发与利用不仅极大地破坏了自然环境，而且其利用和排放过程更污染了人居环境，使城市和乡村受到致命的威胁。因而，“美丽中国”虽然寓意建设天蓝水净、天人合一的自然与人居环境，但如此高标准下的真实用意是向社会传送一个信号，即节约资源与环境保护是中国中长期的发展目标。这意味着，短期内即便做不到尽善尽美的“美丽”，起码也要保证最低标准的健康和安全。党的十八大报告提出“建设”而不是“建成”美丽中国，说明要完全实现这个目标起码还有 10~15 年的过程，这样的过程对当前中国而言，需要的是在最短的时期内开始资源环境领域的全面改革与调整。就理论而言，中央政府应该已经在做这方面的政策准备了。

### 全球的绿色发展和转型进入新阶段，推动“后全球化”时代的到来

与我国提出建设“美丽中国”相呼应的是，当年美国总统奥巴马的竞选纲领就是以“绿色”为主要特征之一。在此之前，欧盟和日本等主要发达国家早已提出并实行了“绿色发展”的战略及政策，如果中美两国都加入这个行列，就意味着全球的绿色发展和转型进入了新的阶段。无论是在总量上还是在机制上，绿色发展都已经逐渐渗透进社会经济政治发展的各个领域，绿色的生活生产方式、绿色的政治参与、绿色的社会动员以及绿色的文化文明都从无到有、从少到多，以各种形式不断壮大，这在“后全球化”的时代里，有可能形成全新的生产力和生产关系。如果说之前的“全球化”是以资本和劳动力等要素在国际加速流动为主要特征，并在全球形成“污染高地”的话，那么“后全球化”时代则有可能与此截然相反：在“绿色要素”影响下，特别是在“绿色民主意识”觉醒的情况下，

世界各国都会高度重视资源环境保护，资本和劳动力等要素的国际流动可能会逐渐变缓。在“后全球化”时代里，信息、知识和技术将在全球继续实现共享和流动，但包含资源和环境因素的物质却会出现逆向流动，即各国在追求绿色发展和转型的过程中，或许会锁定和降低其国内现有资源和环境的国际流动性。譬如，在新的发展阶段里，中美等国都倡导“能源自主”下的能源资源安全，其实质便是强调本土资源和环境要素的内部利用和收缩性利用。而未来随着世界资源和环境问题的进一步加剧，这一趋势还将不断固化。就此而言，绿色发展和转型在社会经济政治的实际发展上有“民族化”“国别化”的保守倾向，这与传统思维中的国际化和全球化理念存在一定的区别。

### 中国的社会经济发展面临来自内部和外部的多重压力，市场化改革将成为重要依靠

可以预见，在未来的10年里，中国的社会经济发展将面临诸多领域的挑战，所有这些领域中展现出来的最大矛盾在于，随着政府主导型的社会经济发展趋于饱和的态势逐渐显现，政府主导作为调节和配置资源的方式，其边际效益将达到峰值然后逐步下滑。面对社会经济矛盾层级和规模的加剧，政府之手将越来越难以发挥作用，在此情况下，受自身组织和交易成本不断高企的拖累，政府将不得不放手，转而更多地依赖市场这另一个资源配置和调节的方式。市场作为一种制度，出于它对资源的优化配置和调节作用，将可能出现“供不应求”的趋势。具体体现为，包括资源环境保护的诸多领域都将开始热议“市场化改革”，尽管这在理论上属于政府职能范围，但出于对提高效率的需要，这些领域仍期望通过引入市场机制来应付不断加深的矛盾。在此，市场化改革并不意味着政府将放弃其监督和管理的职能，只是，在制度上通过政府的干预，使该硬的领域更加强硬，比如防治污染，但在该软的领域则可以通过市场使其更加具有弹性和灵活性，比如资源的优化利用。提高市场化应是我们着眼于未来10年，统一解决包括绿色

发展等各种复杂问题的原则和方向。

我们期待十八大之后，能够在生态文明发展制度，或者“美丽制度”的推进上取得成就，具体而言，就是科学地整合“政府”与“市场”两种手段，让它们发挥各自应该发挥的作用。

## 善用市场建设美丽中国

“美丽中国”是全体国民的共同梦想，我们可以想象出“美丽中国”下“天蓝、水净、山青”的各种美好景象，可以从中汲取正能量，提升信心。但面对发展过程中的诸多高危环境问题，譬如雾霾、地下水和土壤污染、生态失衡等，我们不仅无法设计出一条行之有效的政策路线，更缺乏总体上的指导思想和战略。目前只能做到技术层面上的“污染治理”，这在环境问题不断深化的今天，显然已无法从根本上满足国民对建设“美丽中国”的迫切需要。

就环境领域中各种亟待解决的问题而言，建设“美丽中国”已经不亚于一场革命。如果说30多年前我们通过经济领域的转型走上了国家复兴之路，那么当下的这场“美丽”革命则源自环境与经济的交叉领域。抑或在环境价值被长期有意和无意地低估，从而造成环境问题之后，我们有必要重新估价，尤其是革命性地调整环境部门与其他部门间的比价关系，这是与注重经济领域变革的上一轮转型之间的最大不同之处。而它们之间的相似之处则在于，“市场”都将是获得成功的关键所在。要建设“美丽中国”，完善“市场”是必由之路。

30多年前，“市场”作为重要的制度要素被引入经济体系，从而撕开了计划经济严密控制下的一道口子。时至今日，“市场”已经渗透整个经济体，各经济主体也都对“市场”及其运行机制不再陌生。但基于传统的“外部性”理论认知，环境部门被长期刻意地排除在“市场”之外，受到严格的“计划性”管理和管制。其中既包括规划和设定环境部门的利用需求，以各种污染物的排放总量为主，也包括管理环境部门的保护供给，主要以治理投入、治理标准等为代表。但如同历史上经历的其他“计划”体制一样，环境部门的管理计划并没有很好地克服所谓的“外部性”。事实上，无论是环境服务的供给还是需求，其实际发展程度都严重脱离了设想中的“计划”，从而造成极大的资源浪费和低效利用。

计划性管制的结果是，包含在各种产品内的环境服务价格越来越偏离其本身的价值，被严重低估。从社会经济体系的角度来看，环境部门与非环境部门之间形成了极强的“二元”结构。长期以来，非环境部门正是从环境服务被低估的定价中获益而发展，这样的“剪刀差”定价体系无疑可以在某个特定的时间和空间内使社会经济受益，并由此进一步对发展本身形成锁定效应。因而，如果说最初阶段的环境问题仅源于我们对各种“外部性”和“市场失灵”的无知，那么到后期，尤其是在具备了更加强有力的科技手段和更加娴熟的制度掌控能力后，环境问题的根源已经演变为市场的“被失灵”。换言之，此时，我们已经充分熟知“市场”及其机制，却将它在环境部门“选择性地失灵”。就此而言，如何从理念上纠正市场“选择性地失灵”，以及如何利用好“市场”来扭转“二元结构”，实属解决环境问题、建设“美丽中国”的重中之重。

其一，市场对建设“美丽中国”的意义在于，我们或许可以通过短期行政努力控制“雾霾”的部分源头，甚至“雾霾”本身，却无法真正根治“雾霾”，以及根治与“雾霾”有诸多关联的其他环境问题，同时也无法以计划性的思维来按部就班地解决环境与发展的可持续发展问题，并实现“美丽中国”。究其原因，“美丽中国”本身有高度的复杂性，这是一个系统的社会工程，需要在最大范围内进行资源的总动员，而不能偏废任何一个部门、任何一个群体以及任何一个地区。实践证明，除了市场，没有任何一种制度安排可以高效地进行这样的动员，并足以应对其中的巨大挑战。

其二，市场对建设“美丽中国”的意义还在于，承认市场主体在环境部门中的利益诉求及相应的经济理性，避免环境保护被过度地“外部化”。在新的科技和发展背景下，除了少数的领域之外，资源利用及环境服务基本等同于私人产品，其能否得以最优配置取决于市场规律。以“雾霾”为例，看似属于典型的“公共的悲剧”，生产者和消费者都陷入了所谓的“零和”乃至“负和”博弈困境中，但事实上，我们都清楚污染物排放的害处以及来自何方，我们也知道谁是排放的受益者，谁是排放的受害者。所以，“外部性”并非“雾霾围城”的根本原因，其根源在于污染排放的错误定价，以及在此引导下的资源错置。因此，重置环境要素与其他要素间的比价关系将是建设“美丽中国”的必由之路。

其三，利用市场来建设“美丽中国”不能仅止于价格机制，法治是市场的另一个重要组成，具体到建设“美丽中国”，市场法治的最重要内容是“确权”，即明确市场主体在环境服务上的各种应用权利，在此基础上，市场各方才能具备较为对等的博弈能力，并形成合理的治理结构和共享机制，夯实价格优化配置环境资源的制度基石。

总之，在推进城镇化的同时建设“美丽中国”，不能让市场被“选择性地失灵”，更加不能脱离市场，唯有善用市场才是根本出路。

# 改革：环境保护、价值回归与制度设计

# 新一轮环保改革初探

本届政府在环境保护工作上所面临的最大挑战：在生态文明建设体制改革逐步展开并推进的过程中，如何最大限度地挖掘现有体制和效率潜力，完成环境保护的各项既定目标，向人民交出满意的答卷。

## 中央深化改革领导小组合并“经济”与“生态”意在攻坚

2014年1月22日，中央深化改革领导小组正式亮相，相关的主要组织架构也相继揭晓，即在中央深化改革领导小组下设六个改革专项小组，其中最大的一个亮点是将“经济”与“生态”合并，正式成立了“经济体制改革与生态体制改革小组”。尽管该小组的具体人员安排和相关工作机制尚未揭晓，但就“经济建设”与“生态文明建设”并组这一重大举措而言，便是一个大力推进和深化改革的信号。这其中最关键的是，“经济建设”与“生态文明”将不再互相孤立，而是融为有机的一体，这样的并组举措充分地说明了中央对如何协调“经济”与“生态”之间的关系，已经有了长远、深入的考虑。

首先，将“经济”与“生态”并组，是将在发展过程中具有不同特征、处于不同位置的部门进行一体化的表现。

从它们各自在发展过程中所处的位置看，“生态”处于发展过程中的上游环节，属于投入部门，而“经济”则处于发展过程中的下游环节，属于产出部门。一般而言，这两个部门的关系有较强的“二元”特征，即存在一定的相互对立性，即重视了其中一方的利益诉求，将在一定程度上忽略另一方。最简单的一个对比是，就物质消耗而言，经济部门的总体特征是做“加法”，增加物质产出的总量，不论增加的速度是快还是慢，都是实现更多的产值、更高的福利等，而生态部门的总体特征则是做“减法”，因为只有少消耗、少排放和少污染，才能带来蓝天白云。

上述特征对立的结果是，“经济”与“生态”两部门之间存在“外部性”效应。譬如，经济部门在经济增长的过程中会将物质消耗的影响加诸生态部门，造成生态环境的破坏和恶化；而生态部门如果过多地强调生态环境保护，就会大大提高经济增长的成本，影响社会福利的提高。因此，无论强调其中哪个部门的作用，都会造成一定的失衡。而“经济”与“生态”并组却可以有效地消除两部门在取向上的差异，也就是通过“一体化”来降低相互之间的外部性效应，实现“外部效应内部化”，让“经济”与“生态”形成共同的利益取向。

其次，将“经济”与“生态”并组有现实意义的好处。从当前生态环境保护的过程来看，其中最大的阻力来自经济。一方面，生态环境保护的过程面临发展思维定式上的阻力。在多年的发展过程中，经济增长已经形成了模式上的路径依赖，也就是粗放的经济增长方式，无论是在主观上还是在客观上，要在短时间内扭转经济粗放式增长模式都需要克服较大的困难。另一方面，在保护生态环境过程中，还将面临一些具体的利益冲突，在经济总量不变的情况下，保护生态环境和发展节能环保产业必将进行一些利益上的调整，甚至某些产业部门会被淘汰，而且这种调整的影响还会波及更多的利益主体，这些都势必造成一定的反弹，从而给生态环境保护带来阻力。

面对来自经济部门的阻力，最好的办法是在未来的改革中彻底改变经济部门的激励机制，融入生态环境保护的诉求，使得经济与生态成为共同体，唯一的可能出路在于，在总体的评估和考核指标体系中，相对地“弱化”经济部门。也就是说，无论是改变倚重经济增长的思维定式，还是克服利益上的阻力，都可以将“生态”作为经济部门的增量，通过增量上的改革，来带动和盘活原有的存量部分。所以，“经济”与“生态”并组的用意并不是要降低经济部门的地位，而是要提高“生态”部门的重要性，并通过“生态”部门的加入来抵消经济部门在思维和利益上的强势性。

“经济”与“生态”并组也存在风险。与当下舆论认为并组有利于生态部门的估计相反，在强势的“经济”面前，没有足够制度保障的“生态”可能会被弱化。具体的表现有，假如经济体制改革的目标与生态体制改革的目标出现了差异，那么究竟谁服从谁？譬如，经济规律与生态规律本身有所不同，假如经济力量在这个小组中占据了主导地位，那会不会在技术上出现以经济规律引导生态环境保护的可能？而一旦出现这样的情况，即便表面上仍然是在保护环境，但实际上已经偏离了生态环境保护的自身规律，最终使得政策效果大打折扣。当然，以生态的规律来主导经济发展，也有失偏颇。

最后，“经济”与“生态”并组，究竟应该如何平衡两者的关系？回到经济学的理论，即便在形式上消除了政府部门间在“环境”与“经济”上的二元性，但就实质的内容而言，环境与经济的二元性特征也未在结构上得到根本的消除，毕竟，两个部门要服务于不同的施政目标，有相异的福利效应，这在社会经济资源稀缺并且总量有限的条件下，如何在同一个深化改革专项小组内真正地协调好相互的关系仍是极大的挑战。

总体上，环境保护与经济发展的关系仍应纳入促进社会福利的总体评价中进行考量，即根据它们各自对最终社会总体福利的贡献来决定其地位，并最终在边际福利贡献相等的条件下予以动态平衡。

## 环境保护的改革设想

政府工作报告将有关2014年环境保护工作的问题专设了一小节，即第九节“努力建设生态文明的美好家园”，显得更亲民和更具有柔性，“美好家园”寓意的是以民生为本，而民生的实质则是务实，贴近百姓生活中与环境相关的方方面面。

报告内容也充分体现了这一点，该节的第一句话就是“生态文明建设关系人民生活,关乎民族未来”。这句话可以被视为本届政府对环境保护工作的基本定位，那就是先关涉具体的、落地的“民生生活”，然后再上升到“民族未来”的高度。接下来的三个段落，按照与民生关系的距离远近来逐个落实环境保护工作的各个议题，囊括了从“大气”“水”到“土壤”，从“重点城市”到“乡村”，从“减排”到“节能”，从“局地环境”到“生态系统”等方方面面的议题，所体现的正是涵盖“民生”关怀和“民族”情节的生态文明建设主导思路和框架。

从标题中还可以看出，政府工作报告已经将由党的报告提出并反复强调的“建设美丽中国”进行了具体的消化和吸收，并解构为“建设美好家园”，这是一个非常明显的转变，说明近期的环境保护工作已经从最初的思想动员阶段过渡到目前的具体行动阶段——该说的都说了，接下来就是行动了，而且是要有成效、有成果的行动。

事实上，报告中有关环境保护工作的内容，每句话都是一条非常具体的政策，其中一共用到了八个数字，都是有关节能减排领域的各方面工作，这其实就是向全社会公布八项考核指标，每个数字都代表着一种约束、一份责任，一年之后，环境保护工作究竟取得哪些进展，就可以比照这些数字，看看有没有完成。这样的做法无异于自我施压，只有处在有压力的状态下，环境保护才会有更高的效率。

另外，本次报告中有关环境保护的内容还有一点非常重要，那就是人们非常关心的“大环保部”改革的问题。在整个第九小节中，只字未提这个既关涉民生，又关涉民族的环保问题，只有一句话与此略有关联——“健全政府、企业、公众共同参与新机制”，但也与环保改革所需的顶层设计关系不大，更多的是侧重于“治理”这个层面。那么，回避环保领域的体制改革意味着什么呢？

最大的一种可能就是“按既定方针办”，即在不改变现有的“部委权限格局”下最大限度地推进环境保护工作，这意味着在短期内“大环保部”的预设基本已经不太可能落实。如果说在顶层设计上还将在部委层面有所推进的话，也只是取其次而行之，即提高环保部与其他部委间、与地方政府间的协同作战能力，然后在时机成熟时，适时推进大环保部改革。当然，从现有的分工格局来看，也有可能是体制改革的任务已经从部委层面上升到国家层面，也就是深化改革领导小组的层面。由此，也就能理解政府工作报告将环保工作重心完全下移到民生层面的原因了。

因此我们也就能解释另外一个困惑，即为什么从“建设美丽中国”的思想动员阶段一下就过渡到“建设美好家园”的具体行动阶段上，两者间似乎缺少一个体制上的调试阶段。其实，这就是本届政府在环境保护工作上所面临的最大挑战：在生态文明建设体制改革逐步展开并推进的过程中，如何最大限度地挖掘现有体制和效率潜力，完成环境保护的各项既定目标，向人民交出一份满意的答卷。

## 环保改革的顶层设计

从 2014 年《政府工作报告》有关环境保护工作的内容，以及其他与“两会”有关的信息中，我们可以体会到中央政府的难处。

第一，《环境保护法修正案草案》已经提交三审了，却仍无法付诸表决，潜台词就是，对现有的草案存在很大的反对意见，或者至少没有就关键内容达成共识。可能是在人大会议代表中没有达成共识，也可能是在国务院部委间没有达成共识，也许最大的可能是在这两个层面上都没有达成最起码的共识。事实上，从党代会报告首次提出“建设美丽中国”，并由中央领导进行多轮宣讲和反复思想动员后，环境保护工作已经在舆论层面牢牢地占据了主动权，但这样的思想动员是否能转变为国家意志呢？关键性的标志仍在于，“两会”能否予以全盘接受。

按理说，从党代会到“两会”，这样的重要战略转变为行动并不难，结果却显示存在极大的阻力。那么，到底难在哪里呢？其实仍然是利益上的纠葛。环境保护工作在体制上、机制上，到目前为止仍没有将利益关系梳理清楚。就国家层面而言，有几个重大利益问题值得关注：产业间的利益关系；部门间的利益关系；地方间的利益关系；内外部的利益关系。所有这些利益关系的调整都是牵一发而动全身，这就使得要在各个层面上通过《环境保护法修订案》，就必须有各种妥协。

当然，其中还有一个奥妙在于，生态文明建设在“五位一体”的总体布局中位列第五，并非党政军等核心议题，而且在世界范围内也没有现成的可以借鉴的模式，这就给各种利益集团间的博弈创造了一定的空间和可能性。这是政府在环境保护上面临的第一个难处。

第二，在 2014 年 3 月 5 日公布的《政府预算报告》中可以发现，2013 年的环保预算支出比 2012 年还低了 7~8 个百分点。2013 年和 2014 年都已经连续发生了覆盖全国 150 万平方公里的重大雾霾事件，在这样的危急时刻，中央财政环保预算支出还出现了缩减，难道还有比这更加急迫的事情吗？当然肯定还有。不过，从环境保护的本质而言，这就完全是一个成本导向型的部门。如此一来，各种污染防控的确会对政府的财政造成越来越大的压力，这样的压力直接体现为财政逐渐捉襟见肘，因此，也就衍生出了一个重要的提法，“把节能环保产业打造成生机勃勃的朝阳产业”。就环境污染防治的两面性而言，节能环保产业的“生机勃勃”的背后又是以多少污染为代价呢？如果再不多方筹措资金投入环境保护中，未来的环境保护局面将更加难以管控。环境投入缩减背后的中央财权和事权关系问题，正是政府在环境保护上所面临的第二个难处。

第三，有关生态环境保护管理体制的改革大业，深化改革、促进改革是政府工作报告的主基调之一，然而我们却很难在2014年环境保护工作要点中找到改革的踪迹，尤其是基本上找不到与环境保护相关的顶层设计方面的改革设想。有一种可能的情况是，所有改革的话题都已经在第一项和第二项政府工作重点中予以贯穿了。但是政府职能转变、简政放权等对于环境保护而言，并非首要的改革任务，并且在环境保护领域中，现在不是需要放权，而是应该归拢权限。在水陆空的污染防治体系中，根据现在的顶层制度安排，还会不会出现政出多门、令行不止的现象呢？显然，对于这些问题，政府工作报告没有涉及。当然，最大的可能是顶层设计改革的难度太大，权限究竟应该怎么调整，又如何说服部门进行调整，调整后的相应政策能否跟上等这些问题的解决，既需要足够的定力和勇气，也需要时间和耐心。但问题是，环境发展的形势能等得起吗？这是政府在环境保护上面临的第三个难处。

总体上看，改革既然已进入深水区，那么有难处也是必然的，也难怪政府用"难"来概括上一年的工作了，但不管怎样，无论是从民生计，还是从民族计，环境保护工作都应迎"难"而上。

## 环境保护：老百姓最关心什么

2014年的"两会"中，党和国家领导人都已经在不同场合表达了对环境议题的关切之情，除了国家主席习近平在各代表团多次提及"雾霾"治理外，李克强总理则在政府工作报告中向污染宣战，其他各界代表的发言和表态，以及提交的环保提案更是数不胜数。

那么，在"两会"召开的同时，老百姓最关心的环境议题是什么呢？对此，笔者在微博中进行了在线调查，调查的问题就是"假如作为人大代表，你最关心什么环境保护议题"，限于在线调查容量的有限，答案仅设了4个选项，分别是"环境成本（水电气账单）、环境安全（化工厂）、环境民生（限行等）以及环境教育

（小学生学环保）”，每次仅限选一项。结果，一共有1500多位网民参与了投票，投票结果为：选择“环境成本”的占4%，选择“环境安全”的占46%，选择“环境民生”的占6%，选择“环境教育”的占44%。

首先，这个调查结果表明，在当前环境形势恶化的局面下，公众在环境保护上有很强的危机感，这体现在调查结果中占最高比例（46%）的选择是“环境安全”，这意味着，在他们看来，环境污染和环境问题的首要性质是“安全”，丧失了这个安全性，就会危及健康、生活等其他领域。

其次，这个调查结果还表明，解决环境问题的关键在于提高环境保护的素养，这体现在44%的人选择“环境教育”，从中可以看出，公众是极为理性的，因为这一结果与相关的研究是相符的。早在20世纪80年代，国际学术界就已经认为提高包括“环境教育”在内的环境素养是促进可持续发展的必经之路。这样的民意是应该被“两会”关注的。

再次，这个调查结果表明大多数公众看低“环境成本”和“环境民生”这两块，这透露出非常丰富的信息。一方面，在公众的眼里，“环境质量”的重要性并不能用短期的经济性和便利性来衡量，即便付出了一些经济和生活便利上的成本，也会在所不惜，这显然是当下治理污染的积极条件，政府在推行环境政策时可以获得老百姓的体谅；另一方面，这意味着公众过低估计了环境保护的艰巨性，因为在环境保护的过程中，是需要付出巨大代价的，包括在经济和生活质量上，这一点已经在各种资源产品的价格上浮中得到了印证。然而现在的涨幅还比较小，没有对公众生活造成太大的影响，但是未来，随着环境保护的攻坚战到来，公众的确有必要对其中的代价做好必要的思想准备，这其实也是在提醒政府，公众可以理解环境保护工作，但这种理解是有限的。

最后，从本次调查结果总体上看，公众还是希望人大代表和会议多关心那些涉及安全和健康的关键领域及政策，譬如提高环境污染的门槛，加大环境保护的执行力度等。同时，在老百姓对某些成本尚有谅解或一知半解的条件下，我们应尽快抓住环境保护的窗口期，积极果断地推进相应的改革和政策。也希望“两会”能够吸纳民意，将环境保护和改革的大业进行到底。

## 环境保护：为何是“渐进式改革”

2014年“两会”后的记者招待会上，李克强总理再次谈及“环境保护”这个话题，除了继续誓言向“污染”宣战外，还继续阐释了“向污染宣战”的三层含义：第一，这是向“粗放的生产和生活方式”宣战，也就是向自身宣战，而不是迁怒于老天爷（实际上也没办法做到）。第二，“向污染宣战”意味着加大治污的力度，“要铁腕治污加铁规治污，对那些违法偷排、伤天害人的行为，政府绝不手软，要坚决予以惩处”。第三，“向污染宣战”还意味着“自律”，“对那些熟视无睹、监管不到位的监管者要严肃追查责任”。最后，李克强表示，“雾霾的形成有复杂的原因，治理也是一个长期的过程。但是我们不能等风盼雨，还是要主动出击，希望全社会，政府、企业、社会成员，大家一起努力，持续不懈地奋斗，来打这场攻坚战”。

“雾霾的形成有复杂的原因，治理也是一个长期的过程”，这句话基本与先前对雾霾治理周期的判断大致吻合，那就是当前包括雾霾在内的环境污染已经成为“常态”，可能要经历20~30年才能根治，全社会有必要在心理上予以接受并适应。

此外，这句话所表达的另一层重要意思是，环境保护改革作为深化体制改革的重要组成部分，切忌“急功近利”，在当前的情况和条件下，仍有必要继续走“渐进式改革”的道路，用政治智慧来解决这个重大的民生问题，这无疑是在发出一个环境保护领域“改革暂缓”的明确信号。之所以做出这样的判断，是因为有几大逻辑可供参考。

其一，与环境保护相比，“发展”仍然是当下工作的重中之重，尤其是要确保在底线思维的前提下推动国力的继续增强。这个逻辑的要点在于：第一，经济要继续增长。第二，国力要增强。如果这个逻辑成立的话，则说明中央对当下经济发展态势的判断并不乐观。在雾霾的冲击下，环境保护问题已经成为民怨沸腾的一个火山口，在这种情况下，如果经济仍然比环境问题重要，那么只能说明经济是另一个更大的火山口。当然，在全球化的背景下，经济和环境问题都必须放在地缘政治的背景下来审视，尤其是经济的发展有助于提高国家在地缘政治中的实力。就此而言，如果我们需要通过发展经济来维持国力的话，那就进一步说明，当下国际地缘政治的发展态势对中国极为不利，以至于中央做出仅凭现在的国力还无法抵御外部力量威胁的判断，这一点显然也与当前中国周边风声鹤唳的国际形势相符。因此，国际和国内的多重背景才是最终折射到环境保护问题上，发出"暂缓改革"信号的根本原因。

其二，"雾霾的形成有复杂的原因"这句话有深层的含义，所谓"原因"，肯定不是"排放源"这么简单，其大致可以从两个维度看：第一是时间维度，即雾霾等环境问题的形成具有历史原因，正是先前"长期"的经济粗放式增长导致了现在的结果。这并非是在替本届政府撇清责任，只是在描述一个历史事实。既然原因根深蒂固，那么解决的途径自然也就不会容易。第二是利益维度，即雾霾等环境问题的背后还有非常现实的利益诉求，这个利益诉求是多元的相互纠结在一起的，很难在短期内理顺。那么，该如何继续推进环境保护的体制改革呢？经济增长方式有路径依赖，利益诉求更加难解难分，能不能在短期内，用激进的改革方式，比如成立"大环保部"来打破这种路径依赖和既得利益呢？基本不可能。如果走得太急太快，反弹的力度就会更大，甚至会直接阻断继续改革的进程。因此，"暂缓改革"或者"绕开改革"，走"渐进式改革"的道路仍然是一个值得考虑的选项。

其三，既然改革这条道路受阻，那么是不是意味着环境保护的工作无法继续了呢？针对这个问题，李克强总理的回答中已经表达了一个重要思想，即"绕开改革，走自己的路"，具体体现为"铁腕治污加铁规治污"。如果说"改革"走的是一条“制度治污”“顶层设计治污”的道路，那么“铁腕治污加铁规治污”走的则是一条“政策治污”和“摸着石头治污”的道路。尽管从理论上来讲，“制度治污”比“政策治污”来得更加彻底和有限，但在重重阻力之下，“政策治污”也不见得就走不通。当然，要在不动摇“经济发展”和“增强国力”这个底线上真正实现“政策治污”并不容易，但这在国际上并非没有先例。譬如奥巴马在推动“绿色新政和改革”受阻后，就尝试绕开受国会控制的“制度框架”，选择从行政团队所掌控的“政策”出发继续推进其环保大业，并取得一定成效。接下来的关键问题是谁能够真正地将总理的这个施政逻辑执行下去，毕竟在目前的背景下，“政策治污”仍然有较大的空间和潜力。

上述三点也许正是环境保护逐渐步入“渐进式改革”进程的背后逻辑所在，也是近期环保部已经将改革工作的重点放在协同作战上的原因。譬如协同对象是金融部门，以更加细致的工作和微小的步伐来推进当前的环保改革。那么，究竟什么时候才可能重启或加速环境保护的改革步伐呢？按照上述逻辑，其实答案很简单，当“政策治污”的潜力完全发挥出来；通过经济和反腐等其他领域的改革进一步削弱环境保护的利益阻力；国际形势稍有好转。当然，也不排除在环境保护问题出现某种恶性爆发时，即使上述条件尚未成熟，环保改革业已是“箭在弦上，不得不发”。

# 绿色发展的改革策略和路径

削弱现有制度对环境污染控制的羁绊，也就是克服制度黏性，降低制度成本，要做到这一点，提高环境事权的独立性将是一个非常重要的改革方向，从污染控制的角度出发，环境事权基本上包括环境的立法、环境的管制及环境的执行和监督三个方面。

## 改革是生态文明的真正驱动力

2015 年 3 月，环境保护部决定，部属事业单位的 8 个环评机构，将全部从环境保护部脱离。这无疑是让环评与权力脱钩，使之阳光化的重要举措，也是我国环境保护制度改革的重要一步。同样，国务院办公厅印发的《关于推行环境污染第三方治理的意见》，也让环境保护改革加快了脚步。

在党的十八大报告和十八届三中全会的决议中，明确了生态文明建设与经济、社会、文化和政治建设并重，共同组成社会主义市场经济建设的总体布局。同时，在中央全面深化改革领导小组的组织设计中，将生态文明体制改革与经济体制改革会并为一组。这足以说明，生态环境保护必然也必须是当下全面深化改革的重要组成部分。

当前乃至今后一个时期，全面深化改革对环境保护工作至关重要。通过全面深化改革，能够明确生态环境保护的目标和路线图；通过全面深化改革，能够重新构建生态环境保护的基本框架；通过全面深化改革，能够强化对各类主体在生态环境保护上的有效激励。

近年来，生态环境质量持续恶化，目前我国生态环境容量已经接近甚至部分地区已经超过了生态环境承载的能力，这给社会经济发展带来了巨大的风险和压力。在部分地区和领域，应对这样的风险和压力已经迫在眉睫，这在很大程度上驱动环保治理及其改革不可避免地进入了历史窗口期。根据各国环境治理的经验，这个窗口期的时间不会持续太长，一旦错过这段最佳时机，生态环境质量将突破容量限制，且很难再恢复原状。

尽管通过五年规划对新增排污量进行了规模上的限定，而且取得了成效，然而历史积累下来的各种污染危及生态环境，来自社会经济发展各方面的排污反弹压力等仍不可小觑。尤其是经济发展进入新常态后，经济粗放式增长模式仍未得到彻底转变，传统的能源利用和消费方式依然积重难返，深化环保改革依然阻力重重。这些都意味着，即便经济的增速降下来，经济增长和体制惯性倒逼生态环境质量的趋势和压力也仍然存在。如果不通过深化环保改革来建立强大的底线和防线，那么，生态环境保护将无法抵御各种冲击，陷入被动局面。

社会各界对开展环境保护重要性的认识更趋一致，并更趋理性，这为推进环保改革的深化创造了较好的氛围。但在全面加强环境保护的东风下，某些部门和地区在环境保护和污染治理上受到来自各方的夹击，环保工作极易陷入简单化、“一刀切”和主次不分等操之过急的心态和做法。这不仅会对经济造成损害，还会危及环境保护和改革的成效，与中央有关“四个全面”的战略定位不相契合。

当下的生态环境保护总体形势更趋复杂，既存在诸多有利于开展环保改革的因素，也存在一些负面的干扰因素，新一轮环保改革已进入关键的窗口期和深水区。由于生态环境保护牵涉面甚广，与社会经济文化和政治等各方面都有不同程度的内在联系，这就决定了推进生态文明建设和环保改革等工作都要有通盘考虑。

必须先行做好全局性、前瞻性规划，提前预防环境风险，尤其是要加强环保的宣传和引导，凝聚环保民意，推进社会环保共识，抓住有利时机和稍纵即逝的改革窗口期和战略机遇期。

在全面推进环境保护的具体战略和对策上，可以分为内外两个层面：一是针对内部的污染排放，必须确定重点对象，强化法律硬约束，理顺环保体制机制，提高政府环保施政水平，进一步采用经济、财税、市场等软手段，做到排污疏、堵有机结合。二是针对外部的国际社会，重点在于积极配合"一带一路"和国际自贸谈判的开放大战略，妥善开展环境和能源外交，提高国际环境能源话语权，大力拓展社会经济发展的生态环境空间。在必要时，适当通过产业转移和互换，借助外部地区引入优质生态环境资源。当然，在此过程中，一定要加强对资本国际化过程中的环境监控。

在加强环境保护和深化改革的工作中，要将各项工作做深、做细，要理性、冷静地对待环境保护与经济发展的关系。在统一的标准和法律的框架内，积极推进体制机制、环保技术和产品以及产业的创新和发展。

推进环保改革，必须全面深化环保各项改革。

首先，要从"四个全面"的高度去理解当前全面推进环保改革的重要性和生态环境保护路线图的设计思路。"四个全面"意味着系统性、均衡性和辩证性，环保改革必须抓住主要矛盾，进行深入突破，同时也要兼顾可行性。

其次，必须紧紧抓住发展、体制、法治和市场四个核心要素。通过调节环境保护进程中的环保与发展、政府与市场、中央与地方、立法与执法等各方面关系，逐步理顺和解决其中存在的问题，克服其中的困难。

再次，强化环保改革与能源、金融和经济等各方面改革进程的协同性，综合研判时局和确定最佳的战略窗口期，果断、适时地推进各项环保改革。譬如推动价格体制改革、进一步开放市场、发展绿色金融、规范环保市场等。

最后，环保改革牵一发而动全身，其成败关涉甚广，既要建立路线图，也要建立社会参与和评估机制。怎么改、改到什么程度、效果如何等，要让社会知晓，并接受社会监督。

总而言之，面对当前更加复杂的形势，全面加强环境保护的立足点应在于深化改革，只有改革才是建设生态文明和“美丽中国”的真正驱动力。

## 为什么说改革是最大的资源环境红利

自 2013 年起，我国雾霾等空气环境问题受到了国内外各方的关注。就国内而言，中国社会科学院、中国气象局日前联合发布《气候变化绿皮书：应对气候变化报告》，其中指出，近 50 年来中国雾霾天气总体呈增加趋势，更强调指出“雾霾天气现象会给气候、环境、健康、经济等方面造成显著的负面影响，例如引起城市大气酸雨、光化学烟雾等现象，导致大气能见度下降，阻碍空中、水面和陆地交通；提高死亡率、使慢性病加剧、使呼吸系统及循环系统疾病恶化，改变肺功能及结构、影响生殖能力、改变人体的免疫结构等”。这一来自权威机构的结论无疑使我们对雾霾的危害性认识再添有力证据。就国外而言，据报道，日本和韩国媒体近期炒作中国雾霾入侵的话题，甚至将中国雾霾认定为“人类历史上最严重的污染”，并认为这对其国内自然环境和公众健康造成了极大的不利影响。尽管上述断言尚缺详细论证，但中国环境污染和退化在一定程度上波及周边却是客观事实。

内外形势都表明，空气环境治理已经刻不容缓。而当下适值全社会讨论全面深化改革之际，值得探究的一个问题是，究竟应该如何评价在过去 30 年里，我们在资源环境保护和治理上走过的道路，是以“失败的教训”为主，还是有些“成功的经验”可谈？解答这个问题关系到我国下一步该如何来切实地改善资源环境的质量。

现有的流行观点认为，我国资源环境的现状的确很糟糕，可以确定这是我们过多地牺牲了资源和环境，过重地依赖于经济增长的结果。最有力的一个证据就是，西方国家的环境质量比我们好得多。

现在看来，这样的比较以及结论有点过于简单，为何呢？我国和西方国家在环境质量上的差距是发展阶段不同使然，处于不同发展阶段的各国及各地区是无法在各种指标上进行横向比较的，可行的一种做法是按照收入和人均收入等指标抽取横截面来做比较，譬如，在人均收入4000~5000美元时，各国和地区的环境污染情况，又譬如，在城镇化率在50%左右时，各国和地区的环境污染情况。比对的结果是可能中国目前的情况要差一点，但与发达国家的差距不会太大（毕竟正处于工业化阶段）。如此看来，尽管我国生态环境质量不高，但资源环境绩效并不见得比发达国家差很多，也就是说过去几十年的环境治理还是发挥了一些作用，至少是发挥了与西方国家早期环境治理相差不多的作用。

然而，仅仅做横向的比较对解释我国的资源环境问题远远不够。还有必要从时间的维度来评价资源环境治理的成效。应该去除统计意义上的干扰后进行比较，比如去掉各种资源环境治理的制度安排和政策因素后，再进行环境质量平均水平或者人均环境污染排放量等的比较，比较规范的语言表述就是设置不同的资源环境保护和经济增长情景进行比较。

这里可以设置四种情景，第一种情景代表较低的资源环境管制水平和低效的经济增长（比如计划经济），第二种情景代表较低的资源环境管制水平和高效的经济增长（比如市场经济），第三种情景代表较高的资源环境管制水平和低效的经济增长，第四种情景代表较高的资源环境管制水平和高效的经济增长。

四种情景中，对资源环境保护最有利的显然是第四种，此时，资源环境管制与经济增长已经有机地结合在一起（这就是西方发达国家目前的发展状态）。但值得注意的是，与第一种相比，第二种和第三种也都表明资源环境得到了一定程度的保护，其结果也都优于第一种。这里面实则隐含了一个非常重要的理论和实践问题，那就是究竟什么才算是获得资源环境的红利。资源环境的红利既可以来自严格的保护，也可以来自高效的利用。如果说过去 30 年里我国经济高速增长是通过改革开放提高了经济增长效率，那么这样的效率实际上已经转化为我国在资源环境上的红利，避免了让当前中国陷入更为糟糕的资源环境的困境中。这说明，尽管我国在资源环境管制上尚有诸多欠缺，但不断推进的“改革”措施优化了资源配置，提高了资源环境的生产力，使我国走出了第一种情景，进入了第二种情景，并为进入第四种情景做了相应的准备。

按照上述的理解，我们或许可以更好地解释为什么西方国家的环境管制理论与实践大都无法在中国生效。根源在于，彼时西方国家治理资源环境的出发点是较低的管制水平和较高的增长效率（第二种），因此，如果从情景演变的角度出发，只能从提高资源环境的管制水平出发来缓解环境污染的矛盾，即便它们依旧在推动经济增长，但对改善环境质量的效用已经不大了。因此，西方发达国家才能在 20 世纪 70 年代顺利地启动环保主义启蒙运动，继而快速地从政治、法律、社会以及经济等各个层面出发，形成对资源环境的共识和有效治理。

而中国在改革开放初期，正是处于资源环境管制水平和经济增长水平都较低的情景（第一种），在提高环境管制水平和启动改革推动经济增长的两个选择中，后者自然会因其较低的交易成本和较小的政策阻力而成为当时的首选。

通过以上中国和西方国家的比较，可以很好地理解“改革”对获得资源环境红利的一贯意义，这也是当下“全面深化改革”对保护资源环境和建设“美丽中国”的价值所在。

## 雾霾天：如何左右改革路径

2013 年 11 月 7 日 10 点，上海空气质量指数为 245，重度污染，首要污染物为 PM2.5，空气中弥漫着稍有点刺鼻的气味儿。在立冬的这一天，整个上海沦陷在雾霾中。而在此前的 10 月 18 日，上海市刚刚颁布《清洁空气行动计划

2013~2017》，根据国家和地方的规划，包括上海在内的东部发达地区都必须在5年内基本扭转空气质量下滑的趋势，解决雾霾的问题。尽管从主观的角度出发，中央和地方政府都对未来5年的空气专项整治规划寄予了厚望，但在客观上，改善包括空气环境质量在内的各种环境质量是有其内在发展规律的，并非一朝一夕之事，在短期内彻底根治环境问题的想法是不现实的。

首先，大量科学研究证明，雾霾已经迫使社会经济付出了巨大成本，对此有两种选择，要么是一边创造新的财富，一边支付这个成本；要么是少创造财富，节约成本。从数量的结果来看，两者没有区别，但从社会经济发展的有效性来看，后者显然远远高于前者。因为财富的增长效应是递减的，但环境代价的增长效应却是递增的，随着污染的积累，环境的负面影响在快速攀升，同时，当人们对环境质量的期望提高后，环境本身的价值也会随之提高。在某种污染达到一定水平后，譬如雾霾天的比例，全社会就会明显感觉到环境成本的增加，程度较轻的可能只是影响了生活质量，降低舒适度，而情况严重的则会影响健康，致病甚至致命。其实，健康方面的影响还只不过是整个社会在环境污染上所付出的直接成本，如果再间接考虑，环境污染还将对社会经济造成经济学上所谓的“挤出效应”：一是环境污染防治的投入将挤占社会资源，使得未来可供利用于其他领域的资源规模减小；二是大量科学研究表明，环境质量会通过对资本和人才的排斥而降低经济的竞争力，如果说适度的污染是经济活力的一个象征，那么过度的污染则会扼杀经济的活力。如果没有资本和人才，那么所有的制度改革都将是徒劳的。最近一些地方政府开始转向用“清洁的空气”作为招商引资的卖点，这其实就是一个环境影响经济活力后，所出现的一个重要转变。就此而言，在雾霾天的背景下，可以毫不夸张地说，改革的进展实则已经被高昂的环境代价所“挟持”。

其次，既然改革进展受到环境污染因素的影响，那么改革就必须正视这种影响，并予以回应，总体上的方向是清晰的，那就是扭转资源环境配置的扭曲之处。就目前的理论研究来看，尽管在政策上有很多选择，但又囿于行为个体（包括个人、法人和地区及国家）在行为模式上的两重性，即行为决策与行为目标相分离，行为成本与行为收益相分离，行为过程与行为认知相分离，等等。所以在实践中，环境污染治理政策的选择空间并不大，公共政策原有的很多理论也无法在新的情境下应用和推广。因此，我们的改革不能沿用老办法，必须采用专项、规划、计划等办法来治理环境，即强化政府的行政干预力量。但这其中存在很大的一个悖论，因为“政府”是一个多重目标约束的主体，控制污染必然会损害某些其他部门的利益，在目标之间相互冲突的时候，政府就会选择“调和”。仅此而言，依靠政府之手来控制污染等同于让政府自断其臂，在多重利益的博弈过程中，这并非易事，如果改革的过程忽视了这些客观规律，就无法真正取得改革的实效。这是从机制方面分析，改革之所以会被环境污染左右的必然之处。

所以，改革就有必要针对问题做一些突破性的举措，特别是在影响行为主体排污上做一些根本性的、基础性的制度安排，以削弱现有制度对环境污染控制的羁绊，也就是克服制度黏性，降低制度成本。要做到这一点，提高环境事权的独立性将是一个非常重要的改革方向，从控制污染的角度出发，环境事权包括环境的立法、环境的管制以及环境的执行和监督三个方面，如同反腐和法治一样，只有提高独立权才会真正地克服行为主体的双重性，杜绝环境治理上的溢出和漏洞。

综上所述，改革不仅是资源环境红利，而且理应与时俱进，服从于资源环境形势发展的“左右”，这才是大局！

## “向 PM2.5 宣战”，剑指改革突破口

自 2013 年防治大气污染的“大气国十条”政策提出后，国内终于迎来了首个地方版的“大气国十条”实施细则，而作为首善之地的北京，为了应对严重的大气环境污染挑战，成为“大气国十条”落地的第一站。

在 2013 年 9 月 2 日召开的“向 PM2.5 宣战”新闻发布会上，北京市环保局对

外正式发布了《北京市 2013~2017 年清洁空气行动计划重点任务分解》（以下简称《行动计划》）报告，其中明确了北京市近期大气污染治理的各项相关计划和目标，具体包括八项污染减排工程、六大保障措施、三大全民参与行动。上述《行动计划》，就其内容而言，其力度之大、范围之广和程度之深，在近年来地方层面上开展环境管制政策中实属罕见。各种迹象表明，《行动计划》不仅与北京地区当前所面临的生态环境恶化态势有直接的关系，而且《行动计划》中各个细节所发出的信号，更与自十八大后中央领导层明确“生态文明建设与经济、政治、文化和社会建设五位一体”，以及“建设美丽中国”的总布局战略有着高度的一致性。

这表明，在新一轮的经济转型、改革和新型城镇化总体方案进入全民讨论但未有进展、久拖不决的情况下，中央已经决心在继“中国（上海）自贸区”的改革推进后，转而围绕人民所关切的民生问题，尤其是同时具有全局意义的生态环境质量问题上进一步寻找改革突破口，并以“向 PM2.5 宣战”来打响“改革、经济转型和新型城镇化”的第一枪，以此来为中共第十八届三中全会做铺垫和相应的准备。就此而言，《行动计划》与其说是“向 PM2.5 宣战”，不如说是向各种阻碍改革的势力宣战。

具体而言，本次在北京落地的“大气国十条”实施细则有诸多新意，颇具为全局改革进行试水之意图。

第一，“总量倒逼”取代“弹性推进”。有关生态环境保护的战略和政策理念，一直到党的十八大之前都还秉承着“弹性推进”的基本路线，具体表现为以相对的“比例性”约束目标来评判环境治理的绩效，譬如“单位产值能耗”“碳强度”以及“资源生产率”等，其实质是在平衡发展与环境保护的关系中侧重于前者，希望以经济来换环境，以时间来换空间。但就目前的发展态势来看，这样的路线存在较大的后患，那就是资源利用和环境污染屡屡突破我国现有的生态环境承载能力——这一点无论是在空气，还是在水体以及土壤等环境上都有所体现，进而给国内的环境安全带来极大风险，并衍生出各种环境维权和安全事件。由此，以

“总量控制”取代“比例调节”来保护生态环境已经迫在眉睫。而基于当前所剩不多的环境容量，我们所能划定的剩余“排污总量”空间也是极为狭小。故此也就不难理解在未来近4年的时间里，北京仅能新增大约80万辆的机动车，同时还要严格控制外地车辆进京数量的原因了。机动车的总量控制及其措施所体现的其实就是生态环境领域改革所面临的紧迫局面，这也正是中央为生态环境领域改革所设定的路线图和时间表。

第二，“综合治理”取代“局部突破”。在《行动计划》中，承认大气治理是一项“系统工程”，“必须标本兼治、综合施策、远近结合、协调推进”，这一表态并非空话。事实上，限于机制体制等各种主客观因素，以往的生态环境保护工作在一定程度上存在“畏难”情绪，其结果往往是拣“软柿子”捏，从容易或者改革阻力小之处入手。这样的理念并非生态环境保护领域所独有，在全局的改革中也是如此，很多人以为寻找改革突破口便是寻找反对声音最低、改革阻力最小、既得利益势力最薄弱的环节。由此出发，“局部突破”也就成为以往生态环境保护的改革思路，抓一些并解决一些矛盾尖锐的、群众意见大的又容易入手的现成“局部”问题，看似也有了点成效，但这与生态环境保护工作本身的“系统性”要求相去甚远，从而大都出现治标不治本、死灰复燃的现象。《行动计划》表明，大气污染的治理必须从排污的源头、过程一直到末端进行全局控制，同时还要辅以制度上强有力的保障，必须坚决破除既得利益的阻力，以及改变改革过程中畏难的情绪和趋易避难的作风。如同生态环境需要系统保护一样，改革本身便具有全局性特征，改革是场攻坚战，必须全盘推进，不能留有死角。

第三，“事权统一”取代“条块分割”；综合治理需要执行力，进行统一管理和推进至关重要。具体到环保问题上，“向PM2.5宣战”的“事权”能否高度统一，而不再出现“水上和陆地不是一家管”，“一氧化碳和二氧化碳不是一家管”等令环保部门尴尬的分治局面，其核心是要打破事权管理上的“条块分割”，《行动计划》便是希望借此机会实现“环境事权”的统一，不仅将直接隶属于生态环境的领域收归环保局治下，更是将生态环境的治理作为推进改革的抓手，其中便有多处提及北京环保局要求包括发改委（北京）、公安局、交通局、交管局和质监局等“其他部门”甚至是“其他重要部门”予以完成或配合完成的任务，环保局这样明确地“要求”其他部门完成或配合完成环保工作，在中国环保史上实属罕见，可见中央在统一“环保事权”，打破“环保条块分割”，破除“部门利益”上的巨大决心，这对各领域、各部门的改革显然有较强的彰显作用。

第四，“一票否决”取代“模糊考核”。在中国现有的组织体制下，任何时候，对各级地方政府及相关部门工作的评价和考核办法都是对其工作最有效的监督，也是各项工作能否顺利推进并得以完成的强有力保障。而在纷繁复杂的庞大考核和组织体系中，最为有效的办法无疑是“一票否决”的“问责制”。你或许干好了其他 100 件事，但如果在“一票否决”的议题上被问责，便会失去所有的肯定。面对生态环境恶化的巨大挑战和建设“美丽中国”的战略诉求，应继续发挥“一票否决”考核制度的重要作用，即用环保工作上的“一票否决”问责制替代之前过于强调经济而忽略环保的模糊考核制度，以此不仅向地方政府，而且也向各部门、国企领导人发出明确的政治信号。事实上，8 月 28 日，中央便已经在京津冀地区部署大气污染“一票否决”的问责制，首先确保大气污染在区域层面上的联防联控，进而才将责任落实到北京市内各区县及部门。

目前，中国城镇化道路走过了 50% 的关口，已进入历史的十字路口，而强调发展质量的新型城镇化已是共识。就此，将新型城镇化的共识首先落实到改善生态环境质量上，便意味着我们的城镇化已经迎来了一个重要的转折点，那就是改革和转型将以“生态文明建设”为首要突破口，进而实现全面的科学发展。

## “水十条”开启环保改革三重奏

2015 年 4 月 16 日，国务院正式颁布了全社会期待已久的《水污染防治行动计划》（以下简称“水十条”）。在全社会加快推进生态文明建设的背景下，“水十条”的颁布无疑将在中国掀起一轮环保高潮。在中央决策层面上，最高领导人在不同场合连续地“见缝插绿”，身体力行地推进生态环境保护，这成为环保高潮中最引人注目的一点。同时，在环保执行层面上，除了“水十条”之外，环境保护部已经在3月和4月连续出台数个文件，不仅重点推行“环评脱钩”这一项强有力的改革措施，而且还约谈地方政府负责人，并在重大项目环评否决意见等方面重拳出击。

具体的理念、政策和措施固然都在发挥各自的效应，但更重要的问题是，应该如何审视环保领域呈现出的最新发展态势？在深化改革的大环境中，应该如何把握着眼于改革的环保政策的内在逻辑？

解答这些问题，需要先搞清楚推进环保改革的两个基本前提。第一，环保既是政府的一个职能，又具有非常重要的公共性质，即环保是用来创造公共品的，这个公共品体现为环境质量的改善。这个基本前提决定了“环保”及环保部门的努力方向是保护环境，因此，作为环保部门或者相关的环保职能部门，并不需要考虑太多的其他因素，最重要的是将自身部门的本色还原出来，而不是越俎代庖地干其他部门应该干的事情。第二，需要考虑政府部门的目标函数，或者说各部门、各地区政府负责人的考核和评估机制。一般而言，只要环保部门的定位清晰，就可以顺利地开展工作。不过有一个特殊的因素，即各部门、各地区政府负责人的考核和评估机制。这套机制的核心是“官员”，作为各项环保政策的具体执行者，来自中央部委和地方政府的官员最终决定着如何落实这些环保政策。假如这个官员群体对环境保护有所保留或者有所抵制的话，那么无论环保部门有多大的积极性，环保政策都无法真正落地。

综合上述两个基本前提，意味着当下的环保改革需要完成两项关键任务。其一，要重新厘清环保部门的功能地位。如果环保部门本身都不具备合理的功能和地位，又如何能履行好保护环境的职责呢？这个功能和地位既包括严控标准、环评等，也包括对不同污染物的管辖和控制等。其二，要使环保政策真正落实，就必须在思想和行动上解决官员群体的激励问题，让官员群体能够真正投入环保工作中。是否成功地动员了官员群体，会在一定程度上决定环保改革的成败。

事实上，上述两个要点在当下的改革进程中已经有所呈现，具体体现为“思想动员”“地方动员”和“部门动员”三个层面，被称为“环保改革三重奏”。

首先，环保改革的第一重奏是思想动员。所谓思想动员，其实质是解放思想。如果说在30多年前改革开放的初始阶段，我们要打破“两个凡是”的思想桎梏，在20世纪90年代，思想的解放体现为打破“计划经济”的制度樊篱，那么现在，我们思想动员的目标就是要打破“增长为王”的发展理念。长期以来，在GDP“锦标赛”的激励下，各级政府和官员都是按照“增长为王”的理念开展工作，包括招商引资、放松环境管制等，其结果是在全社会形成了“宁要经济，不要环境”的落后思维，这种思维也左右着各种工作的方向。因此，在生态文明建设过程中，中央所做的大量宣传和铺垫工作，目的就是要彻底拆除围绕在环保思想上的铁栅栏，尤其是要打破各级政府负责人的思想桎梏。这关涉治国理政的成效，关涉民族大业。

其次，环保改革的第二重奏是解决基层政府激励机制的问题。有了充足的思想动员，接下来就是行动，从改革的效率出发，行动要从阻力相对较小的地方入手。在改革初期顶层制度设计缺失的情况下，环保部门最可能推动的对象是在“地方”层面而不是在“中央”层面。因此，环保改革也并没有像众多人预期的那样，在初期就实施所谓的“大部制”；相反，环保改革针对的是“地方政府和官员”，譬如2014年，环保部和众多地方省市签订了“环保责任书”，并且在新《环境保护法》中，地方政府也首次成为问责对象，这些无疑都是刚性的激励和约束举措。如果地方政府做得不好，就要按照“环保责任书”或者新《环境保护法》中的规定受到相应的处罚，这释放出非常明确的信号，即各层级政府主要负责人以后将被纳入环保工作考核并成为奖惩对象，这将极大地触动中国的各层级政府官员，很好地推动地方政府的环保行动。

最后，环保改革的第三重奏是中央各部委。这一点在“水十条”中体现得淋漓尽致，包括环保部在内的中央各部委都不仅分领到了明确的任务，而且还要受到中央组织部和监察部（纪委）的监督和考核，这是自新中国成立以来首次向公众公开中央各部委的明确职责。这不仅意味着中央层面的激励和考核机制开始面向环保工作，还意味着环保工作的中央顶层制度设计正式启动。在建立激励和考核机制的基础上，不排除未来将继续整合中央各部委环保职能的可能，也只有这样，环保部门才能真正地统筹各项环保工作，形成系统性的协同作战能力。当然，中央部委层面的环保改革最艰难，目前只是刚刚公开并考核这些相关部委的环保职责，其效果还不得而知。而要将这些分散的环保职责归拢起来，难度会更大。

从“水十条”开始，环保改革的三重奏已经正式奏响。只要“思想动员”“地方动员”和“部门动员”三重奏能够真正发挥效应，环保改革就一定会成功。

## 改革的关键在于价值中立

2015 年 3 月 17 日，环保部部长陈吉宁主持召开环保部党组会议，会上原则通过了《环境保护部关于全国环保系统环评机构脱钩工作方案》和《环境保护部党组关于严格廉洁自律、禁止违规插手环评审批谋取私利的规定》。这两个文件都剑指当前环评工作的核心，即原有环评体制机制中的制度漏洞，尤其是长期以来，受政企不分的影响，政府同时充当运动员和裁判员的双重角色，给环评工作本身造成了很大的阻力，而这些制度漏洞还为各种形式的环评腐败带来寻租空间。环评改革已经迫在眉睫，而环保系统环评机构脱钩工作只是迈出了环保改革的第一步，接下来更重要的是通过改革还原出环评工作的本来面貌——价值中立。

长期以来，各国的环保工作实践表明，环评作为项目建设的环境风险综合评估和管理手段，一直是环境保护的基础性工作和重要依托，环评既是维护生态环境安全的重要屏障，也是社会经济发展所必须加以坚守的“底线”甚至是“红线”，如果没有这道经过科学手段检验的关卡，众多建设项目就会像“不合格的产品”一样流入市场，扭曲环境要素的合理配置，给社会经济带来极大的环境风险。此外，环评还具有非常重要的经济评估作用，也就是说，如果不将环境因素纳入项目建设决策中，即便这个“产品”本身是合格的，也会付出较大的环境成本和代价，其经济上的可行性和合理性也将大打折扣，不符合资源优化配置的需要。

正是基于这样的认知，国际社会在20世纪70年代以后便陆续引入了环评手段来管控建设项目的环境风险，中国也在2003年开始实施《环境影响评价法》，进行了相关的制度建设。

尽管如此，在很长的一段时间里，我们对环评重要性的认识依然不足，尤其是在改革开放以来经济高速增长的阶段里，并没有及时地将科学的环评方法纳入各类重大项目的建设中，即便是建立了环评法律法规，也没有得到很好的执行。从环评的效果来看，环评法律法规的严格规定并没有发挥足够的底线作用和红线作用，原因很简单，就是执行不力。

当然，从历史的角度看，的确有一些主、客观的因素阻碍了环评工作的正常执行。譬如，有环境保护工作服从经济发展“大局”的观念，有环评自身技术和能力不足的原因，也有环评工作过程中的政企不分，甚至有环评工作过程中利用“执法不严”“法不责众”的大环境和心理来浑水摸鱼的现象等，都在削弱环评的作用，也对社会经济健康发展造成了极大危害。

那么环评工作该何去何从呢？出路只有一条，那就是下决心进行改革。改革的首要抓手是理顺体制机制，当前的“脱钩”工作已经奠定了非常重要的基础，但问题是，应该如何还原环评的核心功能，让其发挥应该发挥的作用呢？对此，仅仅实现“脱钩”显然是远远不够的。

其一，环评改革要服从“生态文明”建设的大局，任何时候，环评改革都不能脱离这个发展方向。因此，必须充分考虑生态文明建设在各个层面所提出的要求，特别是要站在生态文明建设过程中将生态环境作为生产力源泉的思想高度，来重新思考环评和环保、环保与发展的关系。要知道，没有了生态环境这个源头，一切的生产和生活都将变成无源之水，不可持续。就此，环评应肩负起更加重要的职责担当。

其二，环评改革要服从现代国家治理的要求，彰显法治精神。与环境物理属性的科学研究不同，环评的重要性并不仅仅在于澄清事实。随着现代国家治理方式的演进，环境与公众的关系越加紧密，对此，我们要更多地考虑公众的因素，即便是公众的主观因素，也有必要加以吸收，这要求环评本身不能有先入为主的或好或坏的判断，必须做到价值中立。也就是说，环评的“缺位”对环境保护固然是非常不利，但仅强调环境自身客观性和重要性的环评则是一种“越位”，也是不行的，矫枉过正的结果必然是再次扭曲市场机制和传递错误信号，导致环境保护走到生态文明发展的对立面。

其三，环评改革应该引入创新机制。随着环境保护工作的深入，各类环保改革都将逐步进入深水区，面对纷繁复杂的新情况、新事物、新技术、新污染以及新利益，传统的、单一的环评工作方式显然是无法应付的，必须在引入环保第三方治理的基础上，对环评的整个服务产业链进行重构，打通从技术、人员、设备到调查服务等各个环节的道路，对此，一方面需要激发市场活力，另一方面也离不开政府的培育和引导，只有这样，环评才能维持较长的生命力，才足以真正发挥其环保“定海神针”的重要作用。

# 自贸区建设、转型与绿色发展

进一步发挥自贸区在引入资源环境服务、技术，以及知识和理念上的积极作用，推进我们在可持续发展上的能力建设。与监管“环境污染排放”的“负面清单管理”相结合，真正地发挥自贸区在“建设美丽中国”中应有的影响和作用。

自贸区建设的主要目的在于推进贸易和投资的自由化，这会影响到贸易国的环境质量，并带来诸多效应。从环境保护的角度出发，要让自贸区建设发挥自由贸易的技术和结构效应，就有必要通过有效的制度设计和安排改变现有的发展模式，尤其是要改变单纯依赖低成本环境要素的贸易结构，让环境要素在贸易和投资的自由化过程中不断恢复其原本的价格和价值，唯有如此，中国（上海）自贸区建设才足以发挥其改进效率的作用，并服务于“建设美丽中国”和实现绿色发展的宏大战略目标。

## 自贸区建设的背景

中国（上海）自由贸易试验区已于2013年10月正式成立，根据国务院颁布的《中国（上海）自由贸易试验区总体方案》，这一中国境内的首个自由贸易试验区（以下简称“上海自贸区”）肩负着重大的历史使命，包括“在新时期加快政府职能转变、积极探索管理模式创新、促进贸易和投资便利化，为全面深化改革和扩大开放探索新途径、积累新经验的重要使命，是国家战略需要”等内容。但在全球以美国为主导，构建新自由贸易秩序的背景下，为了应对新的挑战，并重新确立中国在国际贸易体系中的地位，“上海自贸区”建设的一个关键使命便是“促进贸易和投资便利化”，也只有进一步推进各领域改革，将自身置于资源配置的全球化进程中去，中国才能从自由贸易和投资所催生的经济效益中获利[①]。就此而言，“上海自贸区”建设所要解决的核心问题仍是，如何通过提高贸易和投资的自由化程度来推进改革，以及促进发展，而自贸区只是实现该过程的一个环节。但问题显然没有这么简单，贸易和投资的自由化固然可以给社会经济带来诸多好处，却也存在一些值得争议的地方，其中最典型的便是，贸易和投资的自由化会不会影响环境的质量？尤其是影响到作为贸易输出国的发展中国家的环境质量。

这个问题首先是在20世纪90年代提出的，当时北美诸国签署了《北美自由贸易协定》（NAFTA），在该协定生效后，有学者观察到，作为协定中最大的发展中国家——墨西哥的环境质量在自由贸易的推进过程中，经历了一个明显下滑的阶段（Grossman and Krueger[②]），由此，经济学界开始了有关自由贸易与环境质量的关系研究，并在此基础上归纳出了几个重要的效应和结论，包括环境库兹涅茨曲线（EKC[③]）、污染者天堂效应及假说（PHE 和 PHH[④]）。时至今日，随着发展中国家内部环境问题的加剧，譬如中国近年频繁爆发大规模的空气污染事件（雾霾），都或多或少地存在一些国际贸易上的成因。那么，应该如何审视自由贸易

① 袁志刚．中国（上海）自由贸易试验区——新战略研究［M］．上海：格致出版社，2013.

② Grossman, G.M. and A.B. Krueger. *Environmental Impact of a North American Free Trade Agreement.The Mexico-US Free Trade Agreement*. P. Garber, MIT Press. 1993.

③ EKC: Environmental Kuznets Curve.

④ PHE: Pollution Haven Effect, PHH: Pollution Haven Hypothesis.

与环境保护之间的关系？同时，站在已经成立的“上海自贸区”的角度，在推进贸易和投资自由化的过程中，是否也会对中国的环境质量造成影响？我们是否有可能利用“上海自贸区”的建设来扭转传统的发展模式，进而改善环境质量，让自贸区服务于“建设美丽中国”的绿色发展目标？

## 自由贸易与环境保护的关系：理论与实践

有关自由贸易与环境保护的关系，目前国际学术界有两种截然相反的意见。第一种观点认为自由贸易不利于环境保护，理由是，“在不同的环境管制水平下，商品的国际贸易和流动必然会增加环境风险，并危及环境质量”[①]，以及“国际贸易会加速各种资源的过度开发和利用，譬如象牙的贸易必然会危及大象的生存，出口导向型的中国经济则严重影响了空气质量，热带雨林地区的木材出口则又导致了森林的不可持续发展”[②]。这个观点认为自由贸易对环境质量的最大影响在于，为了在自由贸易中获得更大的竞争力，各国会倾向于削弱其环境规制水平，进而令其环境加速恶化，这个过程被归纳为“向底线竞争”，这里的底线指的便是“环境保护的底线”。

第二种观点认为自由贸易不仅不会恶化贸易国的生态环境，而且还有改善作用，也就是贸易可以产生“收入溢出效应”，令贸易的福利效应扩散到包括环境保护在内的诸多领域中。具体到自由贸易对发展中国家环境质量的影响过程，这个观点提出了与前一种观点截然相反的论据，即在自由贸易的条件下，发展中国家更容易获得清洁的环保技术，以及越加严格的环境规制条件会反过来激励创新，

① Kevin P. Gallagher. *Handbook on Trade and Environment*. Edward Elgar Publishing. 2010.

② Copeland and Taylor, Trade, Growth and Environment. *Journal of Economic Literature*, Vol. 42, No.1 （2004）: pp. 7-71.

并使得环境保护与贸易自由化的进程相辅相成[①]。就此而言，贸易自由化带来的并不是"向底线竞争"，而是"向顶端竞争"。

上述两种观点各有侧重，都具有一定的说服力，那么，自由贸易对环境质量究竟有何影响呢？综合各种研究，自由贸易的环境影响在效应上可以分成三个部分，分别是规模效应、技术效应和结构效应[②]，而之所以出现不同的结论，其来源也正是与这三种效应的对比关系有关。第一，当自由贸易的规模效应占据主导地位时，它对环境质量的负面影响就比较大，因为更大规模的经济产出必然占用更多的资源。第二，当自由贸易的技术效应占据主导地位时，自由贸易的环境影响就表现为正效应，因为技术进步将提高环境的产出效应和保护程度。第三，当自由贸易的结构效应为主时，其结果则不确定，这是由于自由贸易如果强化了一国现有资源禀赋的话，那么在环境规制水平较低时将继续扩大利用低成本的环境资源，从而恶化环境质量，而在环境规制水平较高时，则又会通过提高环境资源的价格，改变其贸易禀赋优势，进而优化环境质量。

从以上三种效应可以看出，自由贸易是否影响以及如何影响环境，取决于哪种效应占据主导地位，具体到我国来说就是，环境质量与贸易自由化本身并无或正或负的关系，关键之处在于，我们在自由贸易的推进过程和自贸区的建设过程中，究竟采取哪种发展的路径或模式及理念，并在此基础上是否能扬长避短，发挥主要的有利于环境保护的各种效应，譬如技术效应和结构效应等。

从资源环境保护的角度出发，基于对可持续发展的各种理解，西方在社会经济发展模式的选择上曾经有过两种主要理念，其一是继续走资源环境密集型的发展道路（以下称为 A 模式），作为最极端的增长至上论，这条道路在西方发达国家基本已经没有市场，因为可持续发展的观念已经深入人心。由此，早在 20 世

---

① Porter and van der Linde, Toward a New Conception of the Environment Competitiveness Relationship. *Journal of Economic Perspectives*, Vol. 9（1995）: pp. 97-118.

② Nicolas Korves, Is free Trade Good or Bad for the Environment? New Empirical Evidence, Climate Change-Socioeconomic Effects. Janeza Trdine 9, 51000 Rijeka, Croatia. 2011.

纪70年代，西方各国的环保主义运动催生了第二种发展理念，那就是走“绿色”增长道路（以下称为B模式），其中尤以1988年联合国提出的“可持续发展”理念为代表。此后，西方国家的社会经济政治基本上认同这个理念，并切实地采取了各种政策与行动，对本国和本地区进行实实在在的“绿色治理”，并取得了显著成效。

到今天，整体上西方国家的环境质量优于发展中国家，而这样的一个发展模式之所以能够取得成功，其中不可或缺的一个条件便是借助于越来越便利的国际贸易和投资，将本国的高污染、高能耗产业向外转移，同时有限制、有选择地对外输出本国的“绿色清洁资源”（即能源资源环境），譬如跨地区贸易一体化协议中对特定地区进行贸易品种类的限定等。尽管从结果来看，这似乎是全球化背景下各种要素参与全球分工后使然，但如果所有的贸易都是真正双向自由流动的话，发展中国家则不会接受这么高比例的污染产业而完全忽略对清洁产业的引进，发达国家的环境治理也不会如此顺利。其中，不可忽视的一个因素便是全球范围内，西方发达国家各种形式自贸区的设定过程中，它们如何通过自贸区的制度和政策设计来强化技术效应和有利于环境保护的结构效应，逐步修正自身的贸易优势，转而使发展中国家承担资源环境的低成本供给。

一方面，自贸区，顾名思义是提高贸易和投资的自由化程度，让商品和要素通过这个管道真正地在国际市场上流动起来，然后推动本国贸易禀赋在国际市场上获得最大限度的回报。但这并非自贸区的全部内涵，今天我们开始研究所谓的“负面清单管理”，这在30多年前中国改革开放初期，是根本不敢想，也不敢做的事情，那时，担心的事情是怕没有外资进来，没有对外贸易可做。然而30多年前，美国等西方国家却早就为自贸区设定了为数众多的“负面清单”，对贸易对象和种类进行了诸多规定，从经济学的角度来看，这实际上是进行了一次“资源的扭曲配置”，即在贸易自由化的过程中，通过各种政策抬高了某些贸易品的成本，而同时又通过“自贸区”的形式来降低其他贸易品的相对成本，从而创造以及凸显出某些贸易品所谓的禀赋优势。事实上，现在大家都已经明白（或许大部分人还没有真正明白），这样的成本本来应该通过国内的价格信号进行还原，但要在国内扭转资源环境等要素的价格信号是很难的一件事情，譬如需要国会、政府、市场进行反复博弈之后才能实现。而如果通过自贸区负面清单的形式来扮演价格信号的作用，就会减少很多的社会博弈成本，同时实现对贸易和投资流向的某种掌控。这便是自贸区建设对社会经济发展模式选择的第二重意义，也可以将其理解为所谓的“倒逼机制”，更宽泛的理解是，自贸区倒逼的不仅仅是政府、企业等主体，如果政策合理有效的话，它还会直接倒逼“资源环境领域的价格形成”。

针对当前已经高度自由流动并且不合理的国际分工体系，在自贸区“负面清单管理”的设计中，不仅应该继续执行已经出台的各种资源环境保护管制政策，而且还应该对此提高约束，让资源环境要素的流出越来越困难，同时促进这些要素的积极流入。此外，必须切忌重走以前的道路，让高污染和高能耗的产业继续得以在“自由和开放”的名义下通过自贸区这个管道向内涌入。

## 自贸区建设的环境效应分析

除了上述 A 模式和 B 模式之外，同济大学的诸大建教授还提出了另外一种发展模式，即 C 模式[①]，该模式强调的是“适度的”可持续发展，侧重于以扩大经济增量为主要途径来逐步提高国民经济的绿色性，其实质是建议在可持续发展的问题上走一条“渐进式”的道路，取一个“折中值”，认为环保的步伐不可过急，应该与社会经济发展的阶段相适应，在主要矛盾仍集中于“发展与落后”的时候，不可将注意力和精力完全转移到资源环境领域上。应该说，这种模式（或理论）

① 诸大建．从布朗 B 模式到中国发展 C 模式［J］．沪港经济，2010（6）．

比较符合中国1978年以来的改革开放实践经验，那就是以增量改革的方式来逐步消除市场中的扭曲现象，通过增量来解决存量中的结构性矛盾。

但问题在于，从国外的实践来看，可持续发展的思潮一旦启蒙，在最初阶段就会表现得极为“激进”，譬如美国的环保主义运动开闸之后，一时之间朝野各界无不以“绿色”来标榜自己，以至于任何领域的政策如果与“环保”相冲突便会遭到抵制，其中便包括“自由贸易区”的政策。也有一些国家并未真正启动可持续发展进程，任由资源环境条件继续恶化，但最终都基本上以惨淡收场。从目前的情况来看，受全球化和信息化等因素刺激，中国的可持续发展可以说已经走到一个十分重要的选择关口，那就是，在资源环境保护问题上，接下来究竟应该是“匀速”前行，还是“加速”前进。

客观上而言，我国国内的环保领域在表面上看起来很热闹，但在实际上距离“真正的环保主义启蒙”还有很长的一段路要走，还没有到要区分谁是“深绿”谁是“浅绿”的阶段。不得不承认的是，仍有很多政府官员、学者、企业家受到增长至上传统思维的束缚，希望一切工作的出发点都应该围绕经济增长展开，一切工作的评价也都应以GDP为标准。在此背景下，也很难说“上海自贸区”的相关改革就没有诸如此类的考虑，即通过体制机制改革及相关领域的开放来优化资源配置，引入外部资本，提高国际竞争力，为经济注入新鲜血液，从而继续做大规模。果真如此的话，自贸区的建立倒是与上述C模式的发展理念比较契合：一方面，让经济继续加速前进；另一方面，资源环境的利用速度则相对减缓，通过此消彼长的渐进方式来化解当前的资源环境困境。

但实际上，从中央的意愿和部署来看，如果自贸区仅仅停留在这样一个目标和阶段上，显然无法满足当前形势发展的迫切需要，在“调结构、稳增长和促转型”三者中，结构调整显然是重中之重。为此，无论是“五位一体”的发展定位，还是“污染的区域联防联治”，以及“大气污染防治行动计划”等，都可以看出中央为了应对下一个阶段里可能出现的新一轮“环保诉求”而着手开展的各项准备工作，如果自贸区的发展态势依旧仅是促增长的话，那么就会与这样的努力相抵触，也不符合中央的施政意图。

自贸区究竟应该如何以自身的发展来辅佐结构调整和转变增长模式这个目标，除了本文曾提及的“减负”理念之外，还有一个重要的可能便是，通过自贸区的建设来获得自由贸易有利于环境保护的“结构效应”，也就是促进要素禀赋的转变，以自贸区吸引资本，推动中国部分区域形成全球性或地区性的“资本高地”，让资本逐渐成为我们新的竞争优势，以更加“廉价”的资本替代相对“便宜”的资源和环境。如此，也可以在不强行“减负”（规避污染产业）的情况下，实现社会经济竞争力与“可持续发展”的齐头并进，抑或可以理解为是一种基于竞争优势基础意义上的“减负”。其实，这也是我们必须推动金融、贸易、航运等的一体化来对抗外部竞争的关键所在。

## 自贸区如何与“绿色发展”协同：政策及展望

从发展模式的选择来看，在上述A、B和C三种模式中，可供我们腾挪的战略空间实际上已经越来越小，即便是走“渐进式可持续发展”的C模式在当下受到政府的首肯，却也无法再坚持几年，究其原因，正如其他国家的经验所表明的那样，环保主义的启蒙和诉求并非一种“渐进式”的发展过程，在日益趋紧的环境恶化形势下，物极必反的结果是，可能在一夜之间从中央到地方掀起声势浩大的可持续浪潮，这种势头已初露端倪，届时，一切提高效率的战略、政策及举措都不得不面对一个挑战，那就是如何与“建设美丽中国”的内生性相协同？其中的关键在于如何在不同政策之间打通“优化资源配置”这个共同点。

若从配置效率的角度出发，“绿色发展”的实质是优化资源环境的配置状况，直接的表现是将被低估了的资源环境价格还原出来。在社会主义市场经济体制下，最简单的方法莫过于通过管制来逐步提高它们的使用价格，一直提高到足以将资源环境的质量恢复到正常水平为止。其实相比于欧美的市场经济制度，我们在这方面应该有更大的优势，不过，问题的复杂性在于，“市场”这只无形之手并不乐见环境管制的努力如愿以偿，反而竭力抵制，譬如，最为典型的便是以“用脚投票”的方式抵制严格执行环境管制的国家和地区，也就是形成所谓的“污染天堂”，即产业向“污染管制较轻、成本较低”的国家和地区转移。这也正是30多年来我们屡治环境而又劳而无功的根本原因，通俗来说，就是因为我们的资源环境产品及服务不如欧美发达国家有投资价值，体现在全球贸易体系中，便是资源环境要素大规模地从中国流向其他国家，从而造成了内外环境质量的失衡。最后，即便是作为资源环境输入国的欧美发达国家自身也要出台政策来反对环境领域的这种失衡（譬如在各种地区贸易一体化协定中专门规定环境保护）。

由此，结合“绿色发展”的需要，解决资源环境领域的内外失衡是当务之急。与此同时，“解铃还须系铃人”，既然国际贸易是造成这种失衡的原因，那么，我们就有必要在强化内部环境管制的基础上，通过改善贸易条件的努力来扭转失衡。在此，自贸区就应该有所作为。

同样，按照优化资源配置的需要，设定“自贸区”的出发点就是消除内外部的各种区别和失衡，譬如制度成本的内外区别、商品和服务的内外成本区别、资本和技术要素的内外成本区别等。但值得注意的是，总体上而言，大部分商品要素内部的成本都要显著高于外部，唯独资源环境领域与之相反。这给自贸区发展以及对外多边和双边自贸协定的签订以重要启示，即如何在进一步提高贸易投资自由度、降低投资贸易各种成本的同时，让我们的资源环境成本和价格逐步与国际水平趋同，也就是说，自贸区和自贸协定能否为解决资源环境领域的失衡服务？这实则是“自贸区”改革与“绿色发展”诉求相协同的最大结合点。

表面上看，似乎很难做到这一点，但实际上，只要存在长期的失衡（成本和价格的不一致），理论上市场完全有能力出清，只是问题在于，我们将如何合理地借助包括自贸区在内的各种方法来改善我们的贸易条件，并为资源环境要素争取更加自由和对等的市场基础。

具体而言，究竟应该如何在自贸区与“绿色发展”之间搭建桥梁呢？如果我们将自贸区理解为进一步推动自由贸易的某种功能区，那么，这个问题的实质便在于如何正确理解并解决自由贸易与环境保护间的矛盾。如前文所述，两者似乎不可兼得，自由贸易发展中国家的环境恶化，自由贸易的扩大，全球竞争的引入，往往导致发展中国家“向底线竞争”的环境管制以及约束的放松和质量的下滑。尽管如此，自由贸易对环境还有积极的一面。

从理论上讲，自由贸易带动经济增长之后，能大大地提升发展中国家在环境基础设施上的投资能力，即为可持续发展提供资金保障。自由贸易如果真正实现了要素的自由流动，那么，在资源环境要素流出发展中国家的同时，也会帮助发展中国家以更加低廉的成本引入环保技术和服务。并且自由贸易所带动的市场化结果也会从制度层面大大提高发展中国家资源环境利用的效率，即提高环境的生产力。最后，商品和服务的自由流动必将带动“思想”的流动，其中便包括可持续发展的思想和理念，这一点在发展中国家长期的环境治理中尤为重要，事实上，“可持续发展”理论本身的诞生及传播就与全球市场的建立与扩大不无相关［19世纪时，英国著名经济学家 Milton Friedman 就曾断言“A free market of goods corresponds to a free market of ideas”（商品的自由市场必将与思想的自由市场相对应①）］，现在看来，其中所提的 ideas，既包括非商品的“服务”（譬如环境咨询），也包括非商品的“理念及认知”。从中可以看出，尽管相对处于劣势的发展中国家因为自由贸易造成了环境污染，但自由贸易与“绿色发展”实则仍是相辅相成的关系，不了解这一点，我们就无法充分利用“再开放”的改革契机来改善我们的环境。

落实到自贸区，将来要在进一步开放的格局下保护资源环境，那就必须扬长

---

① Milton Friedman. *A Concise Guide to the Ideas and Influence of the Free-market Economist*. Harriman House Publishing. 2011.

避短，充分发挥自由贸易积极的一面。一方面，要坚持以市场化的原则来配置资源环境要素，也就是取消各种人为压制资源环境价格的政策，在确保国家经济安全的前提下，把资源环境要素通过金融、贸易等手段放到国际市场上流通，这对提高国内资源环境要素的利用效率或者生产力是极为必要的，同时也有利于让国际市场的动态性来平息我们与发达国家在资源环境要素上的价差；另一方面，要想方设法发挥自贸区在引入资源环境服务、技术，以及知识和理念上的积极作用，进一步推进我们在可持续发展上的能力建设。如此，就可以与监管“环境污染排放”的“负面清单管理”相结合，真正地发挥自贸区在“建设美丽中国”中应有的影响和作用。

## 自贸区建设的“减负”效应

中国（上海）自贸区的建立对上海而言，可以说是历史上最大的一次发展契机，即既担负起深化全国改革开放的重任，又因身处改革的第一线，能够享受改革可能带来的各种红利。对此，除了从金融、经济、贸易、体制等角度来探讨自贸区建设的各方面之外，有必要弄清自贸区建设究竟有无可持续发展意义上的某种价值。即从资源节约、环境保护的角度来看，“上海自贸区”的建设将会对我们既定的“五位一体”战略和“绿色发展”目标有何影响。

对此，首要的问题是，“上海自贸区”建设肩负的是深化改革开放的历史使命，那么这样的一个战略性举措究竟是在做“增量”还是“减负”？经历了前面30多年“重量轻质”的快速增长后，时至今日，实际上我们的社会经济积累了在内的众多“负资产”，从而引发了诸如资源利用效率不高、环境污染严重等后果，这些体现为“负能量”的发展在严重侵蚀着社会经济的肌体。在此背景下，继续改革向前推进社会经济发展的途径已经非常明了，那就是“减负”，是时候将一些不利于社会经济健康全面发展的“负资产”清理掉，“壮士断臂”也好，“刮骨疗伤”也罢，只要能让整个经济重新轻装上阵都值得一试，尤其是能够真正解决中国在经济结构上弊病的方法。应该说，这才是打造中国经济升级版的核心所在，也是选择并启动建设“上海自贸区”的最大背景，如果仅仅是为了重复30多年间所走过的老路，那么我们根本不必如此大费周章。

若把自贸区在金融、贸易、产业等方面的政策视作一种改革和开放的深化，那么，与30年前的改革开放以及10多年前的入世（加入WTO）本质上的区别在于，后两者皆属于“从外向内”的流动性开放，前者则恰恰与之相反，更侧重“从内向外”。其主旨便是将内部的“负资产”疏导到外部去，减轻内部的重重负担，即为国民经济“减负”。

明白了这一点，中央对自贸区设定的政策清单就变得很容易理解，表面上看，都是在做增量，即从制度上和产业上扫清一些障碍，但如果对比先前的政策，不难看出，这些制度和新增的产业并未对国际市场和资本产生多大的“虹吸”效应。相反地，这些政策为众多的国内资本和产业提供了一个“外流”的捷径。这一点，从政策解读的一个侧面来看，似乎是形成所谓的“倒逼机制”，但从效率的角度来看，实则是在挤压国内经营最为粗放的部门、市场和产业以及资本，如果市场对自贸区的政策形成长期预期的话，这样的挤压程度还将逐步提高。换言之，这样的“减负”看起来似乎不利于国内的资本积累和效率改进，但从长期来看，将帮助我们挤掉泡沫，治愈国内的政府和市场以往所形成的“投资饥渴症”，使其转而寻求高效。自贸区建设带来的“减负”效应将有利于我们腾出手来真正地从结构出发来改善环境，提高能效，并实现绿色发展。

# 十问阶梯电价改革

从全局利益来看，阶梯电价改革下的电力价格提高至少从理论上讲是有可能造成其他产业部门利益受损的，从而不利于整体经济。政府需要从全局利益出发，多方面考虑哪种阶梯电价改革可以增进国家利益，提高电价其实只是其中的一个可能选项。

从 2013 年开始，全国各省市相继推出阶梯电价改革方案，这既是资源环境领域的一项重要改革，又不失为市场化定价机制的一种尝试，对此笔者进行了不同层面的解读和分析。

## 阶梯电价是与国际接轨吗

阶梯电价确实被很多国家采用，但并未获得国际社会的一致认可。即便在同一个国家，不同地区的电价政策也不尽相同。以美国为例，不同的州便采取了不同的电价政策，除了阶梯电价之外，还有峰谷电价的政策。比如，笔者曾就住的美国东北部康涅狄格州就采取了峰谷电价。以笔者收到的 2012 年 1 月电费账单为例（见图 14.1）。

**Previous Charges & Credits**

| | | | |
|---|---|---|---|
| Amount of Previous Bill | 1/10/12 | $ | 160.56 |
| Payment Received. Thanks! | 1/20/12 | $ | 160.56 cr |
| **Balance Forward** | | **$** | **0.00** |

**New Charges & Credits**

POD 1160061210026 (CYCLE 04)

| | | | |
|---|---|---|---|
| Current Supplier: THE UNITED ILLUMINATING COMPANY | | | |
| Generation Services Charge on-peak | 128 kWh X $.113005 | $ | 14.46 |
| Generation Services Charge off-peak | 314 kWh X $.078005 | $ | 24.49 |
| **Total Generation Services Charges** | | **$** | **38.95** |

| | | | |
|---|---|---|---|
| Transmission per kwh on-peak | 128 kWh X $.050966 | $ | 6.52 |
| Distribution Basic Service | | $ | 8.45 |
| Distribution per kwh on-peak | 128 kWh X $.048995 | $ | 6.27 |
| Distribution per kwh off-peak | 314 kWh X $.048995 | $ | 15.38 |
| Combined Public Benefits Charge | 442 kWh X $.006367 | $ | 2.81 |
| Competitive Transition Assessment per kwh | 442 kWh X $.015222 | $ | 6.73 |
| Non-Bypassable FMCC per kwh on-peak | 128 kWh X $.034527 | $ | 4.42 |
| Decoupling Adjustment | 442 kWh X $.000253- | $ | 0.11cr |
| **Total Delivery Charges** | | **$** | **50.47** |

| | | |
|---|---|---|
| **Total New Charges** | **$** | **89.42** |

**图 14.1　笔者收到的 2012 年 1 月电费账单**

电力收费分为两部分：一是峰部用电，单价为发电的单位收费（$0.113005）与输电收费（$0.050966）及配电收费（$0.048995）等几项主要费用的加总；二是谷部用电，单价为发电的单位收费（$0.078005）与配电收费（$0.048995）两项主要费用的加总，谷部的用电不收取输电费用。由于居民大多白天上班，晚上回家，因此，谷部的用电量远高于峰部，从而起到调节用电负荷的目的。

那么为何康涅狄格州不采取阶梯电价的模式呢？据观察原因可能有以下几点：康涅狄格州地处北方，常年平均气温较低，尽管供暖方面的能源和电力需求较大，但电力需求水平的季节差异性较小，居民的用电刚性较高，因而阶梯电价对居民用电的可调节性较弱；康涅狄格州电力来源以低成本的核电为主（50% 以上），但电价之高在美国所有州中排名第二，因而其主要用电矛盾不在于电力的紧缺或电企的亏损以及节能，而在于峰、谷的用电不均；在取暖的能源供给方式上，电力公司较易面临来自其他替代性能源供给方式的竞争，阶梯电价的实施可能会造成某些电力用户的流失。

与康涅狄格州不同，加利福尼亚州则采取了阶梯电价的政策，其一共有三个主要电力公司，它们都在设置了一个基础用电水平后，按照居民用户用电的多少确定其用电价格。以太平洋气电公司为例，其阶梯电价结构如图 14.2（A）所示。而南加州爱迪生电力则设计了五个级别的用电水平，如图 14.2（B）所示。圣地亚哥气电公司也设计了四个级别，如图 14.2（C）所示。

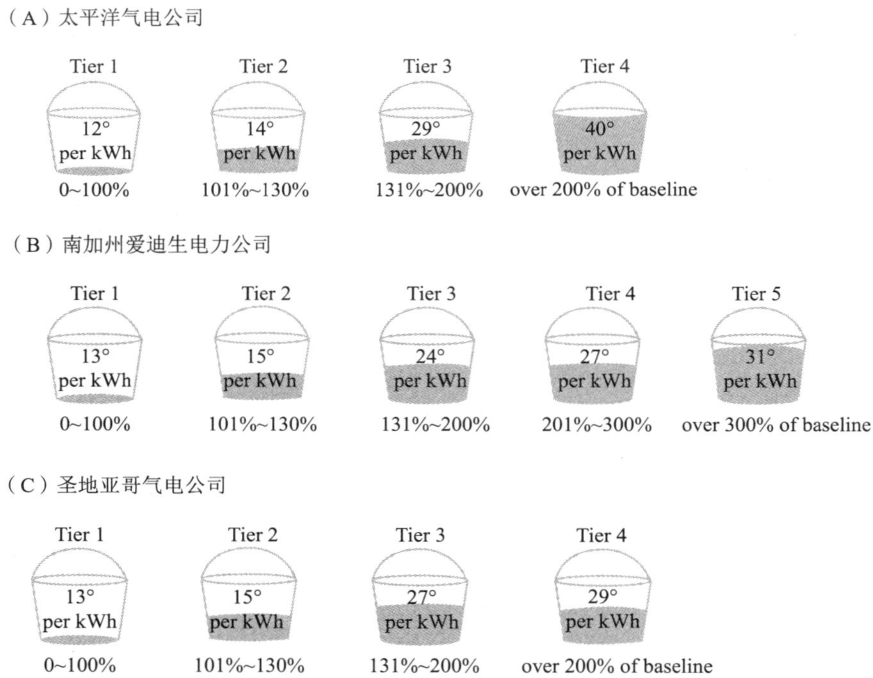


**图 14.2　太平洋气电公司、南加州爱迪生电力公司、圣地亚哥气电公司阶梯电价结构**

注：单位为 kWh。

加利福尼亚州的电力收费模式与我们国内正在开展的阶梯电价改革设计方案类似，不同之处在于：

其一，加利福尼亚州的阶梯电价结构中，基础用电水平由处在不同气候条件下的地区或城市平均用电量决定。基于各地的基础用电水平均有所不同，充分考虑了在同一个行政区划内由于地理和气候条件造成的各地平均用电量的不同。

其二，在确定基础用电量后，以比例的方式来划分不同的用电水平，确保了在居民用电水平因为季节或气候等因素而出现波动时，能够及时灵活地调整电价水平，也最大限度地避免了影响低收入阶层以及一般居民的电力刚需。

其三，在上述三个公司的电价结构中，值得注意的一点是，它们从第二档转向第三档的用电水平时跳跃幅度最大，而在一、二档之间，三、四档之间的变化幅度都较小。按照经济学的一般规律，第四档电价应该在第三档基础上再大幅提升才足以形成比较好的边际效应，那么加利福尼亚州的三个公司为何都不这么做呢？这说明在电力公司看来，用电的价格弹性在第一、二档和第三档之间时较小，而到了第四档则会变得较大，虽然具体水平不得而知，但可能到第四档用电水平时，价格弹性已经超过 1，即意味着再大幅提高价格，将会大幅减少用电量。而从电力公司发电成本的边际递减效应来看，它们绝不希望看到用电量出现大幅下滑。

因此，美国的电价政策给我们国内阶梯电价改革的借鉴在于：阶梯电价并非电价改革的唯一选择，应视具体情况而定；阶梯电价改革应充分考虑相同行政区划内不同时间、不同地点的用电水平差异；阶梯电价改革应充分考虑电力生产和消费的一些基本规律。

## 阶梯电价有助于节能减排吗

按照各地阶梯电价改革设计方案的介绍，其中大部分都将节能减排、保护能源资源的使用作为实施阶梯电价的重要依据。从环境保护的角度来看，唯有将资源能源使用的外部成本内化到使用个体之上才能形成资源能源消费过程中成本与收益的对称关系。简而言之，就是只有提高能源使用成本才能更好地体现能源的全部社会成本。因而，为了纠正过去忽略资源能源环境成本的错误，唯有提高电价才能够推进资源环境的保护和利用，促进节能减排。以上的过程可以归纳为：阶梯电价带来电价高企（阶梯电价改革过程中电价高企的问题将另行探讨），而电价高企又可以推动保护资源环境，因而可以很容易地得出结论，阶梯电价必会有助于节能减排，保护资源环境。

首先，从阶梯电价改革方案的基本设计原理来看，这是一种根据消费者的不同支付意愿来收取不同电力价格的边际定价方法。一般认为，收入水平较高的用户有较高的电力消费支付意愿。也就是说，同样使用一度电，收入水平高的人群会因为环保意识相对较强，而愿意支付较高的价格，而收入水平低的人群则相反。由此可见，保护资源环境实则与支付能力以及收入水平有着很大关系。据此，阶梯电价改革方案将用电的大户锁定在高收入人群，他们一般有较高的支付意愿，即较高的价格承担能力。同时，对有较低支付意愿的中低收入人群则收取相对较低的价格。这实际上表明，阶梯电价的用意并非是削弱用户的用电需求，而是提取那些过去电价系统未能提取出来的消费者剩余。就此意义而言，阶梯电价改革并非价格的普涨，实则是通过结构性地提升价格来降低电力的消费水平（这当然也并非电力供应商的本意），因而从电力消耗本身而言，阶梯电价无法达到节能减排和保护资源环境的目的。

其次，从价格弹性的角度来看，阶梯电价也无法实现其节能减排的预定目标。价格水平对消费的影响传导机制主要是通过价格弹性体现出来的，只有当价格弹性较大时，价格的上升才能较有效地降低需求量；反之，价格弹性较小时，即便价格上升了需求量也未必会出现大幅下滑。电力属于刚需商品，即一般而言消费价格弹性较低，价格的小幅上升根本不足以对消费者造成影响。在阶梯电价设计中，较大的涨幅仅出现在用电量超过基础用电水平 1 倍以上，也就是上述收入水平较高，价格承受能力较强的那部分用户的电价会比较高。从价格弹性角度来看，这本可以形成对用电量的约束，但需要注意的是，由于用户收入水平上升了，他们的价格弹性曲线会出现整体波动，从而抵消价格上升的影响。也就是说，对这部分用户而言，一般意义上的电力价格变动（除非将电力价格提升到数倍或数十倍，此时价格弹性的效应会重现）实际上已经不足以影响他们的用电习惯和行为，因而阶梯电价对他们在资源环境利用上的限制作用微乎其微。

最后，从居民用户的消费心理来看，阶梯电价方案如设计不当，非但不会达到节能减排的目的，在某些情况下还可能会给电力消费带来“反弹效应”，增加电力的消费量，从而对资源环境造成进一步的危害。比如，如果第一档用电量（基础用电水平）设置在 70% 的水平线上，假定为 200 度 / 月，也就是七成的居民消费量都低于或等于这个水平，并且第一档的电价水平较低，那么这个设计在一定程度上会对低于 200 度 / 月的用户部分造成一定的心理暗示，其会认为用尽 200 度 / 月的额度会比较划算，从而会鼓励原本低于 200 度 / 月的居民用户放松其用电水平的控制，尤其是对 150~200 度 / 月的用户影响最大。实际上经济学很早就已经证明了这个由心理暗示带来的“反弹效应”的存在。譬如，当一个家庭购买了节能电器或车辆后，会发现其消耗能量不降反升，因为在单位节能的同时，他会受到某种心理鼓励去增加使用时间或规模，从而造成总消耗量的增加。同样地，这种“反弹效应”也会在第二档和第三档用户身上发生，但由于这两档的居民人数较少，因而其效果不如第一档那么明显。

总之，单就阶梯电价方案本身而言，由于边际支付意愿的不同、消费价格弹性的差异以及反弹效应的存在，很难得出“阶梯电价有助于节能减排”的结论。

## 阶梯电价可以缓解电企亏损吗

多个省份的阶梯电价改革方案都提到一个共同的因素，那就是电企的成本收益问题。据称，目前的电企大多处于亏损状态，其缺口由政府补贴予以弥补，即居民用户用电的价格本身也是补贴的结果。因此，如果不通过阶梯电价区分具有不同支付意愿的电力用户，那么就有可能出现多用电多得补贴的现象，造成收入分配的不均。而一旦实行阶梯电价，则可以从用电大户那里征收较高的电费，一方面恢复补贴的公平性，另一方面则可以在一定程度上弥补电力公司的成本缺口，最终实现还原电力公司市场成本，并削减和取消政府补贴的目的。那么这个理由成立吗？

的确，在西方国家的电力改革过程中，尤其是“二战”后出现的短期国有化浪潮中，也实行过由政府补贴企业亏损的政策。但之后很快就走上了市场化的道路，放松管制并实行电力市场自由化的政策，从而结束了政府对用电的补贴。此后，主要西方国家的电力市场发展一直较为平稳，没再出现大的波动和问题。因此，总体而言，电力发展的市场化应是电价改革的终极目标。届时，电企自然会实现盈亏的平衡，不再需要政府的补贴。但要实现这一点，阶梯电价所能发挥的作用微乎其微。

其一，如前所述，阶梯电价实则无法起到限制居民用户用电水平的作用，反而在一定程度上还会刺激居民用电水平的增加，这对电力公司而言，意味着必须购买额外的电力来满足需求，而多购这部分电力的用户主要分布在基础用电水平之下的那个区域，其以中低收入的用户为主，尽管高过基础用电水平的用户电价因阶梯电价的实行而被提高，从而可以增加电力公司的收入，弥补其亏损，但与此同时，电力公司还得为中低收入用户用电水平的提高而承担更大的亏损，两者相抵之后，阶梯电价对电力公司收入的影响就会变得微不足道，甚至是得不偿失。

其二，即便阶梯电价对各个群体的居民用户用电水平都没有影响，高收入用户电价提高给电力公司带来的收入净增加也注定不可能长久。从长期来看，电价的局部市场化会推动输电的局部市场化，继而带动发电的局部市场化，最后还会导致供能的局部市场化。即二次能源电力价格提高最终会传导到一次能源的供给价格上。譬如，在同一个城市里，在市场化的条件下，电价的提高会引起其替代品，即其他供能方式价格的提高，并逐渐传递到所有的能源供应过程中。这一结果表明，在一致的市场化进程中，阶梯电价带给电力公司的些许盈利都会被逐渐上升的能源成本以及发电成本所抵消，长此以往，电力公司的盈利水平仍将回到原位。

其三，阶梯电价对用电量的影响还有一种情况，就是在价格弹性的作用下，有可能引起高收入用户用电水平的下降，而一般用户的用电水平则不变。此种情况尤其不利于电力公司，根本无助于电力公司实现缓解亏损的美好设想。一则电力需求下降本身就抵消了电价上升的影响，总电价收入将基本维持不变；二则电力需求下降会削弱电力公司的电力购买能力，也就是减少其电力购买量，这在一定程度上会提高单位电力购买成本，增加电力供应的负担。此时，电力公司反而可能会要求更多的政府补贴。这是政府主管部门和电力公司最不希望看到的结果。

## 阶梯电价可以调节收入分配吗

在阶梯电价的设计方案中，调节收入分配是证明其合理性和紧迫性的一个重要依据。按照一般理解，电价改革可在几个层面上调节收入分配：一是不同的收入群体，也就是高低收入的不同电力用户间的调节；二是不同发展程度的地区，将收入在东中西三个地区或城市与农村间进行调节；三是不同的时间段，能源资源的使用涉及代际公平，通过价格调节不同时间段上人们的收入。理论上，电价改革应该可以同时发现上述三个层面收入调节的作用。但本次阶梯电价的设计方案是由国家发改委主导，执行权下放至以省（直辖市）为单位的地方政府，因此，地方的设计方案较难顾及地区间的收入调节问题。同时在现有的政府政绩短效考核机制下，电价改革也很难顾及代际间的收入调节，因此阶梯电价改革中所提的收入调节就更多地作用在本地居民不同收入水平的调节上。那么，就同城的收入调节来看，阶梯电价的设计可以发挥预期的效应吗？

首先，假定阶梯电价的方案可以实现设计者的初衷，即基础用电水平之下的用户不受其影响，高于基础用电水平的用户用电成本提高。即前者的用电价格和用电量都保持不变，而后者的用电价格提高和用电量下降。从用电支出的角度来看，实际上，不同收入水平的用户用电总负担的对比并不会改善收入的分配问题。这是由于，在以上假设情形下，中低收入用户的用电量和用电价格都不变，故其用电总支出不变，而高收入用户的用电量下降和用电价格上升，故其用电总支出应为不变或下降（具体视这部分用户的电力消费水平的差异而定），那么在其他条件不变的情况下，中低收入用户的用电总支出在整个社会用电总支出中的比例应该不变或提高，即中低收入用户有可能为社会承担更多的电力成本，高收入用户用电支出的比例则会下降。这又如何能使阶梯电价改革发挥调节收入分配的积极作用呢？

其次，假定阶梯电价的预期结果有所不同，出现中低收入用户不受影响，而高收入用户用电价格和用电量齐升的情况，即高收入用户用电总支出确实提高了，所占社会总用电支出的比例也提高了，符合“高收入多负担”的原则。但接下来的问题是，电力公司在收取了高收入用户的额外用电支出后，会以什么形式来返还给低收入用户以实现对收入分配不公的弥补呢？实际上，在所有的设计方案中，都仅提到这部分额外收益是用来弥补电力公司亏损，或者用以抵充政府补贴不足的缺口。那么阶梯电价在解决收入分配问题上的作用就仅仅是解决了“低收入”的电力公司与高收入用户间的分配调节，而不是调节全社会的收入分配。

最后，阶梯电价对居民电力用户的影响还可能出现的一种情况是，中低收入用户的电力价格不变和用电量增加，高收入用户的用电价格上升和用电量不变。也就是说两种收入用户的用电总支出都在上升，而目前设定的基础用电水平大都满足 80% 左右的居民用电量，因此，可以预计前者用电总支出的上升幅度极有可能高于后者。其结果是，在阶梯电价下，中低收入用户的用电总支出占社会用电总支出的比例还可能会进一步提高。此时，就不再是高收入用户的支出来补贴中低收入用户了，反而是中低收入用户的支出来补贴高收入用户，这会给社会带来更大的不公平。

要实现电价改革对收入分配的调节作用，首先，应实现电价的市场化以最大限度地提高电力供应的效率；其次，辅之以收入均衡税的方法来限制电力公司的额外收益；最后，实行有差异的阶梯电价来平衡不同收入阶层的用电支出。

## 阶梯电价只有涨价机制吗

各地出台的阶梯电价改革方案（草案）有一个共同之处，那就是都存在一种无法抑制的涨价冲动。如果不是国家主管部门强行划下 80% 的基础用电水平标准，估计这样的涨价冲动还会更加强烈和明显。

即便是同样的涨价，在不同的主体眼里也有不同的解读。在电力公司的眼里，阶梯电价只是提高了高收入用户部分的电价，没有影响到中低收入用户，这对本可以涨到更高的“电老大”而言，已经非常难能可贵了。而在消费者的观念里，阶梯电价模式只是为电价搭了个往上爬的“梯子”，却不见这个“梯子”的下行搭脚在哪儿。尽管大部分人不受此次改革的影响，但他们会禁不住对电价沿着这个“梯子”上升产生联想。而在政府主管部门，阶梯电价中提高的电价部分只影响到高端用户，而不关普通消费者什么事，因此也不会造成社会的集体反弹进而影响到社会的稳定。

实际上，在一个只有上涨空间而没有下跌空间的阶梯电价改革中，消费者是完全有理由提出他们的质疑的，而且这种质疑也站得住脚——凭什么电价只升不降，而又要人无条件地接受呢？电力公司认为，他们的成本已经高于目前的一般电价，只有在现行电价基础上进一步提价，才能补足他们的成本缺口。我们姑且不论电力公司对自身成本的评估是否合理，以及提高电价能否解决电力公司的亏损问题，关键是这样的理由已经让电力公司取得了道义上的制高点，消费者总不能让电力生产和经营者亏损经营吧？由此出发，可以预计未来电价改革的任何进展都会与满足电力公司成本和提高电价密不可分。那么，试问，随着全球各国对资源环境问题的进一步重视，以及国际能源资源价格的进一步上涨，电力公司未来的电力生产和经营成本会出现逆转而下降吗？基本上不可能。因而，在阶梯电价的市场化定价模式下，如果其他条件没有变化，是有理由预估这个“梯子”的确有很大的提升空间，却没有下降的可能性。

那么，阶梯电价本身是否可以带来降价的可能呢？实际上，就理论而言，阶梯电价的合理设计完全有可能打通价格上下的通道，实现不同群体间的均衡。

一般而言，电力的定价有两种指导思想：一种是平均成本确定法，即按照电力生产和运营的单位成本来确定用户电价，即打通不同时间、地区和阶段的成本差异统一定价，这也是目前电价体系的指导思想。另一种是边际成本确定法，即按照电力生产和运营的最后一个单位成本来确定用户电价，这意味着不同时间、地区和阶段生产的电力，其成本有所区别，然后根据这个区别来确定价格。按照一般的理解，电力公司的电力生产成本应该存在规模递减的效应，也就是发电量越大，市场规模越大，发电成本则越低。

譬如，一个发电设计规模为 100 万度电的电厂如果只发一度电来供应给一个用户，此时的生产成本无限高；而当它生产了 100 万度电时，最后一度电的生产成本就是最低的，基本可以忽略不计。也就是说，随着发电量的增加，发电的成本应该会不断下降，体现在电价上也是如此（这也是电力公司本身无意通过阶梯电价打击电力消费者积极性的原因）。

那么，针对这样的一个成本结构，我们能否按照边际原则设计出一个类似的从低到高的阶梯电价体系呢？尽管目前的电价水平低于电力公司的平均成本，但实际上可以通过“低的更低，高的更高”的方法来适应边际成本的差异，并让“高”“低”不同电价用户的支出来进行内部抵消，而不致影响到电力公司的总体收入。此时，阶梯电价便有了“减价”的可能和节电的效果，如果用得少，总支出会因为电价的降低而变得更少；如果用得多，总支出会因电价的提高而变得更多。在此框架下，消费者便可以在“高”“低”电价中获得选择权，从而看到通过这个“梯子”减少电价开支的希望。

## 阶梯电价是一种市场机制吗

抛开阶梯电价改革所带来的各种长短期效应，其背后的政策设计理念实则不仅关系到我们能否将市场机制贯彻进公共事业领域改革的理论问题，还关系到在当前深化改革的阶段里，如何认识并协调政府与市场关系的问题，这当然也是一个有争议的问题。

在阶梯电价改革的设计者看来，阶梯电价是在还原电力消费的成本，先是将电价逐步与电力的生产成本持平，再将电力生产带来的社会环境成本纳入电价范围，最终电力消费者不仅要承担电力生产的直接成本，还要为社会环境为电力付出的间接成本埋单。据此，可以认为阶梯电价是一种纠正市场失灵后的市场机制。不可否认，阶梯电价本身确实是基于经济学“边际”概念而产生的一种公共事业产品的定价工具，在很多公共事业部门都有广泛的应用，其核心思想便是消费的价格等于消费的边际支付意愿，如此可以最大限度地优化社会资源的配置。

问题是，作为电力价格的定价机制成为一种市场机制，本身有一个重要前提，那就是从电力生产到电力运输，再到电力配送的所有电力生产和消费的环节都应该是市场化的。否则，如果仅仅实现消费环节的市场化，并切断消费环节与生产环节的联系，那就会造成“结果市场化”和“过程非市场化”间的矛盾。而在大多数情况下，“结果市场化”和“过程非市场化”的结果往往是涨价。

那么，作为公共事业的一种，电力的生产与消费是否有必要实行全过程的市场化呢？从能源资源关涉资源环境保护和国家安全的角度来看，电力生产和消费未必要实行全过程的市场化，因为市场这只“看不见的手”在环境保护和国家安全等议题上的确会出现失灵的时候。因而，作为另一只“看得见的手”，政府有必要对某些环节在某些阶段进行干预，尤其是在电力生产和消费有可能危及环境保护和国家安全时，政府的作用是不可或缺的。除此之外，政府仍应该将其他的环节留给配置效率最高的市场。

具体到阶梯电价的改革，涉及社会环境成本的部分，政府以税收及行政命令等方式进行干预都无可厚非，但如果是仅仅涉及企业自身生产经营和成本等问题，可尝试让消费者与企业进行公平的市场博弈。作为第三方，政府此时需要做的只是确保消费者与企业拥有平等的博弈资格，并保障生产与消费间各个环节的畅通，即维持市场公平和消除市场壁垒。在此情况下，即便是在“结果”与“过程”市场化有所不同的初始条件下，阶梯电价的改革如果能做到消费者与电力公司拥有对等的市场地位，那么市场机制本身就会将电力市场下游“结果”的市场化传递到其上游“过程”中，从而对电力生产、运输乃至能源的供应都形成倒逼机制，促进整个能源领域的资源优化配置，并推动其健康发展。

然而，按照当前的阶梯电价设计方案，电力公司是垄断方，而消费者的市场地位明显处于劣势。在此背景下，阶梯电价方案只是表面上遵循了市场机制的设计形式，实质在执行时却很难贯彻阶梯电价作为市场机制的真正理念，也很难发挥在“边际”这一经济学原则下所能实现的优化资源配置的效果。

总之，在电力价格的定价机制上，政府与市场都应侧重发挥其各自的不同作用。但现阶段，我们首先应保护和培养市场力量和意识，让市场的理念和机制真正深入定价过程中，如此，市场才可能理性地消化电价的涨跌。

## 阶梯电价改革存在“机会之窗”吗

据介绍，阶梯电价改革的设想提出已有数年，但一直碍于没有合适的时机才拖到现在。而又据介绍，由于目前通胀率较低，故是推进阶梯电价改革的最佳“窗口期”，如不抓紧实施，改革的“窗口期”将因价格的上涨而很快关闭。

的确，任何改革或制度的改变都有一个特定的“机会之窗”，称其为“机会之窗”就是因为在合适的时机开展某项改革，将使改革的社会机会成本最低或相对较低。而这样的时机不会频繁出现，在复杂多变的社会经济发展过程中，“机会之窗”往往稍纵即逝。那么，就阶梯电价改革而言，是否也存在这样的“机会之窗”呢？什么才是阶梯电价改革的真正“机会之窗”？

当前对阶梯电价改革“机会之窗”的理解有一个重要的前提，那就是假定阶梯电价改革的结果是电价必然上涨。在此前提下，能够实现社会机会成本最低的那个时机便是最佳的改革时机。由此，应该先来了解什么是电价上涨的社会机会成本。电价上涨涉及多方利益和支出，有必要对此进行详细解析。

其一，受电价上涨直接影响的有两方，分别是电力公司和居民用户。从表面上来看，电价上涨将会增加电力公司的收入，故其机会成本为负，不会成为阻碍阶梯电价改革的因素。但对居民用户而言，电价上涨则会增加他们的支出，其机会成本则为正。而且电价上涨幅度越大，居民用户的机会成本就越高，作为经济理性人，其必然会反对阶梯电价的实施，成为改革的阻力。

其二，受电价上涨间接影响的也有两方，一是监管方本身，二是未来一代的居民用户。监管方认为电价上涨有助于实现公平负担，降低政府补贴程度，并有助于理顺市场关系，因而有百利而无一害，属于机会成本为负的一方；而作为未来一代的居民用户，由于电价上涨会促进资源环境的保护（从阶梯电价改革的主观本意出发），从而保护未来一代人的发展权利，他们也属于获益方，会支持电价上涨。

从以上分析可以看到，带来电价上涨的阶梯电价改革，其机会成本主要集中在当代居民用户上，其他各利益相关方都不会成为改革的阻力，也就无所谓时机好坏了。问题是，在物价回落和物价高企两种情境下，哪种情境才是抬高电价的“机会之窗”呢？

按照当前的一般理解：在物价回落时调高电价对居民用户的福利冲击最小；

反之，物价高企时提高电价则会加大居民的不满情绪。事实果真如此吗？

实际上，在物价回落时调高电价，其结果只会是提高“电价涨幅”对居民福利程度的边际影响及敏感度，造成更大的反弹。而在物价高企时，受总体价格上升的抵消，电价上涨的边际效应反而不会很大，居民用户反对电价上涨的阻力会不升反降，这是其一。

其二，只有在国际能源价格冲向高点时，电价与其他能源价格的差异才会被放大，其他能源品种价格出现的波动会降低居民用户对电价上涨的反对程度，这种情况就曾出现在其他国家的能源价格改革过程中。

其三，在价格普涨时推进阶梯电价和提高电价属于正常的“成本推动”和市场传导。而在价格回落时提高电价则属于“改革推动”和外力干预，从资源能源改革迈向市场化方向的发展趋势来看，这并不符合市场自身的发展规律，也不可能得到居民用户的理解，改革的阻力将会由此大增。

其四，从电价上涨总体的社会和政治影响来看，如阶梯电价的方案科学合理，能兼顾各方利益，那么电价上涨反而可以赢得普通居民用户的支持，尤其是在物价高企时，还会进一步减少社会各方的抵触情绪，有助于社会稳定。反之，如果电价上涨的设计方案不当，即便是物价回落时实施，社会各方也会将矛盾对准上涨的电价和不公的分配，形成较大的反对阻力。

最后，实施阶梯电价改革，选取其“机会之窗”并不能简单地看普通物价的涨跌。如不能在公平公正的市场环境下由各市场主体进行博弈来确定合理的定价机制，对“机会之窗”的选择也便无从谈起。而仅就带来电价上涨的阶梯电价改革而言，物价高企的时机比物价回落的时机更有利。

## 阶梯电价是资源能源价格改革的起点吗

资源能源价格体制是当前社会经济改革发展中亟须进一步理顺和优化的环

节，也是推动和深化改革的重点对象。从理论上讲，资源能源的定价机制应沿着优化资源配置的路径进行变迁，即利用市场作为有效的定价手段，政府则退至市场无法发挥作用的环节和领域，比如环境保护、资源节约等。在这一点上，社会是有一定共识的，即便是处于垄断地位的各类资源能源供应商，也承认市场化改革的总体方向，而作为消费者的需求方，则更会从市场化的过程中享受到效率提高和资源优化配置所带来的成果。但问题是，如何才能有效地在最短时间内推进资源能源的市场化定价机制改革——其入口在哪里，又如何才能打破长期以来的路径依赖，形成制度变迁？

从目前公布的阶梯电价设计方案来看，实施阶梯电价政策显然成了启动资源能源整体价格改革的出发点。按照主管部门的设想，先行通过阶梯电价推动电价上涨，而后通过建立煤电、油电、气电、水电、核电等各个能源品种与电力间的价格联动机制来提高能源供需的市场化程度。当然，在市场供需的传导机制作用下，电力价格的上涨必然使其他能源品种也陆续提价。这当然可以在很大程度上减轻其他能源品种价格提高给电力供需本身带来的压力。也就是说，阶梯电价和电价上涨实则是在提前消化资源能源市场改革后价格提高所可能带来的巨大压力。那么，为何不考虑从其他能源品种的价格机制开始调整，然后再让其自然延伸到电力部门呢？最有可能的一个原因是，其他能源品种的改革难度高于电力部门。具体而言，自电力部门开始价格改革是自上而下的制度变迁，而自一般能源品种开始价格改革则属于自下而上的制度变迁，后者的难度高于前者。

在西方发达国家的资源能源管制过程中也曾出现过类似的现象，即电价改革容易而能源改革难，但原因却有所不同。在市场化程度本就较高的欧美等国能源市场中，一般能源品种的供应较为分散，同一地区或城市的能源供应可以来自国内不同地区以及全球各能源生产国，因此能源厂商在与需求方的市场力量对比上并不占绝对的优势。电力部门却不同，尽管它也受反垄断法和政府管制的约束，但出于自然垄断和效率的考虑，在同一地区或城市，电力的直接供应往往也只由一家电力公司来负责。而电力的采购也基本上遵循就近原则，在本地消化，因此电价也基本统一。这一市场结构的特点与目前中国的电力市场结构有很大的相似之处，然而，正因为比较单一的供应结构，反而使得政府容易开展价格上的制度改革。相比之下，市场力量比较均衡的能源市场却因为分散的供应和相异的价格使得政府的价格改革困难重重。

从欧美的资源能源价格改革中可以得到启发，在能源市场与电力市场的相互关系中，能源市场实则占据主导地位。当能源市场关系理顺时，电力部门的市场关系便较容易理顺；而如果不能从根本上消除能源市场的垄断性，那么即便电力部门通过阶梯电价方式提高了电价，还原了部分电力成本，也无助于能源市场的价格改革。就此意义而言，在垄断因素尚存的情况下，管制下的电力价格市场化尽管显得较为容易，但也不会就此降低能源市场的价格改革难度，反而有可能在能源价格高企时加强其垄断的意愿和能力，转而阻碍能源市场的放开。这一点监管者应该注意。

## 阶梯电价改革需要怎样的“听证”过程

据报道，阶梯电价的初步方案在各省市都举办了例行的价格听证会，从听证会的结果来看，大致有三种：一是全体通过，这属于少数；二是大部分同意，但“与会代表提出了不同的意见”，这属于多数情况；三是大部分不同意，“与会代表提出强烈反对”，这也属于少数。对此，各地主管部门大多表达了“进一步研究和吸取代表意见”的态度，但阶梯电价的改革进程却不会停止。不得不承认，在通过听证会听取各方代表意见并实现透明和公开的做法上，阶梯电价改革取得了较大的进展。但问题在于，针对听证会提出的不同意见，我们下一步的改革又会发生哪些变动呢？实际上，按照计划中的时间表，2012 年 6 月 1 日全国将执行新的阶梯电价，在短短的十几天里，听证会虽然融汇了市场各方代表的意见，但最后的改革方案究竟采纳多少却是另一回事。而“全体通过”和“全体反对”极端听证结果的出现，也正表明，为听证会所提交的阶梯电价初步方案实则没有真正融合民意，缺乏社会改革所必需的社会共识基础。况且阶梯电价还是关乎民生大计的重要改革。

当然，并非说阶梯电价改革设计方案就必须进行全民投票和表决，从某种意义上说，一人一票的直接表决方式，极有可能进一步加剧社会各方在改革议题上的对立和矛盾。但除此之外，如何让关系民生的改革议题获得社会的认同，融合社会各方意见，达成社会共识，降低社会成本却是阶梯电价改革不得不重视的问题。“全体通过”和“全体反对”的听证结果恰恰反映了所提方案缺乏折中性和可操作性。其根本原因在于“听证会”往往被当成了“听证”改革方案过程的终点，而不是起点。实际上，要取得公众对阶梯电价改革方案的真正理解和支持，要发挥“听证”过程的合理作用，对电力价格等重大民生问题的改革议题，应在“听证会”基础上建立更加完善的社会治理结构。

其一，阶梯电价改革关涉各方利益，事关民生大计，其决定过程应是在各方间进行充分博弈，在公平公正的基础上让市场各方进行协商和谈判。政府作为监管部门应保证博弈环境的公平公正性，而非拉偏架——既不能仅站在消费者一方来压制电力公司，也不能完全维护电力公司的利益而忽视消费者。否则改革过程只会违背各方民意，招致双方的反对。

其二，培育和发展各方的市场主体意识，各方只有充分表达了基于市场意识的意见和理由后，博弈才能得以充分进行。否则，对改革一味地反对或支持，实则并不利于电力市场的长远健康发展，市场意识包括了对自身长短期利益的认识和平衡。在此，电力公司的市场意识和认识也得以纠正，而电价上涨在长期也未必完全有利于电力公司本身的发展（譬如会带来效率降低、用电量下降、产能过剩、竞争力不足等问题）。

其三，培育和发展各方的市场力量，作为第三方，政府既不能代表消费者的利益，也不能代表电力公司的利益。那么，市场要形成一个经过充分博弈而具有妥协性的方案，其重要前提便是参与改革治理的各方势力均衡，根本而言，尽管电力公司处于天然垄断地位，但消费者也掌握着强大的需求武器，况且其社会基础庞大，有很强的潜在市场博弈能力，只要政府肯为消费者市场力量和组织的发展提供空间，假以时日，消费者便会在电力市场拥有对等乃至更大的话语权。唯有如此，我们才足以在听证会上提出经过充分民意整合，并经充分博弈的阶梯电价改革方案。

一个理想的阶梯电价听证会结果是什么呢？1/3 支持，1/3 反对，1/3 弃权，而政府最后也只能听从大多数人的意见，毕竟，改革仍需付出成本。

## 阶梯电价改革符合全局利益吗

在工业化时代里，电力以及能源是一个国家经济的基础性产业，仅从比例上来看，电力及能源支出占国民总支出的比重也许很低，但它对国民经济增长的杠杆作用却极大。就居民而言，一切现代化的生活方式，包括房子、车子、娱乐、美食、舒适、自由、品位和尊严等都无时无刻不依赖电力和能源，其中电力更是和居民的生活质量息息相关。生产也是如此，一切产品、技术、创新、产业、教育、金融、服务、贸易等也都离不开电力的供应。电力定价制度的改革导致电力供需变动会对上述生活和生产带来深刻影响，尽管现有的电价制度并不合理，但对其进行改革所应谨慎考虑的是，新的电价制度能否更符合我们生活和生产的全局利益。具体而言，即阶梯电价改革是否符合国家利益。

一般而言，判断一个基础性产业部门的价格改革是否符合全局利益，大致有四种可能。第一，价格改革有利于本产业部门，却不利于其他产业部门，在此，每个产业部门的利益都是全局利益的组成部分；第二，价格改革不利于本产业部门，却有利于其他产业部门；第三，价格改革同时有利于各个产业部门，并增进了全局利益；第四，价格改革同时不利于所有产业部门（尽管主观上，改革的设计者不会希望发生这种情况，但客观上却有可能发生这种悲剧的结果）。

如果阶梯电价改革的初衷是提高电价，那么各个产业部门的受影响情况如下。

首先，对电力产业部门自身而言，价格提高，在用电刚性和政府补贴不变的条件下，电力公司的收入增加，也就是电力和能源产业部门整体收益增加，属于受益方。那么其他产业部门呢，居民可支配收入因为电价支出的增加而下降，生活质量必然有所下降。同时，电力和能源的下游产业部门的生产成本提高，一则会挤压其利润空间，造成其减产；二则会向市场转移提高的电力能源成本，造成居民消费能力的进一步下滑。无论哪种情况，体现在国民经济增长上，都会形成总产出水平的下滑。结果便是以电力产业部门收入增加换取了其他产业部门总体产出和收入的减少。

其次，电价上涨有没有可能催生出新的产业部门呢？的确是有可能的，在电力等能源价格高企时，为了应付市场的压力，其他产业部门会通过技术手段来节能，从而催生出节能这一新兴的产业部门，家庭也可以用节能型家电来取代原有的高耗能电器，因此全社会可能会因为节能而新增部分产出。但问题在于，节能产业部门一旦兴起，又意味着原有耗能产业部门的衰退，就此而言，提高电价只是催生了新的部门，而不是催生了新的产出，随着新旧部门更替的完成，产出水平仍维持不变。其结果仍然是电力能源部门获益，其他部门加总收益不变。

再次，电力价格的提高是否会减少政府的补贴，从而减少社会的负担、提高社会福利呢？这也不太可能发生。假定政府对电力公司的补贴会由于电价的提高而减少甚至取消，那么从理论上而言，这部分补贴就会转移到其他的补贴项目上，或者是通过减少税收的方式来冲抵这部分不再发生的补贴。无论如何，其他部门的所得加总起来最多也就是等于多支付的电价，而绝大多数情况下，最后的方案往往会使这个总量低于多支付的电价；否则，又如何让公众感受到电价提高带来的用电约束呢？因此，社会其他产业部门在补贴转移过程中总是多支出的一方。

此外，在电力能源部门仍处于垄断的情况下，电价的提高反而会鼓励电力能源部门“想方设法”进一步提高电力能源的生产和供应成本，只有这样它才能让自己永远维持在“亏损”的状态中，并继续获得政府的补贴。这一情况即便在能源市场化程度很高的欧美国家都曾出现过，譬如，在石油价格内外存在价差时，石油公司便可以通过进口高价油、出口低价油来提高国内油价，并从中牟取暴利。再如，如果政府为垄断性电力能源企业确定了一个基于成本的利润率，那么电力能源企业便完全有可能去寻找高成本的能源供应来替代低成本的能源供应，以便从中获得更大的利润基数。因此，在这些情况下，政府的补贴根本不会因为电力价格的提高而减少，从而也谈不上什么有利于其他产业部门了。

最后，在阶梯电价的改革中，如不合理设计方案中的各种细节，譬如，因地制宜地设计各个档次的用电量水平，那么便很有可能对居民用电刚性做出过于乐观的估计，在此情况下，便有可能出现用电量随着电价提高而出现下降的结果，这也是电力公司最不想看到的结果，因为这样一来，居民用电需求和支出的下降，必将导致电力公司产能的过剩，这对后者当然是非常不利的。同时，这对其他产业部门也极为不利，当支出并非因为价格下降而减少时，最有可能的情景便是出现了“通胀”和经济衰退。一方面，其他产业部门的产品价格依然会因为电力价格提高的传导而有所提高；另一方面，居民的需求意愿又因为价格提高而逐渐下滑，前者也许会刺激生产，后者却会阻碍消费。最终，产能过剩的矛盾便会从电力能源部门开始扩散到其他产业部门，带来全社会的“产能过剩”。尽管这一结果并非出自电力公司的本意，但却是经济规律使然。

因而，从全局利益来看，阶梯电价改革下的电力价格提高至少在理论上可能造成其他产业部门的利益受损，从而不利于整体经济。而政府既然肩负市场管制的功能，便需要从全局利益出发来考虑哪种阶梯电价改革可以增进国家利益，提高电价其实只是其中的一个可能选项。设想，如果电价不涨，甚至下跌确实可以带动全局利益的改善，那么牺牲电力能源产业部门的部分利益又有何不可呢?

# 全球转型、博弈与绿色发展

# 气候变化应对的双均衡建构：成本—收益视角的分析

> 在全球应对气候变化和发展的进程中，必然还存在一个可以带来高收入和高福利的高水平均衡状态，既通过较高的参与度应对气候变化，有效地实现碳减排，又可以获得较好的效率（即产出），而全球气候变化应对框架唯有找到相应的“临界点”并实现突破，才足以让我们跳出低水平的均衡状态，进入高水平的均衡状态中。

在过去20年中，全球气候变化应对框架和机制呈现进展缓慢甚至消极的状态，成本—收益比较的方法是世界各国参与国际气候变化应对框架和机制的重要决策依据。研究表明，体现为碳排放覆盖率的参与度是影响全球气候变化应对的关键因素，本文旨在通过构建成本—收益的理论模型说明全球气候变化应对框架和机制发展的双重均衡条件，以及为何目前国际社会在应对气候变化问题上停留在相对稳定的低（收入）水平均衡状态上，而国际气候变化应对从低水平均衡转向高水平均衡过渡的机制和条件又有哪些。

## 全球气候变化应对的历史演变

自 1988 年国际社会在加拿大多伦多首次召开半官方的气候会议以来，一直到 2012 年联合国气候变化应对框架的第 18 次会议（即多哈气候变化大会），有关气候变化应对的国际谈判已历经 25 年之久。多伦多会议提出了应对气候变化的碳减排目标，即以 1988 年的排放水平为基准，到 2005 年全球减排 20%，这一目标史称应对气候变化的“多伦多目标”（Scott Barrett, 1998）。现在看来，这一目标显然过于理想化，因为在 2012 年多哈气候变化大会上，国际社会努力的结果是，最终通过的决议里已经找不到明确的全球碳减排目标，更多的则是“希望”“理应”“自愿”等字眼。这意味着，历经 25 年之后，尽管全球的碳排放水平已经远远高于当年，但国际社会在应对气候变化和碳减排上的意愿和所取得的进展却不大，甚至出现倒退。对此，显然有必要对过往的各项具体应对策略进行必要的总结和检讨，尤其要搞清楚的是，在过去的 20 年里，究竟是怎样的理论在指导国际社会气候变化应对的实践。

要回答这个问题，我们首先必须了解什么是国际社会中的各国参与、半参与（有条件参与）或不参与全球气候变化应对框架和机制的决策依据。一般认为，气候变化应对框架的有效性其实就取决于各国的参与度，国际社会最终之所以能形成这样或那样的决议，也正是因为决议必须在最大限度上反映各国的参与度。因而，作为全球气候变化的重要里程碑，最初的《京都议定书》才将其生效条件设定为 66%（William D. Nordhaus, 2010）的排放比例，也就是至少有占到全球排放总量 66% 的国家和地区加入该议定书，其规定的各项条款才能真正生效（UN, 1997）。那么各国根据什么来决定是否参与到诸如《京都议定书》的气候变化国际框架中呢？

以美国为例，美国参议院在讨论表决《京都议定书》时有过这样的阐述，“任何（气候变化）国际协议都必然会对国内经济产生系列的金融（经济）影响”（US

Senate, 1997），具体而言，所谓的“经济金融影响”实际上指的便是成本与收益。其言下之意为，加入气候变化的相关国际协议既会给美国带来收益，又会增加其成本。也就是说，美国唯有在明确了这样的成本—收益关系后才能做出是否加入的判断和决策。对此，在美国国会一次有关气候变化的听证会上，参会参议员在回答为何美国仍没有加入气候变化国际协议的问题时解释，“因为美国还没有弄清楚国际气候变化协议对国内经济造成的各种影响”。

以上分析表明，成本—收益的比较是包括美国在内的世界各国在应对气候变化对外政策上的决策基础，只有在符合成本—收益的基本原则的前提下，各国才会进一步推动对其有利的国际气候变化应对协议；反之，则会予以拒绝。那么，就经济意义而言，国际社会的气候变化协议又会给各国带来怎样的成本—收益效应呢？

## 全球气候变化应对框架的成本—收益计算

国际学界有关全球气候变化应对框架的成本—收益效应分析主要是通过建立各种经济学模型进行相应的测算。其中较有代表性的方法是利用一般均衡的经济学分析方法将一定时期内（譬如到 2055 年或者 2100 年）的经济增长、能源利用、碳排放、气候变化模式、气候变化影响以及各种碳减排和气候变化适应政策等因素作为变量纳入模型中，同时赋予各个变量以各种参数，然后计算出在不同排放及减排情境下的碳排放价格，以及由此产生的成本与收益。

以动态综合气候—经济模型（Dynamic Integrated Climate-Economy Model，DICE）的研究为例（Nordhaus, 2010），笔者对国际社会在 2009 年 12 月就气候变化应对达成的《哥本哈根协议》进行了成本—收益分析（见表 15.1）。

在表 15.1 中，成本和收益的计算依据有三个。

表 15.1 《哥本哈根协议》的成本与收益（到 2055 年）

| | 成本与收益（十亿美元，现值） | | | |
|---|---|---|---|---|
| 地区 | 损失变化 | 减排成本 | 碳排放购买支出 | 净成本 |
| 美国 | –51 | 328 | 228 | 505 |
| 欧洲 | –56 | 160 | 171 | 275 |
| 日本 | –12 | 44 | 64 | 96 |
| 俄罗斯 | –5 | 92 | –176 | –89 |
| 中亚 | –4 | 62 | –150 | –92 |
| 中国 | –52 | 655 | –268 | 335 |
| 印度 | –54 | 185 | –1 | 130 |
| 中东 | –47 | 123 | –134 | –58 |
| 非洲 | –41 | 0 | 0 | –41 |
| 拉美 | –33 | 127 | 154 | 248 |
| 其他高收入国家 | –18 | 96 | 48 | 126 |
| 其他 | –42 | 188 | 64 | 210 |
| 世界 | –413 | 2060 | 0 | 1647 |

注：所有数值为贴现值，贴现率为资本权重处理后的世界实际利率。

资料来源：W.D.N.，2010

一是在《哥本哈根协议》的气候变化应对路径下，全球以及世界各国由于受气候变化影响而造成的直接净损失[①]，净损失其实已经包括了成本和收益两方面的因素。

二是在《哥本哈根协议》下，全球及各国设定的减排路径和政策给社会经济带来的减排支出成本，这个成本多少与《哥本哈根协议》的规定有很强的关联，包括技术变迁、经济增长、社会福利都会受到减排过程的极大影响。

三是在《哥本哈根协议》下，根据笔者通过同一模型模拟出来的碳排放价

① 净损失的意思是气候变化影响下的收益减去损失，由于各国受气候变化影响的程度和性质不同，因而净损失在世界范围内呈现出截然不同的结果。

格（包括碳税和碳排放权的交易），以及各国要达到各自碳排放配额范围所需购买的额外碳排放量，最终计算出一个全球及各国用于支付额外碳排放配额的成本。在此，由于在《哥本哈根协议》下，各国的碳减排配额分配并不均匀，相对于其减排能力而言，会出现“富余”和“不足”两种情况，因而这项成本对一些国家是为正的，而对另一些国家则为负，当然，从全球的角度来看，其总额为零。

按照这样的计算框架，诺德豪斯得出的结论是，《哥本哈根协议》到 2055 年全球应对气候变化的直接总支出为 16470 亿美元。这个支出水平究竟是高还是低呢？在稍早的同系列研究中（Nordhaus，2008），诺德豪斯通过同一模型对各种气候变化应对情景[①]下的支出成本进行了核算，根据性质的不同他将总支出分成两部分：第一部分是气候影响损失和减排成本，比较的结果是从最优应对情景下的低成本，一直到不采取任何措施以及设定过高减排或温度控制目标情景下的高成本；第二部分支出来自碳排放配额的购买，其中碳排放价格决定了最终的购买支出。而不同气候变化应对情景意味着不同的碳排放价格，诺德豪斯对此进行了排列。结果表明，气候变化应对的策略越是激进，那么在未来国际社会所承担的碳排放价格就会越高（Nordhaus，2008），这也就意味着不同国家为完成减排目标必须为购买额外的碳排放配额付出更多的成本。

值得注意的是，限于科学研究和社会经济发展上的极大不确定性，Nordhaus 以及国际上其他经济学家和气候变化研究小组（譬如 IPCC，2007；Stern，2007）对全球气候变化应对成本—收益的计算结果在数量上未必是完全精确的，但从不同情景的排列顺序来看，他们的结论在逻辑上是站得住脚的，即对应不同的气候变化应对和发展情景，国际社会将共同承担不同的成本和收益。那么从成本—收益的视角出发，我们如何进一步理解不同气候变化应对及发展情景

① Nordhaus 在研究中将全球气候变化应对的可能路径设定为 8 类，共 15 种情景，具体详见 Nordhaus（2008）。

的主要区别呢？以及什么样的关键因素在影响全球气候变化应对框架的成本与收益？理解这些问题将有助于我们构建一个成本—收益经济学意义上的国际气候变化应对模型。

## 碳排放价格，参与度与成本—收益分析

按照诺德豪斯（2008，2010）以及 Tol（2001，2009）等人有关气候变化对经济影响的分析，应对气候变化对净成本的影响主要有三个来源：分别是气候变化的直接影响、碳减排进程的影响和碳排放价格的影响。总体上对全球而言，前两种来源的影响体现为正的净成本，而碳排放价格对净成本的影响在名义上是在各国间相互抵消后为零。但实际上，全球碳排放价格有两个源头：碳税和碳交易，如果全部的碳价格都以碳税的形式体现出来，均衡状态下碳排放价格应等同于碳减排的边际成本，从而意味着为本国配额之外的碳排放支付了成本。如果进而将气候变化对全球造成的损失影响纳入碳排放价格的计算范围，即完全而充分地将气候变化的外部影响内化到碳价中，那么碳排放价格便更可以成为衡量全球气候变化应对框架成本收益的指标。在不同全球性气候变化应对框架的路径下，会产生高低不等的各种碳价格，从而也就体现了全球为这些不同的气候变化应对框架所支付的净成本水平。

如果赋予碳价格以新的含义，也就是把气候变化影响与碳减排支出两种成本都折算为碳排放价格，然后将碳排放价格作为衡量全球性气候变化应对框架成本收益的标志性指标，那么我们可以对之前在一般均衡基础上所得出的成本收益比较结果进行重新组合和排列。以诺德豪斯在其研究中设定的 15 种气候变化应对情景[①]为例，在给定时期内，其他条件不变的情况下，我们可以把 15 种

① 有关 15 种情景的详细介绍同上。

情景从高到低进行排列（见图 15.1）。这个新的排列说明，如果仅从时间序列的角度来看，不管国际社会采取何种减排策略和路径，都会从初期的最低点慢慢上升，但如果采取横截面进行比较，不同情景间的区别就一目了然，根据前面的分析，碳排放价格的差异也代表了各种气候变化应对机制在成本收益上的区别。

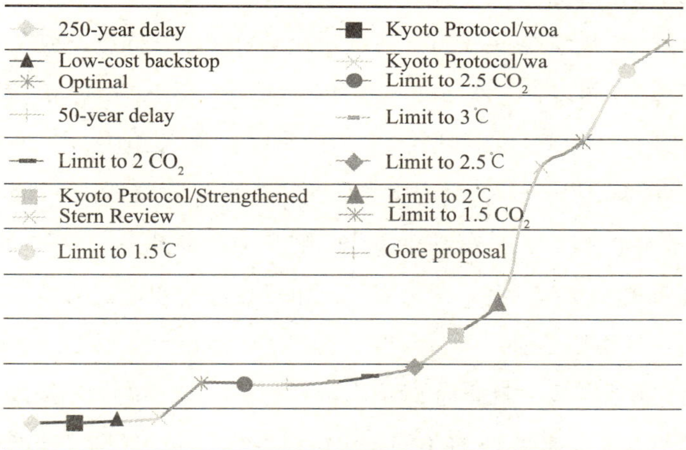


**图 15.1　不同应对情景下的碳排放价格**

注：根据 W.D.N.（2008）整理而成。

其一，从图 15.1 可以得出一个基本结论，那就是导致碳排放价格越高的气候变化应对机制，它的成本也就越高。譬如，较之于《京都议定书》的应对机制，能够将全球气温上升控制在“2 摄氏度”范围之内的应对机制显然有更高的成本，同时，较之于不覆盖美国碳排放的《京都议定书》而言，能够覆盖美国碳排放的《京都议定书》的成本就更高。

其二，参与度决定碳排放价格以及应对机制成本收益水平。进一步比较导致不同碳排放价格的各种应对情景，可以发现，它们之间最大的区别在于世界各国的参与度，也就是对全球碳排放的覆盖面。不论是《京都议定书》的应对机制，还是设定 2 摄氏度的升温限制，其本质都是在多大程度上将全球的碳排放纳入管制范围里。从绝对意义上看，应对机制的覆盖度越高，那么碳排放价格便也会越高（Nordhaus，2007，2011），当然，从应对的结果来看也会越有效。而问题就在于，在国际社会中，应对机制的覆盖范围并非取决于碳排放价格或者应对的有效性，而是取决于世界各国对应对机制的认同度，或者参与度。从官方的表态来看，可以将"参与度"分为三种情况：参与、不参与、有条件参与。以《京都议定书》为例，这三类国家的指向非常明确，美国属于"有条件参与"，欧盟属于"参与"，中印等发展中国家属于"不参与"。而在之后的《哥本哈根协议》中，中印也都加入了"有条件参与"的阵营。此外，从非官方的角度来看，参与度的衡量更加复杂一些，因为有可能市场、部门或地区的参与程度与官方表态不一致，从而使得实际的参与度有所出入，而市场最终形成的碳排放价格反映的正是实际参与度。就此标准而言，可以将图 15.1 中的纵轴换成"参与度"，从而以不同的方法来描绘 15 种不同应对机制和情景间的区别，便能获得最直观的感受。

如果将参与度与应对机制的上述关系应用到全球气候变化应对机制的实践中，那么选取从 1988 年国际社会开启气候变化应对机制的谈判与协商直到 2012 年多哈气候大会落幕这一阶段的几个重要节点，便可以发现，基于碳排放覆盖率的世界各国气候变化实际参与度的差异以及变化，决定了应对机制和目标的变化起伏，如图 15.2 所示。

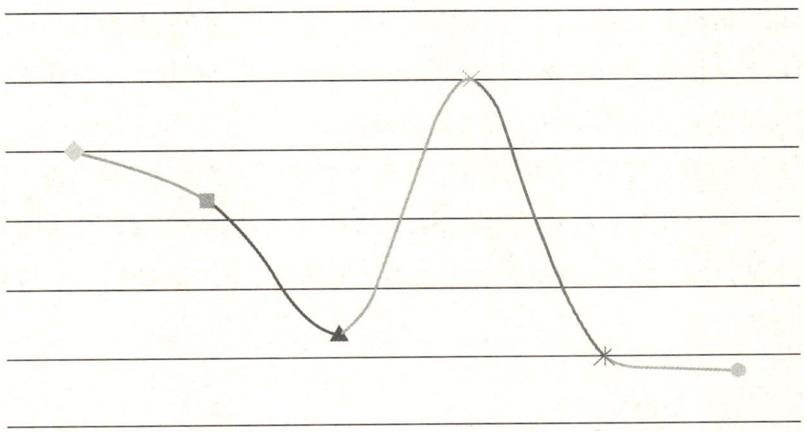

**图 15.2　全球气候变化应对的参与度变化**

注：根据诺德豪斯（2008，2009，2010）以及《多哈协议》的相关数据整理而成。

在图 15.2 中，尽管控制升温的应对情景要求较高的参与度（接近 100% 的覆盖率），并且在《哥本哈根协议》中被确认，但从实际的执行情况来看，并没有被具体落实，最后在《哥本哈根协议》中，体现为碳排放覆盖率的全球参与度不仅没有得到提高，反而因为实行了资源减排机制而有所下滑。因此，从 1988 年至今，全球气候变化应对机制的参与度一直在递减。而同期，国际市场的碳价格也在不断下滑，说明国际社会应对气候变化和碳减排的总体意愿存在逐步减弱的趋势，这从而也旁证了基于成本收益衡量方法基础上的全球气候变化应对机制在不同阶段对于净成本水平真实评价的演变过程。

## 全球应对气候变化框架的成本收益模型

**（1）成本函数：**$\text{Cost} = \sum f(\text{Commitment}_i)e^{rt}$

在技术进步、气候变化趋势、经济发展等因素都给定的情况下，国际社会开展气候变化应对合作的成本（现值，下同）取决于世界各国的参与度和承诺程度。以往的研究表明，国际社会将在参与度较低时（也就是初期）付出更大的增量成本，但在参与度较高时（后期）成本的上升则趋缓，这意味着，成本函数的曲线将是递增和凸起的，即先快后慢，如图 15.3 中所示的成本曲线。最终，如果全球各国都参与到合作框架中，那么成本将被固定在某个最高点上。这是因为，一旦在全球建立有效合作机制控制碳排放，将全球温度的变化控制在一个可承载的范围，那么，碳排放价格便不会再继续提高（见图 15.3），应对成本也就会趋于停滞。

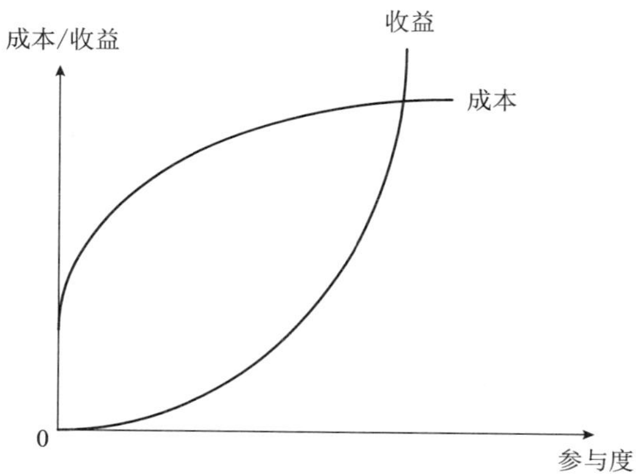


**图 15.3　国际气候变化参与度的成本与收益（1）**

**（2）收益函数：**$\text{Cost}=\sum f(\text{Commitment}_i)\,\text{e}^{rt}$

同样，在其他条件给定的情况下，国际社会开展气候变化应对合作的收益也取决于各国的参与程度。研究表明，参与度的提高会给全球带来更多的收益，当然，收益曲线显著有别于成本曲线，具有以下几个特征：

其一，在参与度较低时（初期），由于漏出效应的存在，收益效果并不明显，增长速度实为缓慢，而合作程度一旦达到了某个较高的水平，随着“漏出”的显著下降，全球碳排放相关政策的有效性也会显著提高。譬如碳税、碳交易等将会新鲜出炉，此时，全球将从合作中获得更大的好处，并出现快速的增长，这意味着收益曲线总体将呈现出先慢后快的递增性（如图 15.3 中所示的收益曲线）。

其二，在初期，由于各国参与度较低，相应的国际框架的收益水平将低于成本水平，甚至不排除为负的可能，这使得收益曲线位于成本曲线下方，但随后，收益曲线会以更快的速度爬升，在某个参与水平后，超过成本曲线。这个参与水平也就是一个均衡的参与度。

其三，在国际社会进一步提高其参与度后，收益的增长速度极有可能出现下滑，也就是以较慢的速度增加，并逐渐向成本曲线靠拢（见图 15.4 中的收益曲线）。这样便会出现第二个均衡点。可以把第一个均衡点（$Q_1$）称为低水平的参与均衡，第二个均衡点（$Q_2$）称为高水平的参与均衡。

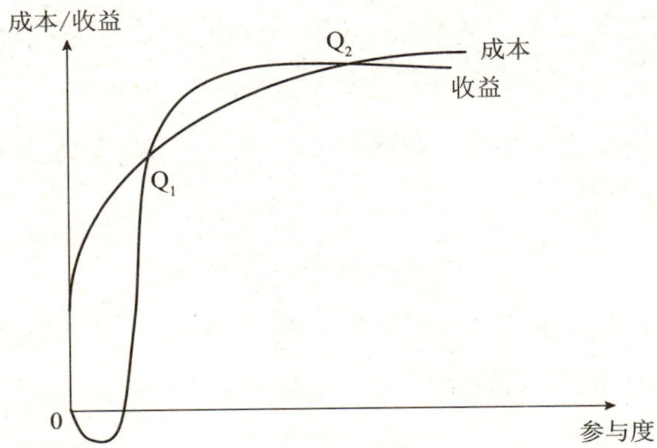


**图 15.4　国际气候变化参与度的成本与收益（2）**

**（3）均衡的条件**

第一，当成本曲线高于收益曲线时，称为“参与不足”（Under-commitment），此时全球将为此付出净成本，从而推动参与度的继续提高，一直到两者相等为止。

第二，当成本曲线低于收益曲线时，称为“参与过度”（Over-commitment），此时，全球将从更高的应对参与水平中获得净收益。尽管如此，收益不会继续提高，而是向反方向发展，即出现下滑，一直到净收益为零时。这主要是因为，当参与度过高时，一方面，气候变化应对部门的净收益会增加，继而削弱各国在此领域的继续投入及参与积极性；另一方面，尽管全球的总收益继续增加，但在地区的分配上显然做不到绝对公允，由此，也会形成和增加进一步提高参与度获得更多净收益的各种政治经济阻碍。

第三，两个均衡水平的比较。按照上述分析，如果将全球气候变化应对的收益曲线进行仿真，那么会出现先凹后凸的结果，相对于固定的成本曲线，这导致了一低一高两种均衡水平。在均衡条件都成立的情况下，两个均衡水平都可以帮助国际社会实现“参与度”的优化，也就是在这两个参与度水平上，至少在气候变化应对部门内部都足以形成相对稳定的状态。但显然，低水平参与度上的均衡尽管实现了部门的稳定，但对全球总产出和总福利的益处却低于高水平参与度。

这里需要引入第四个条件，即考虑了两部门产出的一般均衡条件，如以下公式：

$$Y=\sum f(\text{Commitment}_i)e^{rt}$$

也就是说，如果将各国气候变化应对参与度纳入整体的福利考量中，参与度会由最初的只影响本部门内部成本收益，逐步渗透到其他部门的成本收益，进而作用于总体福利水平。一般而言，在目前的科学认知程度和发展阶段上，气候变化应对的参与度与经济增长总福利现值呈现正相关，但又并非绝对。这是因为，当参与度一旦高于某个水平后，无论气候变化应对部门内部的净福利如何变化，都会反作用于经济总体福利，从而使它们呈现反方向的关系。就此，我们用图15.5来刻画气候变化应对与经济福利间的关系。

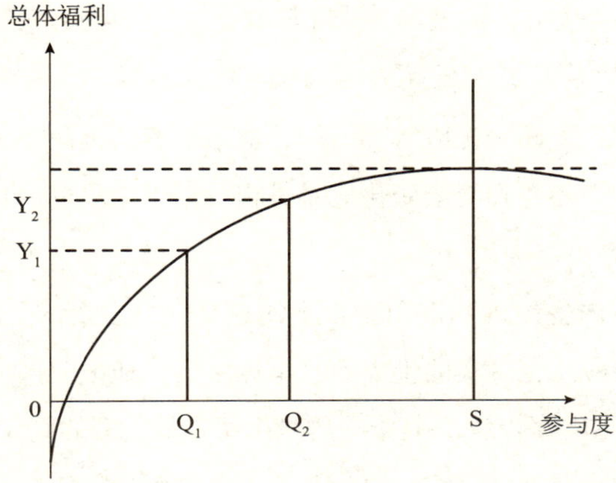


**图 15.5　国际气候变化参与度与经济福利**

这样一来，两个均衡的参与度便有了不同的福利影响，低水平的均衡参与度带来较低的产出水平，高水平的均衡参与度带来较高的产出水平。所以，从产出水平的角度来看，前者属于低收入均衡，并非我们想要的结果，而后者则可以给我们带来更优的福利。全球气候变化应对的发展历程其实就是一个既寻求成本收益均衡，又实现更高产出水平的过程。相对而言，如果要把当下国际气候变化应对框架进行归类的话，那么我们更加接近于低收入的均衡状态，也就是各国在自身成本收益核算的基础上，“自由地”确定各自的参与度，届时将形成新的国际应对框架，进一步强化和固定气候变化部门内部的均衡。

当然，前已述及，这种均衡并非最优，那么问题来了，一旦我们在随后几年里强化和固定了低收入的参与度均衡状态，又该如何将其打破去推动参与度的提高，从而实现更高的产出和福利水平呢?

要实现这个参与度的提高和转变，不外乎两种可能：

第一，外部条件变化，譬如气候变化程度加剧，社会对应对气候变化的偏好增加，政府对应对气候变化管制政策认同的提高和技术进步等，都会同步提高气候变化应对不同参与度方面的成本（或降低收益），这样可以使成本曲线上移（或使收益曲线下移），从而迫使最优的均衡参与度向右延伸。这种情况相对于在外部条件发生变化后，气候变化应对部门的估值水平有所提高，从而增加了各种投入的相对价值，使得参与到气候变化应对进程可以带来更低的机会成本，以及更高的总产出和福利。

第二，还存在内生的机制推动参与度的提高，最主要的是由参与国、地区、部门带来的示范效应。在现实的世界中，全球各国、地区、部门对气候变化应对的参与呈现出极不均匀的状态，其中有的是出于自发，有的则仅是随大流。因此，参与度本身存在微小变动的可能，也就是出于各种内生原因和激励因素，参与度会不断提高，这样的提高本身会带来收益和成本。而一旦参与者从中获得净收益，那么在下一期，这便有可能对其他未加入者形成示范效应，吸引更多的参与者。当然，如前所述，出于均衡的条件，在最初的阶段中，由示范效应带来的更高参与度所形成的额外净收益未必会使参与度继续提高，反而有可能使参与度下滑回落至均衡水平。但这里存在一个“临界点”，在某些关键的国家、地区、部门加入气候变化应对进程，或执行了某些标志性的减排政策后，参与度的提高便会出现不可逆的结果，从而加速向下一个均衡点，即高收入均衡水平汇聚，并在这个均衡点上逐步稳定下来。

产出函数有一个重要假定，那就是 100% 的参与度并不能带来最大化的产出，这是基于参与度边际产出递减的规律得出的。正如 IPCC 对全球气候变化的第四次评估报告中所刻画的（IPCC，2007），国际社会面临多种可供选择的排放及减排情景，从“如常”（Business as usual）的情景到最为积极的应对情景，其排列顺序正好是从最低的参与度（≥ 0）到最高的参与度（<100%）。实际上，全球最后所选择的情景既不是最低的参与度，也不是最高的参与度。这证明，无论是从成本收益还是从产出角度来看，最低和最高的参与度都不是我们所需要的。低水平参与度的坏处在于其本身无法实现部门内均衡，而高水平参与度的最大弊端则在

于，“过度参与”情景下全球在气候变化领域过高的投入会带来资源配置的扭曲。体现在收入曲线上，在一个节点后，收入水平会随着参与度的进一步提高而下降。因此，就收入和福利的角度而言，无论是低水平均衡还是高水平的均衡，全球气候变化应对的参与度都不能越过某个界限。

## 模型的应用和总结

### 国际社会在气候变化应对框架上发展路径将受两种情况约束

其一，沿着本部门内部的净收益曲线移动，随着世界各国参与度的提高，国际减排应对框架的净收益会出现相应的变化（见图 15.6），基于双均衡的存在，因此该曲线呈现倒 U 形，与横轴（参与度）有两个交点（$Q_1$，$Q_2$），意味着可能的参与度也仅会维持在这两点之间。

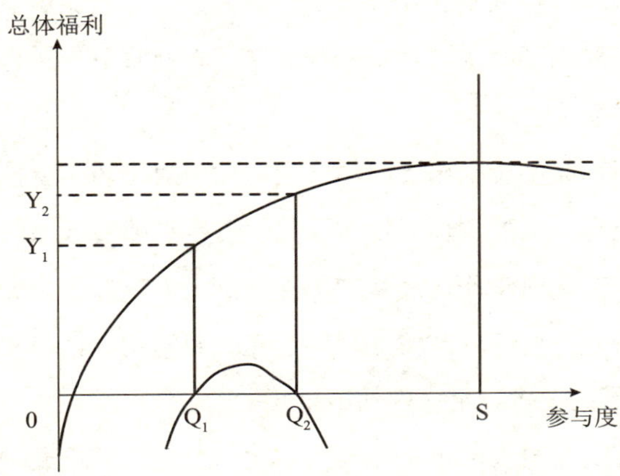


图 15.6　国际气候变化参与度与经济福利

其二，由于实现均衡的需要，$Q_1$ 和 $Q_2$ 仍然是稳定下来之后最有可能出现的参与度选择结果。因此，以参与度高低来衡量的气候变化应对框架将围绕这两个点进行波动，同时，在内部和外部条件的作用下，可以在两点间来回游移。也就是说，最后参与度的选择范围将限制在 $Q_1$ 和 $Q_2$ 两点间。

## 上述约束条件也符合当前世界各国在应对气候变化上的现实选择

其一，世界各国、地区、部门都不同程度地参与到气候变化应对框架中，最终必将在全球范围内体现为一个适度而均衡的参与水平（$Q_1 \leqslant Q \leqslant Q_2$），这也较好地解释了为何某些碳排放大国没有正式加入相关的国际气候变化应对和减排框架，但也通过自愿减排的形式在实际意义上参与全球的气候变化应对进程，其中固然有一定程度上受到其他国家、地区积极应对气候变化感染的缘故，但主要还是发现此举有利可图。

其二，国际社会在近 25 年里在气候变化应对上进展缓慢，甚至有所倒退，证明从一般均衡的角度来看，尽管参与度提高有利于增加产出，但应对程度还取决于部门内部的成本收益均衡，在关键的“临界点”没有突破之前，国际社会应对气候变化还较难跳出低收入的均衡参与水平，在此背景下，各国就显现出各种或积极或消极的政策波动。

其三，国际社会要想走出当前的气候变化应对困境，跳出低水平均衡，必须找寻和研究影响参与度的“临界物”及其“临界水平”，可能的“临界物”包括：更加准确的气候变化科学研究和认知、更加巨大的气候灾难、更加系统的社会动员，以及更加有效而可行的政策工具。当然，要想找到这个“临界物”及“临界水平”，全球还有必要进行更多的“试错”来验证。

如果以各国的参与度衡量全球气候变化应对框架的进展，那么多哈气候变化大会的有限成果表明有关气候变化应对的相关进展几乎陷入停顿，落至自 1988 年国际社会开始进行谈判和框架设计以来的最低点。尽管如此，从成本—收益的分析来看，这一低点或许正好实现了参与度决定下的均衡状态。只不过，这是一个仅可以带来低收入和低福利的低水平均衡点。而在全球应对气候变化和发展的进程中，必然还存在一个可以带来高收入和高福利的高水平均衡点，能在有效地实现碳减排的同时获得较好的效率（即产出），而全球气候变化应对框架唯有找到相应的“临界点”并实现突破，才足以让我们跳出低水平进入高水平的均衡状态中。

# 气候变化应对的国际合作：从零和走向共赢

在“集团化”后所形成的为数不多的国家间组织性的合作和谈判，将大大地降低交易成本，从而也就让国际社会形成有效气候变化应对制度安排变得更为可能。

## 哥本哈根：“气候大会”抑或“气候大战”

在关于气候环境议题的联合国缔约方第15次大会上，来自全球192个国家和地区的领导人或代表就二氧化碳减排的时间表做出决议。此次会议对“二战”以来的国际政治经济结构做了最大规模的调整，其结果不仅将改变各国间的利益分配格局，在某种程度上更是关系到某些国家和地区的生死存亡。

会议定于2009年11月26日召开，“气候大战”的参与各方还算矜持，躲在各自的堡垒里静观“战局”变化。但到了当天，又是另一种情景，美国政府率先拉开了架势，正式宣布了在2005年基础上到2020年减排二氧化碳17%的目标。但据测算，此目标只能让美国在1990年基础上减排4%~5%，与科学研究得出的25%~40%减排要求相去甚远。中国政府自然不甘落后，马上予以“还击”，隔天便宣布在2005年基础上到2020年降低40%~45%的国民生产总值“碳密度”，减排比例超过美国1倍多，既争了面子，又维护了国家利益。此时，早就在战壕里等得急不可耐的欧盟跳了出来，它们习惯于在平原作战，与人对决单挑，几年前就宣布其目标是在1990年基础上减排20%以上，它们一方面愤慨于美国的小家子气，另一方面又对爱出风头的中国既爱又恨。战壕里还有一个大个子叫印度，底气不足，减排目标初步设定为在2005年基础上到2020年降低20%~25%的“碳密度”。

自20世纪60年代以来，各种环境议题开始进入国际社会的视野，而直到90年代，气候问题才正式成为国际性的环境议题，此后，国际社会进行了长达20余年的探索，最终认定了人类活动导致全球气候变暖的事实，并判定气候变暖的底线是上升幅度不能超过2摄氏度（3.6华氏度）；否则人类生存环境将遭到极大的破坏，出现不可逆的巨大损失。基于这一结论，科学研究结果表明，国际社会必须在1990年基础上到2050年减排二氧化碳80%，才足以维持气候稳定所需的环境，这意味着到2020年为止的第一阶段里，必须实现的减排目标至少是25%~40%。如果科学分析结果无误，哥本哈根“气候大战”实际上首先是国际社会与人类自身的“大战”，并非以往的人与自然之间、人与人之间的大战。在气候危机下，我们已经无法再去挑战自然界，更不用提进一步征服自然界了，只有改变人类自身去满足自然界的需要，才能赢得与自然和谐共处的最后机会。人类曾经经历过的是你死我活的“一战”“二战”，和大大小小的多场地区战争，经历过的是国家和地区相互之间的利益争夺，却从来没有经历过与自身的“战争”。这场“战争”的核心问题已经不是争夺利益，而是放弃利益。唯有如此，才能“以退为进”，与自然相处融洽，而若想赢得这场“气候大战”，国际社会面临的最大困难和挑战便是转变以往的“利益思维”，也就是学会适时向自然让步，而不是像过去那样一味地攫取。

但放弃利益在错综复杂的国际社会里又岂是易事，谁应放弃利益、放弃多少利益、怎么放弃利益，这些都是重要命题，教科书无法给出答案，只有在实践中解决。而这些命题的解答既是这场“气候大战”的结果，又是另一场“气候大战”

的开始，争夺到有利的位置将减少自身在“气候大战”中的损失，获得所谓的“气候利益”，哥本哈根大会正是国家间“气候利益”争夺的重要开端。怎么争夺呢？那就是讲道理、拼实力。

讲道理很简单：一种是总体上的算法，谁二氧化碳排放得多，谁就应多减排；另一种是经济学上的边际算法，谁从二氧化碳减排中获益多，谁就应多减排。在这两种算法下，“气候大战”的队伍排列非常明显，无论是从总量上还是边际上来计算，发达国家都应比发展中国家多减排，所以欧盟、美国、日本是在一个战壕里的，尽管目前美国仍表现得不尽如人意，甚至与发展中大国拉拉扯扯，但最终它会醒悟，减排对它有诸多实际好处。当然，理论上的算法在现实中多数行不通，国际政治还讲究拼实力，也就是政治和经济上的主导权，主导权可以颠倒是非，混淆舆论，也可以利用主导权夹带一些非气候“私货”。比如，欧盟借东道主之便，提出哥本哈根大会的气候协议草案，规定各国必须在2025年达到排放的顶点，之后逐步下降，这对印度和中国等处于发展上升阶段的国家来讲根本是不可能接受的。从目前的局面来看，受各种国际因素影响，这场“气候大战”的主导权还没有落到某个国家或者群体手里，因此，做好理论上的研究工作仍然十分必要。就中国而言，研究工作的重点有两个方向：一是在国际上进一步明确减排责任国际分配比例的计算依据；二是在国内细化减排承诺的地区、行业和时间规划，进一步落实各项具体措施，兼顾经济发展与气候应对的关系。归根结底，也就是要彻底弄清楚“气候变化”和“应对气候变化”对国家社会经济发展的影响。

哥本哈根“气候大战”还不只停留在国家层面，参与争夺“气候利益”的还有社会上的诸多行业利益集团。首先，仅从行业角度看，二氧化碳减排的数量涉及各个行业的未来发展空间，乃至行业的生死存亡，因而，在行业间首先有一个“要不要减排”的争论。其次，减排数量一旦确定，就涉及承担比例的分配问题。最后，减排的方式之争究竟是能源结构问题还是能源技术问题。具体到怎么划分行业间的减排责任，目前各国还没有找出合适的办法，其复杂性和难度不亚于在国家间的责任划分。尽管行业利益在大多数情况下与国家利益一致，但“气候大战”的复杂之处就在于全球化背景下，已经很难把行业利益与国家利益等同起来，很多行业利益是跨区域的，它们之间可以跨国遥相呼应，在全球形成“气候大战”的不同阵营。

## 坎昆：应对气候变化的“会议进行曲”

2010 年 12 月，墨西哥的坎昆举行了第 16 次全球气候变化大会，这是继 2009 年哥本哈根会议之后的又一次全球性重要气候大会，也是关系世界各国能否在 2012 年前达成二氧化碳减排框架的重要大会。与哥本哈根会议不同的是，此次气候大会放在了美国近邻，由作为发展中国家的墨西哥举办，同时会前国际社会对会议成果的期望值也相对降低，2009 年哥本哈根会议上的那种“低碳”狂热基本消失，各国都重新回归务实理性的状态。会议地点的变化和舆论氛围的转变都预示着本届会议不大可能有突破性的进展，但可能取得一些实质性的成果，全球应对气候变化将由此进入一个理性发展时期。

从 1992 年的“里约”到 2012 年的“里约”，这 20 年里，全球应对气候变化究竟取得了怎样的进展呢？如果以曲线的方式来表达，横轴为年份，竖轴为应对气候变化的成果，那么这 20 年来全球应对气候变化的总体进展显然是一条不断向上递增的曲线。从增速来看，可以划分为三个阶段，每隔一个阶段，前进的速度都明显增加，而各个阶段间的转折点往往正是历届的气候大会。

1992~1997 年属于启动期，以 1992 年的里约“联合国环境发展大会”为起点。国际社会在之前的系列研究基础上逐步认识到所面临的气候变化危机，由此成立了专门的公约组织，如《联合国气候变化框架公约》（UNFCCC），并强化已有应对机构的功能，如气候变化政府间组织（IPCC），同时在全球范围进行了一定程度的宣传和动员，虽然这一阶段的应对进展相对缓慢，既没有减排方面的具体行动，也没有取得任何实质性的成果，但为后面的应对工作做了大量的铺垫。

1997~2007年属于尝试期，以1997年在日本京都举办的第三次气候大会为起点。在此次会议上，全球149个国家和地区的代表签署通过了《京都议定书》，对各国的减排进行分配和时间规划，是国际社会首次在减排方面取得的较具实质性的成果。尽管美国后来退出该协议，但该协议仍对美国之外其他地区的减排发挥了积极的推动作用。直到现在，《京都议定书》仍是气候变化国际谈判的重要准则。但从执行的效果来看，《京都议定书》只能算是国际社会应对气候变化的一次演练行动，虽然在减排分配、时间表、机制、市场化等领域做了有益的尝试，但其因受众多囿于现实因素的影响而无法真正实现预期的目标。

最后的5年则属于成熟期。到2007年，也就是距离《京都议定书》失效只剩下5年之际，国际社会不仅开始考虑总结之前的经验教训，而且还逐步着手为“后京都时代”的减排做准备工作。为此，在2007年于印度尼西亚巴厘岛举办了第13届气候大会，制定了着眼于2012年之后的工作路线图，其中一项便是规定于2009年确定各国的减排责任，这也就是后来备受争议的《哥本哈根协议》的由来。这一阶段取得的最主要成果是前所未有地推动了国际社会，包括大众和舆论对气候变化问题的认识，普遍提高了各国对此的重视程度，同时也在金融危机过程和国际谈判的挫折中重新认识了气候变化问题的复杂性和应对的困难程度，从之前的盲目乐观回归了理性，决定通过阶段性地采取可操作性的行动来有效推进应对气候变化进程的总体方针。其中包括对不同国家和地区的责任划分、资金和技术的转移、市场化手段的逐步应用等，这些问题都将在随后的两年里逐步得到解决。

从以上可以看出，包括墨西哥坎昆气候大会在内的历届气候会议构成了全球应对气候变化的一条主脉络，国际社会已经习惯于在会议中来推进气候变化的应对进程。究其原因，仍在于解决气候变化问题的症结是如何协调各国的利益得失。

表面看起来在气候变化的威胁面前“国国”平等，但实际上，各国应对气候变化的收益存在明显的不平衡，产生分歧也在所难免。

一方面，气候变化作为一个全球性问题，其直接和间接影响的地理、部门分布都是不平衡的，不同地区受到的影响有大有小，甚至还有极个别地区从中获益。如若不加以区分，要求各国为应对气候变化付出同等代价就有失公允。这也是造成当前某些国家响应积极，部分国家长期置身事外的主要原因。

另一方面，受不同社会经济发展水平的影响，同样的气候变化问题在不同国家的重要程度也是不平衡的。从经济学的角度来看，应对气候变化的投入边际收益与其他领域相当时，气候变化的应对才具备投入的价值。在大部分发展中国家，尽管也受到气候变化的威胁，但应对气候变化的投入回报远远比不上其他领域，比如解决贫困和发展问题、解决贫富分化问题、解决环境污染问题等。在这些主要矛盾没有解决之前，很难想象发展中国家会在气候变化的应对上进行大规模的投入。发达国家的意见则与此正好相反。

在以上两大分歧面前，不具备强制力的国际组织所能做的便是通过举办会议来协调，协调的主要焦点便是目前主张积极应对气候变化的国家究竟应该在多大程度上出让利益给那些主张消极应对气候变化的国家，以最终实现利益上的平衡。应该说自第一次里约大会后，国际社会在这个焦点问题上还是做了一些尝试的，比如《京都议定书》的清洁发展机制，《哥本哈根协议》的资金技术转移条款等，而坎昆会议的一个重要目标也正是谈判如何通过建立机制来有效落实和保障资金技术在各国间的转移。

## 德班：低碳发展的困境和挑战

三万人齐聚的南非德班气候大会于 2011 年 12 月落下帷幕，来自世界 200 多个国家和地区以及组织的代表再次空手而归。大会谈判的结果表明，气候变化应对实属人类史上最为艰巨的一个任务，其艰巨之处在于，人们期望未来是一个低碳“乌托邦”，却形同散沙，各自为战，这就是现实世界的困境。

在一幅发自德班的图片上，一个青年身上的T恤印着两句话，“我们为什么在这里，我们要为未来而战”。没错，每个不远万里赶赴南非德班的人其实心中都有一个共同理念：如果我们再不尽快行动起来，世界恐怕就没有未来了。然而，问题是，在不同人群的眼里，世界的未来是不同的，因而他们对“为未来而战”的理解也截然不同。

为什么在这里呢？非洲回答，我们的碳排放最少，却受害最深，希望在国际社会的帮助下日子好过点；欧洲回答，我们以前的碳排放很多，现在在减少，以后也会继续减排，希望其他国家配合；中、印、巴、南基础四国回答，我们以前的碳排放太少，现在经济在快速发展，想多排点，以后可以逐步减少排放，希望发达国家在减排上先行一步；美国回答，我们以前确实碳排放最多，但现在还想维持一段时间，以后大家要一起减排。

可以看到，从最贫穷的非洲到最富裕的美国，就碳排放和减排问题，它们的回答像是理性与疯狂在同步上演，理想与现实在激烈冲撞，而真相和谎言则相互交杂，模糊了人们的视野。归根结底，它们之间有分歧，并且分歧如此之大，大到令人怀疑全球气候变化应对是不是一个“不可能完成的任务”。

据有关国际组织估算，如果要将全球气温上升有效控制在2摄氏度以内的承载范围内，按照目前的世界排放水平，世界将在5年内耗完所有的碳排放预算，也就是如果各国继续以目前的模式排放，那么2017年之后，世界就只能以零碳排放来维持经济增长，否则就会突破2摄氏度的最低控制目标，对全球环境造成不可逆转的破坏。

因而，按照理想状态，全球各国应立刻采取行动开始减排，先是将碳排放预算在各国间进行分配，然后通过各种市场化或非市场化的手段来提高碳排放的生产效率，让每个单位的碳排放都能够物尽其用，发挥出最高的生产力。

为此，有必要实行全民低碳，用低碳的能源，开低碳的车，住低碳的房，吃低碳的食物；还要修订低碳的法律，建设低碳的城市，推广低碳的文化，发展低碳的经济，构建低碳的文明。即便是战争，也要用低碳的武器和装备。在一切行为和制度都围绕低碳而设时，人类将成功地干预气候变化，并将幸福地生活在恒温的低碳乌托邦中。

这就是我们所面临的“不可能完成的任务”，其中最大的不可能之处在于，低碳乌托邦的未来真的会如世界所愿吗？

非洲不喜欢，因为低碳意味着它还没品尝现代化的滋味就回到了原始社会，与现代化的生活方式相比，赤贫往往是最低碳的。欧洲也许会喜欢，世界终于如其所愿了，但接下来它会陷入迷茫：为何低碳实现了，欧债却增加了？基础四国不喜欢，自己低碳了，也为世界输出低碳了，但现代化的梦想永远不会实现了。美国也不喜欢，低碳了，生活就会变得越来越差，连车都开得不尽兴。

当然，低碳乌托邦也并非绝对不可能，只不过，从现在开始，世界迈向低碳的每一步都将充满风险和挑战。

其一，低碳将逐步带动世界范围内的利益调整。一个产业的发达必然意味着另一个产业的衰落，一种文明的兴起也就意味着另一种文明的衰落。在这个过程中，一些人会得利，另一些人会受损，还有一些人则永远处在被掠夺的位置，利益的流动和再分配将改变当前的世界力量对比，造就一个全新的世界格局。

其二，低碳将引起世界范围内新一轮的对抗和冲突。由利益调整触动，利益的争夺与反争夺，弱势群体的反抗等将因低碳而风起云涌，将把世界引入新一轮的竞争和对抗之中，给世界发展带来极大的不确定性。从当今世界所面临的多元矛盾来看，低碳在解决气候变化、拯救人类的同时未必能够营造一个和谐共处的世界，经济理性和资源的绝对稀缺性决定了低碳也并非世界和平的良方。

其三，低碳将带来新的可持续发展问题。一方面，在全球人口资源环境的发展矛盾中，气候变化只不过是目前较为引人注目的一个方面，除了碳排放之外，人类与自然界的冲突还体现在各种污染和环境质量退化之上，相比碳排放，它们对社会经济有更加直接而致命的危害。另一方面，从物质平衡的角度出发，低碳过程本身可能会引发一些目前仍不可知的环境问题。如不重视这些新旧环境问题，则世界极有可能陷入环境治理的恶性循环之中。

总之，低碳并非解决一切环境问题的良药，世界的低碳乌托邦之路仍然布满荆棘。

## 多哈：应对全球气候变化的非对称性思维

2012 年度的联合国全球气候变化大会通过了一揽子协议，其中最具意义的成果便是赋予了《京都议定书》第二承诺期的正式法律地位。尽管其覆盖率大为缩水，降至全球碳排放总规模的 15%，但较好地维护了发展中国家在应对气候变化和碳减排上的合理诉求和基本原则。当然，发达国家作为一个群体也并非没有收获，它们在多哈气候大会上“成功地”拒绝在气候变化基金的支付上做具体承诺，更有甚者，它们中的几个主要碳排放国还“成功地”退出了《京都议定书》第二承诺期。这些举动虽然不利于全球气候变化应对，却得到多哈大会某种程度的默认。至此,就减排的责任分配而言,全球将在短期内全面进入气候变化“自由应对”时期。

多哈气候大会的结果其实并不令人意外，在发达国家过多注重“共同性”和发展中国家强调“区别性”的分歧面前，全球应对气候变化面临着有史以来最为失衡的一种状态。其中最大的失衡之处在于，人们明明知道气候变化的灾难和危机日益临近，但与之前相比，国际社会所表达出来的整体应对和减排意愿却越来越弱。尤其是在对全球气候变化具有关键作用的“应对”政策上，发展中国家固然进展不大，而发达国家更是有所倒退。同时，在“应对”与“适应”的选择中，各国越加倾向于本国和本地的适应。更加诡异的是，在这一过程中，全球财富仍在积累。正如联合国的报告所言，失衡的结果是人们当下的努力与克服气候变化灾难所需的投入水平之间的差距越来越大。

对此，我们究竟该何去何从？通常而言，处理失衡的主要办法之一便是找出失衡背后的原因，并逐一加以解决。但具体到气候变化应对上，问题恰恰在于，我们根本无法消除全球气候变化应对失衡背后的那些因素。在原则和利益等相互冲突而又缺乏强制性约束的背景下，失衡本身便是力量博弈的必然结果。在这种情况下，最好是在承认失衡的基础上来寻找解决的办法，而解决这一失衡的最好方法则非“非对称性”莫属。

按照传统经济学的观点，失衡意味着资源的扭曲配置，如果可以通过纠正资源配置的扭曲来解决失衡，那么我们可以应用一些常规性的工具，譬如价格机制的方法。但问题是，常规性的工具根本无法适用于当前的全球气候变化应对，一则统一定价之类的方法在技术上很难做到，二则社会经济意义上的碳排放及其效率水平各异,从而极大地有违共同解决气候变化应对所需的意愿基础。这也是《京都议定书》第一承诺期难以顺利向第二承诺期过渡的缘由。如果将价格机制等方法理解为一种对称性的传统方法，那么要解决当前应对气候变化进程中的失衡，唯有抛开基于完美假设的对称性工具，转而以非对称性的理念和方法来应对气候变化。

所谓非对称性的理念或方法，其核心在于认同全球气候变化应对的现实基础，那就是国际社会缺乏应对气候变化的共同利益取向，及其由此派生出来的失衡状态，然后以差异性的政策来实现多重均衡，有效推进全球气候变化应对进程。

其一，不同地区或国家在气候变化应对上的利益最大化形成“非对称利益”基础，尽管这样的利益基础显得“碎片化”，却是国际社会应对气候变化最为牢固的底线。各国在气候变化上的非对称利益，是抛开其他衍生性的气候利益，围绕气候变化所产生的直接成本与收益比较的结果，也是各国用来衡量本地区和国家在气候变化应对上该付出何等代价的判断标准。显然，气象、地理和社会经济等各种因素都会对这个判断产生主客观上的影响，从而将问题复杂化。譬如，处在不同发展阶段的国家会在碳排放价格的心理价位因为偏好的不同而有所不同，地理位置不同的国家的气候变化应对意愿也会有差异，这些差异都是客观存在的。

其二，非对称性的方法是指通过差异性的定价方式来披露各国和地区在气候变化应对上的支付意愿及其背后的政治意愿。譬如，逆向出价方法。同时，以差异性的系列政策来实现气候变化应对均衡和福利最大化。在此，我们无须拘泥于强制性和非强制性（自愿）减排方式的区别，在国家利益面前，只要一国和地区通过某种方式付出代价推进了气候变化应对，便表明它有相应的支付意愿及政治考量，即使外界指责它应对程度不够，那也只能证明在现有的气候认知下，该国或地区认为气候变化问题对它还不够重要。

总之，当前国际社会的现实是，各国在气候变化应对上享有充分的决策自由权，它们在各项成本由低到高排列的应对政策上的选择激励并非来自其他，正是由不对称地理、信息、环境和发展造成的不对称利益。因此，唯有通过不对称的理念和方法才能最大限度地解决气候变化应对的困境，实现全球范围内的应对均衡。

## 多哈：“京都时代”的故事与终结

北半球的天气渐冷，旨在减排的联合国气候变化大会如期在2012年年底揭幕，2009年是在丹麦的哥本哈根，2010年是在墨西哥的坎昆，2011年在南非的德班，2012年则是在卡塔尔的多哈，举办地点基本上是以各大洲之间轮换为原则，这也体现出气候变化是一个全球性问题，无论是发达国家还是发展中国家，也不管是气候“脆弱”地区还是气候“坚强”地区，都应该参与到这个应对气候变化的进程中来。如果再往前追溯，1992年的第一次全球气候变化大会是在巴西的里约热内卢举办，1997年的气候变化大会则是在日本的京都召开，如果按照整个应对气候变化进程的重要节点来划分，那么从 1992 年到 2012 年无疑都可归入“京都时代”，这 20 年实际上就干了一件事，那就是筹划，通过和执行了《京都议定书》（第一阶段）。接下来，按照先前计划，2013 年本应继续执行《京都议定书》（第二阶段），然而当前的情况是，随着国际气候变化应对形势的变化，《京都议定书》最具代表性的成果“清洁减排机制”（CDM）已经从鼎盛走向没落，其价格一落千丈。《京都议定书》走到今天，实则已经名存实亡，即便多哈会议之后，区域层面的《京都议定书》及相关减排机制依然存在，但全球气候变化应对的“京都时代”的故事已经讲完，归于终结。

从目前的认知来看，气候变化问题的表象是全球气温的升高所引发的种种气候环境问题，包括给全球带来了系列的社会、经济、政治、军事效应，但其本质原因或者说关联因素有两个：一是能源利用与消耗；二是消费（人口）增加。前者是气候变化问题的直接起因，后者则是间接的作用因素。这样的基本逻辑在总体福利的计算上是成立的，也就是人口及消费的增加推动能源利用与消耗的变化，从而引起碳排放为主因的气候变化。但国际政治经济演变的逻辑和传动机制永远不适用于总体福利的优化，而是被局部利益解构的。在一个力量不均衡的国际社会中，知识和信息的传递，议题发展的框架和路径及其结果的形式都是被预设的，如果说其中必然会存在一些变数的话，那么，为此开展纠偏也是预设的一种表现。就此而言，过往气候变化议题的出现和发展，及“京都时代”的终结，其实都并非偶然，而是体现了具有明确利益导向的国际社会整体秩序的调整。

从 1988 年开始，以气候变化政府间组织的成立为标志，到 1992 年国际社会正式将气候变化议题纳入全球性议程，其间发生的重大国际事件包括苏联解体（1989），美国发动海湾战争（1990），中国确立社会主义市场经济体制的发展方向（1992），而欧洲则通过《马约》（《欧洲联盟条约》）（1992），欧盟初现雏形。当时，气候变化问题的科学探索和研究刚刚起步，公众对此问题的认识仍处于萌芽状态，但即便是有如此的模糊性和不确定性，国际社会仍义无反顾地启动了持续至今的全球气候变化应对进程，并直接地推动通过了旨在促进全球碳减排的《京都议定书》。一般而言，包括发展中国家在内的很多国家都会把在《京都议定书》（第一阶段）中被免除碳减排义务视为捡了个大便宜，但实际上，如果从上述人口—能源—气候变化的预设认知路径来看，气候变化议题的引出早晚都会波及那些与能源、人口两大议题有紧密关联的国家与地区；反之，那些在能源、人口问题上游刃有余的国家与地区则会显得相对轻松，甚至从中获得“气候利益”。如果说在 1992 年国际社会对此还没有深刻认知，那么时至今日，发展的结果已经证明了这一点，与能源利益紧密挂钩的国家与地区（中东、俄罗斯等），以及与人口利益紧密挂钩的国家与地区（中国、印度等）都已经被卷入其中，并深受其害。反之，美国与欧盟虽然也参与其中，但受影响程度远远低于上述国家与地区。

20 多年前国际社会引入气候变化议题的指向非常明确，那就是遏制苏联，打击中东，防范中印，其中既有意识形态之争，更有国家民族利益之夺，包含复杂而多维度的地缘政治经济因素。但总体而言，就是通过应对气候变化这一举措来维护既有的国际秩序，保障既得的国家利益。

直到今天，上述目标仍未改变，但国际力量的对比已发生变化，有的得到增强，而有的则出现衰弱，气候变化应对进程的“预设”与“反预设”力量展开了新一轮博弈。在蛋糕有限的情况下，其结果只有一个，那就是新生利益被纳入“预设”范围，而部分传统利益必须出局，全球气候变化应对就此进入新的“预设”阶段，这便是“京都时代”的完整故事，也是下一个故事的开端。

## 里约峰会挑战华盛顿共识

2012 年 6 月 20 日，里约峰会正式开幕，据称将近 5 万人赶赴参会，可谓盛况空前。本次峰会的主题是“我们想要的未来”，而主要内容则围绕“能源”“绿色经济”两大范畴进行探讨，“能源”板块强调能源利用上的普及以及开展新能源的利用方式，“绿色经济”板块则强调在发展经济的同时最大限度地保护环境。两者的共同之处在于注重平衡。

扩大能源利用是指在全世界范围内普及能源的使用，对发达地区而言，能源的使用极为平常，算是生活必需品，但对落后地区的人们来讲，由于贫困，一般的能源利用都有可能是一种奢侈消费。能源是稀缺品，即便是在后工业的现代化社会中，落后地区其实也不在少数，而无力消费能源又进一步加剧了他们的贫困，使他们无法摆脱发展上的困境，而这样的困境只会进一步加大全球经济发展的不平衡。当然，就此通过各种方式帮助落后地区获得能源和利用能源实际上是帮助他们获得经济发展起点上的公平，进而帮助世界恢复处于失衡的经济体系。

所谓鼓励新的能源利用方式，包括新能源利用、可再生能源的利用以及节能。在目前阶段，相对于传统的能源类型，所有的新的能源利用方式都会带来较高的成本，因而也需要利用者有比较高的经济承担能力，里约峰会推动新的能源利用的举措，其实质在于鼓励发达国家开展新能源开发和利用，同时带动有条件的发展中国家进行类似的利用，这实际上也在试图通过能源利用方式的局部转变来分摊世界可持续发展的成本，其目的也是促进平衡。

再来看“绿色经济”。这个概念对不同国家，含义有所不同，如果地球峰会放在美国华盛顿或者英国伦敦举办，人们无疑会将“绿色经济”理解为竞争力内涵的转变，也就是从对资源能源的无节制利用转向节能低碳环保的生产消费发展模式，而围绕节能低碳环保可能衍生出新的竞争力形态。就如《第三次工业革命》一书所刻画的，智能技术与能源的结合将改变世界，其实，它所改变的仅是发达国家的世界而已。但对于发展中国家而言，智能技术与能源的结合显然超越了它们的发展阶段，因而它们宁肯舍弃“绿色”，也不愿发展受限。因此在里约热内卢这个特定的发展中国家大城市里，我们倡导“绿色经济”，其重点在于倡导将“绿色”环保与经济发展相结合的可能性，在以上两者的结合上，发展中国家比发达国家来得更加迫切，所有的商业都在围绕这一点开展尝试。但突出这一点，恰恰表明“绿色”与“经济”的结合是如此之难，使得我们不得不在这么大规模高规格的会场上进行一次又一次的呼吁。因此，推进“绿色经济”的核心在于期望改变发展中国家的经济增长方式，随着发展中国家的快速壮大，它们在经济增长方式上的改变对世界的意义也在加大，而这显然也会降低发展中国家生产对世界经济失衡造成的风险。

那么，什么可以让我们的世界回归平衡呢？在《华盛顿共识》为全世界提供的方案中，自由市场经济似乎是解决发展困境的最佳良药，包括环境问题在内，只有当污染排放的成本和价格在全球范围内实现了统一，污染排放的效率才会最高，产出也会最高，从而可以在最大限度上提高全球应对环境污染的能力。到目前为止，包括欧盟提出的气候解决方案都在实践统一全球实际碳排放价格的华盛顿模式，对于这一点，美国显然也是心知肚明，并持支持态度。但实际上《华盛顿共识》忽视了提高效率后的财富分配问题，而当今世界的失衡问题若想真正解决，恰恰有赖于合理的财富初始配置和再分配。

从 2012 年里约峰会设置的主题来看，经济效率并非是大会主办方的兴趣所在，更重要的是，自由的市场经济也并非主要发展中国家的优先政策选择，因此，如果里约峰会有可能达成关于“发展和环境保护”的某种共识，那一定有别于《华盛顿共识》。

## 华沙：降低交易成本有助于世界减排

2013 年华沙气候变化大会上，受气候变化影响甚深的国家和地区一致声讨和控诉碳排放大国，从菲律宾代表痛斥气候变化导致台风“海燕”之灾开始，到岛屿国家代表呼吁国际社会重视海平面上升，再到最落后国家和地区组织代表和发展中国家的 77 国集团与中国代表指责发达国家不遵守资金和技术转让等承诺。事实上，这样的控诉基本已经年度化，在国际社会固有的博弈机制下，年复一年的气候变化大会似乎无法摆脱从博弈到博弈，从一个谈判桌到下一个谈判桌的恶性循环。其结果是，联合国领导下的国际气候变化应对和多边合作框架受到越来越多的质疑，以至于美欧已经开始着手建立新的气候谈判机制，力图通过“双边”的谈判和博弈来实现到2015年完成全球气候变化应对一体化的既定目标和重任。那么，在过去的20多年里，国际社会应对气候变化的合作机制究竟是如何逐步演变的，其中又给我们带来哪些重要的启示呢?

根据新制度经济学的解释，任何制度安排得以成立的要点都在于“成本”的比较。在产出或收效既定的情况下，不同的成本结构将决定制度安排的成败，其中尤为关键的是，新制度经济学沿用了科斯所提出的“交易成本”概念，认为博弈各方除了要面临付出制度安排成功或失败后的实际经济成本外，还必须衡量参与制度博弈过程本身所付出的代价。这个代价有大有小，要视博弈各方对各自利益的界定以及相互的重合度：如果利益取向南辕北辙，那么博弈的交易成本便相对较大；反之，如果利益诉求点较为接近，那么交易成本便比较小。对此，新制度经济学接着指出，在交易成本过大的情况下，博弈各方有两种选择：一种是一体化，也就是通过兼并等方式的融合，将南辕北辙的利益取向融为一体，从而解决交易成本过大而导致博弈双方无法取得一致的矛盾；另一种则是在无法一体化的条件下，通过制度设计来一步步地降低交易成本，进而最大限度地向科斯的“零交易成本”理想状态靠近。因为在“零交易成本”的情况下，不论利益取向是否接近，制度安排的实现都会变得较为容易。

其一，新制度经济学的上述解释对国际气候变化应对和合作框架的演进有较好的应用价值，事实上，在国际气候变化应对进程中，一直以来最大的难点在于国际社会无法很好地协调利益取向不一致以及制度安排交易成本过高两大问题。如前文所述，在气候变化问题上，目前来看，各国之间的确存在较大的利益矛盾，也就是“气候利益”不尽一致：有的国家受其影响较深，从而受损较大；有的国家则受影响较小，进而形成各自的国家利益基础。那么如何能让具有不同利益诉求的国家违背国家意志参与国际的气候变化应对合作呢？按照上述理论，这意味着国际应对气候变化制度安排必然具有着较高的交易成本，这是先天决定的，至少短期内无法变更。

其二，是不是意味着在气候变化问题上，我们无法取得实质性进展了呢？其实，我们还有第二条路可走，那就是能不能从制度设计的角度来直接降低各参与方的交易成本？就国际社会应对气候变化的实践来看，这是有可能做到的。譬如，在 1992 年启动全球气候变化应对进程后，到 1997 年，短短 5 年间，国际社会便初步达成了有关应对气候变化和碳减排的阶段性协议，这就是《京都议定书》，该协议值得探究，为何在这个时间点上，国际社会可以克服交易成本的障碍呢？其实很简单，其背后的原理也没有违背新制度经济学的理论，只不过，当时国际社会非常巧妙地将对“交易成本”的理解进行了“相对化”的设计。也就是说，虽然绝对的交易成本因为各国立场的差异而无法缩小，但我们可以缩小“相对的交易成本”。在《京都议定书》中可以明显看到，针对不同类型的国家设置了不同的气候变化应对目标和职责，这无疑很有效地缩小了各国立场与目标间的相对距离，并使得这一距离在很大程度上“趋同”，一旦实现了这一点，基于国别利益诉求的“交易成本”差异也就被相对地“缩小”了，进而为达成协议创造了条件。这一段历史实际上给了我们很好的启发，那就是既然我们无法绝对化地降低交易成本，那么是否可以实现相对的降低呢?

当然，目前的国际形势已经与《京都议定书》时的国际背景有很大的差别，当时国际社会对“差别化”有较大的容忍度。但时至今日，应对职责“一体化”的呼声实际上已经高于“差别化”，尽管我们仍然坚持“共区”原则，但受各种因素影响，从“共区”原则向“共同”原则的过渡应该不会是遥不可及的事情了。为此，我们如何进一步相对地降低交易成本，促进国际社会在气候变化应对及合作上的同步性呢?

其实，自《京都议定书》生效执行以来，国际社会便已经开始思考并着手部署解决这个问题了。一则较之于2009年哥本哈根气候变化大会之前的情景，各国在气候变化问题上的立场更趋一致，其中包括各国认同“2摄氏度”目标，做出自愿减排承诺，探索资金和技术转让的机制体制，为下一步的应对制定路线图等，这些都是不断靠近气候变化应对目标的实质性举措；二则更重要的是，在近几年，国际社会应对气候变化出现了所谓“碎片化”的趋势，在国际政治经济学看来，“碎片化”意指相对于国际社会这一整体，各国在应对立场和政策朝着差别化的方向发展，但如果从新制度经济学的角度来看，相当于国际社会各国在气候变化应对上最为彻底的“个体化”。“碎片化”的另一个侧面便是“集团化”，也就是在利益诉求上相对一致的国家和地区抱团取暖，以共同的声音出现在气候变化大会等国际场合，譬如上述所提的各类国家间组织。如果说，200多个国家间的相互合作与谈判意味着产生接近于无穷大的交易成本，那么，在“集团化”后所形成的为数不多的国家间组织性的合作和谈判，则将大大地降低交易成本，从而也就让国际社会形成有效气候变化应对制度安排变得更为可能，而不是相反。事实上，美欧也非常清楚这一点，这也是它们为何要急于启动气候变化应对“双边谈判”的重点所在，因为相对于多边谈判，“双边谈判”的交易成本最低，也就具有最大的可操作性。

因此，我们有理由对当下国际社会气候变化谈判的发展抱有更大的信心，当国际社会有关气候变化的谈判最后精简为“两方”时，其实距离最后的成功也就不太遥远了。

# 从失衡走向平衡：全球应对气候变化中的自我选择性激励

实现国家“自我选择性激励”发挥应对气候变化的作用也有两个基本条件：一是国家要具有一定的发展规模和实力，并具备一定的风险承担能力；二是国际社会在气候变化的基本问题上要有共识。

2011 年 3 月 9 日，欧盟发布《低碳发展路线图》，规定到 2050 年将降低碳排放水平 80%（1990 年基础上），为此制定的应对气候变化及低碳发展的年度预算为 3750 亿美元，英国政府更是誓言要把英国打造为历史上最“绿”的国家，欧盟继续充当应对气候变化和低碳发展的急先锋；与之形成鲜明对比的是，美国政府同期陷入国会预算案之争，白宫下属能源部、环保部等部门出台的诸多应对气候变化、低碳发展项目和政策面临无钱可花的局面，美国应对气候变化和低碳发展的前景岌岌可危；与此同时，中国通过了“十二五”规划，其中规定到 2016 年能耗下降幅度为 16%，碳耗下降幅度为 17%，同时加强应对气候变化和低碳发展的制度建设、科学研究以及提高市场化程度，中国应对气候变化和低碳发展稳扎稳打；同样是 3 月初，日本发生强震，核电站受损，在此打击下，日本最重要的一种低碳能源——核电的前景堪忧，日本应对气候变化和低碳发展将何去何从，尚未可知。

2011 年 3 月注定是全球应对气候变化的多事之秋，从历史上来看也许会成为一个重要的分水岭。在此之后，各国和地区将沿着自身设定的轨迹迈向不同的应对气候变化和低碳发展之路，而国际格局也将出现变迁，并在此基础上逐步稳定下来，新的国际气候变化应对框架很有可能破茧而出。

在这个变迁的过程中，值得探索的是，各国在全球性气候变化的环境影响下，究竟如何做出各自的选择，它们在制定新一轮应对气候变化的行动计划前，是否全面考虑了各种政治经济的影响，换句话说，它们是否出于各自的战略发展需要来确定这样或那样的决策。如果是，那么在应对气候变化问题上各国有怎样的战略性考虑，而相应的决策又是否会反作用于各国的发展进程，在此作用与反作用的过程中，世界格局究竟将走向何方？要拨开这重重迷雾，找到真相，就必须对已有的理论和实践进行抽丝剥茧，跳出范式的思维方式，树立新的研究视角和方法。在此，于宏源博士的《环境变化与权势转移：制度、博弈和应对》带给我们很大启示。

## 如何理解气候变化应对的政策选择

一直以来，如何理解气候变化下各国选择不同应对方式和决定应对程度的动力及传导机制是社会科学研究的重点，也是难点所在。究其原因，主要在于全球气候变化不同于其他一般性的局部或者小规模环境变化。它体现为自然气候条件发展过程中的物理性失衡嵌入以国家为单位的行动主体之间的复杂关系之中，进而体现为气候变化成因和结果在政治社会经济上的失衡。如果我们将历史上或现存的国际发展格局本身也归结为一种失衡的话，那么气候变化实际上就是以物理性失衡对社会性失衡的叠加，进而形成一个更为严重的失衡状态，在此状态下，各种历史的、现实的、未来的、区域的、国家的、个体的利益都相互混杂在一起，使国际政治经济的博弈变得极其复杂而困难。在过去的全球应对气候变化道路上，经历了无数次的国际间的谈判、协商、大会和博弈，但能够从根本上影响气候变化应对进程的成果却寥寥无几，大部分的行动都是在原则性议题上原地踏步。

在于宏源博士看来，造成以上失衡的主要原因之一是“国际石油能源链中的碎片化趋势”，简言之，在应对气候变化最关键的产业部门——能源产业内，由于大国、新兴国家、区域性国家联盟以及产能国等对能源供应和生产的利益争夺，传统国际秩序下的能源链分配体系逐渐失去稳定性，朝着国际秩序“无序化”的方向演进。能源链的碎片化趋势代表的是国际社会对应对气候变化及低碳发展认识的高度不统一，其中既有先天的能源资源禀赋因素，也有后天的政治经济发展因素。

在先天上，传统能源资源在全球的区位分布极不平衡，主要产能国与主要用能国的分布并不对称，受传统力量支持，双方形成了长期相互博弈的互动关系。这一关系在短期看来是较为静态稳定的，在长期看来却有动态波动的特征。当前，在气候变化和低碳发展的冲击下，各种新能源的潜在发展和引入对产能国及用能国都产生了极大的影响，给能源资源含义的重新诠释带来了利益调整和再分配的可能，传统能源资源型国家的优势地位有所削弱，用能国的主动权得以加强，这打破了国际社会现有的能源链短期平衡，从而开始向下一个新的平衡状态过渡，在过渡期中，碎片化和无序化带来的失衡也就在所难免。

在后天上，因制度和发展模式的区别，应对气候变化和低碳发展进程中世界各国的发展在政治社会经济各个领域也处于一种失衡状态。从气候变化的成因来看，气温上升的根本原因并非能源资源的先天禀赋，而在于其后天利用方式的不合理性：较早较快发展的国家耗用了大量化石能源造成历史的排放；而较后较慢发展的国家正在或将要带来大规模的排放。发展的前后快慢使各国在应对气候变化问题上无法形成统一协调的利益基础。于宏源博士告诉我们，无论是在发达国家与发展中国家之间，还是在发达国家内部以及发展中国家内部，基于能源环境安全国家利益之上的竞争无处不在。比如，有的工业化国家和地区在历史上造成了大量的排放，似乎形成了先发的优势，但在新的地缘政治及社会经济的发展趋势下又面临新的危机和挑战，从而转向积极的应对；而有的工业化国家却凭借其独特的政治优势及实力持消极态度。同样地，在发展中国家内部也有类似的分化。分化的结果必然导致竞争。

以上这些都表明，在应对气候变化和低碳发展的过程中，物理性失衡叠加于社会性失衡之上，给传统的处于短期平衡状态中的国际秩序带来冲击和影响，各国间形成新的竞争和冲突关系，这种失衡将不断持续，直至在博弈基础上奠定新的国际关系格局。就此而言，承认并正视当前应对气候变化和低碳发展中的不同利益和立场，比否认及消极对待更好。毕竟，在气候变化的威胁面前，我们需要的是实实在在的解决方案，而不是谈判桌上的口舌之争。

尽管失衡最终会走向新的平衡，但在缺乏一个全球性权威力量，比如全球政府的情况下，很难想象这会是一个主动进行的过程，能源和环境攸关各国的核心利益和安全，各国无法超越国别理性地去接受有损自身利益的制度安排，这就是所谓的“集体行动的困境”。与此同时，各国也都在应对气候变化的道路上有所行动，尽管程度和方式不同，但却是重归平衡的必经之路。那么，在利益和行动之间，是什么力量在驱动国与国之间的有限合作，带动国际制度的产生，并实现共识性的目标呢？

## 解决集体行动困境：选择性激励

于宏源博士全面分析了国际合作中的集体行动困境理论之后，认为其中的关键在于“实施选择性激励”。按照奥尔森的定义，选择性激励是指能够驱使集体中的理性个体采取有利于集体行动的独立而有选择性的手段（1965 年），它有两个前提条件：一是强制性的权威或能力，二是能提供潜在激励给集体的成员。这对全球应对气候变化的合作是一个很好的启示，在实践中也有成功的案例。比如，在20世纪90年代初保护臭氧层的国际集体行动中，正是由于发达国家提供了有效的正面选择性激励，如技术、资金支持等，以及负面选择性激励，如贸易制裁等，才得以在全世界范围内较好地控制了氟利昂的扩散。这对全球应对气候变化是一个积极的案例，但不是一个合适的案例。

历史表明，20世纪90年代至今，国际社会充分借鉴了保护臭氧层的行动经验，对应对气候变化的国际框架进行了类似的制度安排。从1992年的《联合国气候变化框架公约》到1997年的《京都议定书》，再到2009年的《哥本哈根协议》，无不是以发达国家向发展中国家进行各种补贴来形成全球范围内的统一行动，但结果都以失败告终。究其原因，关键在于无法满足实现选择性激励的两个前提条件：一是在前文所述双重失衡作用下，能源与环境领域国际力量的碎片化已经稀释了权威或强制性的能力，无论是发达国家还是发展中国家都无法在实力或道义上形成对他国的制约或者控制；二是在应对全球气候变化问题上，任何正面或者负面的选择性激励都是相对的，从某个利益层面上来看是正面的选择性激励，在另一种利益角度上则会变为负面的选择性激励。一旦实施这样的激励措施，其最后效应往往会出现较大的偏差，无法实现最初的期望。正如《京都议定书》所引入的重要减排机制——清洁发展机制的结果所示，它的交易结果对发展中国家而言较为有利，却在客观上增加了排放总量，从而不利于总体上的排放控制。其失败的主要原因在于，清洁发展机制在发达国家主导的国际社会潜意识里将发展中国家作为制度的安排对象，但实际上发展中国家却充分利用这一制度，使之成为自身实现加速发展的途径，获得以发展为主的经济收益。这说明在应对气候变化的制度安排中，不能想当然地赋予某些国家和地区以选择性激励。实际上，严重失衡状态中的国际社会既没有主体，也没有能力去实施如此的激励措施。近期，美国国会对政府预算案的一个重要质疑便在于，为什么需要美国去对落后国家开展气候领域的援助？言下之意就是，美国和其他国家一样都是气候变化应对进程中的一分子，并无任何特殊之处，美国没有必要损害自身利益去支持其他国家的减排或者应对。这便是全球应对气候变化中国际合作最为真实的一面，也是最为残酷的一面。从长远来看，我们确实无法期望通过外部的选择性激励来刺激各国的气候变化应对及低碳发展。

因此，在应对气候变化和低碳发展时，还必须通过恢复国家利益的本质来寻找回归平衡的动力机制。对于宏源博士的分析结果进一步扩展，可以建立一种基于“自我选择性激励”的新机制来推动应对气候变化的全球进展。

所谓“自我选择性激励”，本文的定义是“能够将集体目标的实现内生于个体提高核心竞争力或促进发展的各种手段”，也就是将传统意义上外部的选择性激励内化到个体本身的需要中从而推动个体去创造对自己有利的激励条件。要实现国家“自我选择性激励”发挥应对气候变化的作用也有两个基本条件：一是国家要具有一定的发展规模和实力，并具备一定的风险承担能力；二是国际社会在气候变化的基本问题上要达成共识。

第一个条件意味着国家有实施自我选择性激励的能力，从经济学的角度看，这实际上就是能源资源在一国或地区内的重新配置，尽管这个过程的期望是带来收益，但也必然需要付出成本。此外，国家在实施自我选择性激励的过程中，如其结果最终无法融入国际社会的减排或者应对框架中，那么前期投入的激励性资源在长期便会化为乌有，因而国家必须具备一定的风险承担能力。第二个条件则是指实现自我选择性激励的有效外部环境，各国可以在应对气候变化的政策和措施及程度上有所区别，但有必要对气候变化的基本科学问题达成共识，有了这个共识，不论其后续理解有何差异，都可以提高自我选择性激励的回报程度，降低其风险。

总之，自我选择性激励的关键在于，将应对气候变化和低碳发展的政策合理地导入国家的核心竞争力建设范围，只要具备了核心的竞争力，在全球科学共识的推动下，自我选择性激励对应对气候变化进程的积极作用便会逐步显现。

## 自我选择性激励的积极效应

从现实情况来看，各种因素正在推动各国采取自我选择性激励的国际解决方案。一是经过20多年的反复科学研究和论证，国际社会基本认同了气候变化的事实，并签署了承认“2摄氏度”减排目标的《哥本哈根协议》，这为实现下一步应对气候变化奠定了较好的基础，也为实施自我选择性激励创造了条件。二是国际社会正在形成主要的排放国家和地区利益集团，在应对气候变化和低碳发展的观点上，一枝独秀的局面不复存在，出现了多种观点共同主导的局面，在此格局下，国际社会难以再提供外部的选择性激励，而只能在各国在应对气候变化和低碳发展的不同理解和判断中实行“自我选择性激励”，后京都时代将要出现的“自愿减排框架”便是这种自我选择性激励机制的最好体现。三是在全球国际经济发展和转型的强大挑战面前，国与国之间的竞争很难再通过冲突加以实现，“国际关系的主旋律由国际冲突转向国际合作”，而“国际合作”的真正含义是国际竞争，自我选择性激励正是为满足国家间的竞争需要，谁能通过自我选择性激励更好地增强国家竞争力，谁就能赢得最后的竞争。自我选择性激励机制是当前欧盟、美国、中国等国家和地区采取各自的应对气候变化和低碳发展战略行动的根本动力，也是全球应对气候变化格局从失衡逐步走向平衡的有效机制。

按照与应对气候变化和低碳发展的相关程度，可以将自我选择性激励分为三个档次：高度相关、相关和不相关。到目前为止，大部分主要排放国家的激励政策都处于“相关”以上的程度，而欧盟的激励政策则明显属于“高度相关”，这种普遍地基于自我选择性激励的政策和措施对全球应对气候变化的作用在于：一则在短期内或多或少地减缓碳排放的速度；二则在长期形成政治、社会、经济等方面的外溢效应，通过正反馈传导机制将自我选择性激励扩大为全球性的激励，促进全球的低碳发展。这不仅能扭转历史上高度依赖化石能源带来的物理性失衡，更重要的是，自我选择性激励框架一旦形成，国际政治社会经济也将进入新一轮的平衡状态，这有利于产生一个稳定而有效的应对气候变化国际解决方案。

由于自我选择性激励效果的长期性，在自我选择性激励的实施过程中，极有可能出现阶段性的目标错配情景，即一国自我选择性激励的目标与他国或者国际社会的目标不一致。此时，是放弃自我选择性激励，去迎合他国或国际社会的目标，还是坚持自我选择性激励，抵制他国或国际社会的目标？从长远发展来看，一国对应对气候变化和低碳发展的理解和判断有自身全面的系统考虑，绝非孤立和片面，因而一旦开始实施包含这种理解和判断的自我选择性激励，就有必要在中长期坚持下去，任何摇摆不定都会带来大规模的损失。那么这又如何与他国及国际社会进行有效协调呢？于宏源博士给出了答案，那就是构建国家气候变化的软能力，一国气候变化软能力建设的内涵是“利益协调，制度建设和规范内化”，其核心在于提高一国应对气候变化和低碳发展进程与国际社会现有的相关共识、协议、框架的互动性，最大限度地降低一国与他国或国际社会在应对气候变化问题上的可能冲突，提高气候外交上的灵活度。气候变化软能力建设其实有双向作用，既包括外部规范如何内部化的过程，也包括内部规范如何外溢的过程。在国家自我选择性激励的框架下：前者可以帮助一国避免冲突、延缓竞争、增进协调；后者则有利于一国不断扩大自我选择性激励的影响范围，提高其有效性。在此，英国政府的实践值得借鉴。英国政府在应对气候变化和低碳发展领域采取了大量的自我选择性激励政策和措施，包括制定强制性的减排法律，推进低碳科技，普及低碳理念，它还非常重视对外的气候变化软能力建设，在领事馆专门设立气候变化推广机构，不断地展示和宣传英国所采取的自我激励政策及其效果，这无疑在放大英国国内政策的国际效应，对领事馆所在国的气候变化应对进程产生积极影响，从而增进自我选择性激励政策提高国家核心竞争力的有效性。

应对气候变化和低碳发展是一个将世界从失衡状态拉回平衡状态的过程，自我选择性激励机制将会有助于尽早实现重归平衡的目标，有的国家将从新的平衡中获益，而有的国家却将因此失去竞争的优势，正如于宏源博士新作的标题所暗示的，“世界将因环境的变化而改变”。

# 美国的能源发展与气候变化应对：逻辑与演进

在奥巴马眼里，绿色发展对美国并非仅仅是一个竞选的政治选题，而是一个对美国未来发展有实际价值和意义的方向。正如在过去几年里推行的很多绿色政策一样，他们的生效期或着眼点都是在10~20年的时间里。

## 美国能源发展新思维：自主供给下的能源安全

2011年3月30日，美国总统奥巴马在华盛顿乔治敦大学发表主题为“安全能源的未来”的演讲，全面阐述了美国政府正在考虑制定的能源发展战略。在演讲中，奥巴马强调美国未来能源发展战略的重点在于减少能源进口，提高能源自主供给能力。为此，他提出能源发展的四点建议，以期实现降低能源成本、提升能源安全系数的双重目标。

其中的四点建议包括：第一，恢复和增加美国国内的油气生产能力，主要是督促各油气能源公司提高产能规模；第二，突出鼓励天然气的生产和利用；第三，继续提高生物质能等新能源的利用比例；第四，大幅提升消费和生产的能源利用效率。

从以上四点建议来看，美国未来的能源发展战略将与以往有所不同，其整体思路似乎有重回保守路线的迹象，具体有以下三个特征。

一是从“深绿”走向“浅绿”，发展传统能源将重新主导能源安全议题，天然气和新能源作为补充力量为能源安全做贡献。

二是从“远洋”走向“近海”，本国的能源生产将逐步替代海外的能源供应，降低对外的能源依赖度，通过能源自主供应来维护能源安全。

三是从“低效”走向“高效”，全面加大对各种能效技术和产品应用的支持，包括电动汽车、智能电网等，降低能源需求以缓解能源供应压力。

因而，尽管促进能源安全并非此次演讲首次提出的能源发展目标和概念，但在当下，重申能源安全并非是对奥巴马政府上台伊始所提“绿色新政”口号的简单重复，其中隐含着美国政府对未来能源发展方向的新思考，所透露出的新理念值得我们重视。

作为全球第一大能源消费国，能源成本与能源安全历来是美国政府关心的议题，但受各种国内外政治经济发展背景的影响，在不同时期，他们的重点也有所不同，此次演讲奥巴马再次全面而系统地阐释美国能源的发展蓝图，其背后同样也有极为特定的内外推动因素。

首先，从国内因素来看，有两层背景。

其一，奥巴马正式宣布竞选下届美国总统，这意味着他不仅需要为竞选成功做政策调整，还需要从现在就开始为可能的连任做政策上的准备。如果说 2008 年首次竞选时，奥巴马需要通过提出“改变”口号来赢得选票，那么到 2012 年，要继续赢得选票，就必须提出“坚持”二字了。体现到能源的发展战略上，2008 年提出“发展新能源”体现了“改变”的理念，而到 2012 年，即便没有实现当初制定的能源发展目标，但出于竞选连任的需要，适度坚持“发展新能源”理念毫无疑问是极为必要的。就此，在宣布竞选消息的同时，从回顾 2009 年能源发展状况开始，将新能源继续放在能源发展框架之中显然是明智之举。

其二，与此同时，自 2011 年 2 月以来，美国政府陷入了国会两党的预算案之争，围绕是否大幅削减开支的议题，分别支持和反对政府年度预算方案的民主党和共和党在参、众两院争论不休，到 4 月已经不得不连续数次增加临时开支，来维持政府的短期运行。预算案争论的一个焦点便在于政府是否要继续为新能源的相关研发和发展埋单，从目前的态势来看，大幅削减新能源相关的支出费用已成定局。一旦通过新的预算案，美国政府无疑将被迫微调新能源在整个能源发展战略中的地位，新能源对能源发展的贡献将有所下降。

其次，从国际因素来看，影响美国能源发展走向的背景也很复杂。

其一，中东变局的出现既有美国政府预料之中的，也有它不曾预料到的。变局的出现也许是它预料之中的，但变局的结果却显然是它不曾预料到的，特别是北约对利比亚的军事介入，进展显得扑朔迷离，美国也出现先打后停的政策变化，如果从能源发展的角度来理解的话，“打”也好，“停”也好，其出发点都是为了提升美国能源供应的安全性。“打打停停”一方面体现了美国在中东和北非产油国地区的政治经济影响，维护其能源供应的稳定性；另一方面则是为当前的能源发展政策提供注解，证明增加能源自主性对提高能源安全的必要性。

其二，日本核能危机给美国政府的既定能源发展战略带来冲击。在此之前，国会两党在新能源发展上所达成的唯一共识便是发展核电，参众两院没有对奥巴马所提出的核电发展预算提出任何质疑，但自 2011 年 3 月中旬日本爆发核能危机以来，形势出现逆转，国会重新考虑核电的发展计划，奥巴马也表示要进行全面的核电安全检查。当然，在美国将近 20% 的电力为核电提供的情况下，的确很难否定核电对能源发展的重要意义，但在以提升安全为主旨的能源发展新思维下，“核”去何从显然已经成为美国政府内部争议较大的议题之一。

最后，从横跨国内、国际的因素来看，能源价格发展和应对气候变化的趋势同时左右着奥巴马对能源发展战略的思考。

其一，在奥巴马的演讲中，他回顾了 2008 年能源价格上涨到历史最高位时的情景。实际上，当时国际上的高油价对于“新能源”口号在政治上的成功不无助益。在大多数美国家庭和企业看来，任何能够抑制高油价的政策都会很受欢迎。但现在，历史显然开始重复，美国的油价已经逼近 4 美元 / 加仑的高位，高油价不仅增加了美国家庭和企业的负担，同时也大大降低了能源供应的安全性。奥巴马认为，要改变高油价，就必须摆脱对进口能源的高度依赖，以及提高能源使用效率。无论是促进能源自给程度，还是提高能效，最后都会在能源价格上体现出来，让消费者和生产者受益。

其二，在以往的能源发展框架中，应对气候变化是奥巴马政府能源团队较为倚重的一个话题，他们认为这是一个真正能实现美国能源发展根本性革命的基础，奥巴马本人也曾对此寄予厚望。但长期以来，不仅国际社会没有达成一致的应对框架，而且受美国国内气候变化怀疑论者的影响，从美国普通民众到政治精英，都在气候变化问题的立场上开始动摇，导致国会无法形成统一意见而使气候法案“流产”，这都在某种程度上影响了奥巴马政府对能源发展战略的重新思考。在此次演讲的表述中，气候变化已不在影响能源安全的范畴之内，同时也不构成对未来能源发展的重大影响。

总之，挖掘本国的能源供应和效率潜力，同时逐步放弃海外能源，是奥巴马对能源自主与能源安全两者关系的最新阐述，在这一能源发展新思维的指导下，美国的能源发展无疑将逐步从“深绿”走向“浅绿”，从“远洋”走向“近海”，从“低效”走向“高效”，其趋势大有可观。

## 谁将主导美国环境能源政策

在华盛顿的政治圈中，历来能够在总统直接领导下主导美国环境能源政策的莫过于环境署、能源部以及国务院。前两者都是环境能源政策的直接制定者，其重要性不言而喻，而国务院作为内阁头号成员，随着全球气候变化应对进程的深入，也被越来越多地纳入环境能源政策的主导范围之内。尽管其他内阁部门也会或多或少地与环境能源领域产生交叉，譬如内务部、财政部、国防部和交通署等，但这些部门在环境能源领域上的重要性和整体影响力显然都不如环境署、能源部和国务院，正是这“三驾马车”决定了美国的环境能源战略及政策。凑巧的是，恰恰就在奥巴马的新旧总统任期交接之际，这三个部门的原负责人分别前后辞任，尽管他们的辞任各有各的原委，但从结果来看，符合白宫意向的换人必然带来新政，尤其是这三个在环境能源领域上有特殊而紧密关联性的内阁部门同时换人，这在奥巴马继续高调坚持其“低碳、绿色”发展战略的背景下，其后续影响显然更值得关注。

在奥巴马第二个任期里，环境能源政策的重要性不仅不会削弱，还将得到加强。在奥巴马看来，这是关涉美国竞争力、安全和未来的关键性领域，而其总体指导思想便是让美国的环境和能源都更加低碳、更加绿色，这已是奥巴马逢会必讲的一个主题。就此而言，接下来的四年中，美国的环境能源政策总体上必然是连贯的，并且还可能出现重大突破。那么，怎样才能加强环境能源政策的这种连贯性并取得突破呢？无疑，这就要求主导环境能源政策的“三驾马车”在未来几年内必须更加积极、务实和有效。

其一，在奥巴马的首个任期中，环境署、能源部和国务院三个部门在执行奥巴马的绿色新政上应该说是兢兢业业，无论是在国内温室气体排放的控制上，还是在新能源的科研和发展上，以及对外的气候外交战略上，三个部门都在各自领域内因富有极强的专业精神而著称，而其负责人亦分别是物理学诺贝尔奖得主、环境管理专家和外交巨子，但是，将专业精神强硬付诸实践的结果往往是备受猜忌和诟病。四年来，随着绿色新政在环境能源领域的推行和深入，这个领域已经或多或少地出现了一些争议性的话题，其中包括新能源补贴、二氧化碳排放限制及惩罚，以及对外的气候援助等，尽管这些争议在华盛顿的政治氛围下在所难免，而绝非部门负责人的主观之意，但在客观上却损害到了奥巴马既定的相关议程，“三驾马车”的负责人在某种程度上已经成为继续推进绿色新政的负担。因此，能够在第二个总统任期让环境能源政策轻装上阵的最好办法莫过于换人。

其二，换人提高部门间协同。如前所述，在原先“三驾马车”的格局中，其负责人都极具专业精神，但除了环境和能源本身有共通性之外，其中的一个最大不足之处便是希拉里对能源环境并无特殊兴趣。在她看来，即便环境能源牵涉国际政治，但其出发点也是外交，也都是通过外交政策让国际环境能源的发展更加符合美国的利益，而这一点在贯彻奥巴马的整体环境能源战略上其实有失偏颇。在奥巴马眼里，美国利益的一个重中之重便是低碳和绿色，就此而言，国际环境能源的低碳及绿色与美国利益是一致的，美国实则也无法脱离国际社会来单独实现本地区的低碳和绿色。因此，从部门协同的角度来看，希拉里领导下的国务院显然是环境能源战略和政策上的短板，奥巴马并不希望未来的这驾马车继续拖后腿。

其三，换人促进资源整合。美国环境能源政策的特殊性还在于，要取得务实而有效的结果，就必须理解和迎合来自各利益方的诉求，尤其是来自有代表性和代言性的国会的主张。毕竟，国会不但是最高的立法机构，同时还控制着内阁部门负责人提名的通过权，以及手握各个部门年度预算的生杀大权。奥巴马要想在环境能源领域有所作为和突破，就必须获得国会的支持，并充分利用国会的资源。因此，如果“三驾马车”的新负责人能够懂得如何更好地与国会周旋，同时又不失其在专业领域上的执着，那么旨在低碳和绿色的环境能源政策也必将会更具效力，通行无阻。

最终，主导环境能源政策“三驾马车”中的国务院已经名花有主，原参议院外交委员会主席克里在 2013 年 1 月 29 日通过了国会提名，成为新任国务卿。克里早在 20 世纪 80 年代，曾参与推动美国的《清洁空气法案》，而在 2010 年，他又与另一位参议员共同推出《美国能源法（草案）》，该法案的主导思想与奥巴马的能源发展理念基本一致。因此，在希拉里去职之后，克里在环境能源政策上的背景是奥巴马选择其为国务卿的重要考量。

无论如何，奥巴马显然希望未来的负责人能以其专业精神和政治敏感来帮助其实现“绿色美国梦”。

## 美建能源安全基金强化能源清洁化

在2013年的美国国情咨文中，奥巴马总统用很大的篇幅阐述了第二个任期中的气候变化及能源政策，其基本基调与之前的总统竞选及就职演讲中所提无异，也就是在承认全球气候变暖和强调应对气候变化重要性的基础上，侧重能源供应的清洁化和自给性，其中尤为侧重的是，为发展新能源创造一切有利条件，以尽快降低其应用成本，提高其竞争力。

除此之外，此次国情咨文中关于能源政策的新看点在于，非常具体地提出了建立“能源安全基金”的政策意见。按照奥巴马总统在演讲中的阐述，这个拟建的“能源安全基金”，主要资金来源将是联邦所属公共土地上的油气开发收益，而其用途则是支持旨在提高汽车能效的相关技术研发，以降低汽车对油气石化能源的依赖。具体地说，白宫的建议是在未来十年里每年拨付2亿美元来支持电动型、燃气型以及生物燃料型汽车的发展。

显然，建立“能源安全基金”的政策主张是奥巴马政府在能源政策上的新一轮旨在减缓温室气体排放、降低经济能源依赖度，并实施“全能源”战略的重要标志，因其有较高的可操作性和朝野共识基础，一旦执行，便极有可能对美国能源、经济以及政治产生诸多连带的后续影响。

有关设立“能源安全基金”或者类似的能源基金的提法并非奥巴马首创。早在2011年，主要由参、众两院议员领衔的重要智库“信息技术与创新基金会”（ITIF）便曾提出类似的建议，他们建议“从新增油井产生的收益中抽取部分资金来支持‘致力于最新科技的清洁能源创新基金’”；而另一个受退休海陆将军领导，名为“保护美国未来能源”（SAFE）的智库也曾提议成立由来自沿海地区油气开采收益所资助的“能源安全基金”。无独有偶，美国参院能源与资源委员会资深参议员，来自阿拉斯加州的 Lisa Murkowski 发表能源政策蓝皮书中又提出了类似的建议，即用油气开采的收益来支持成立“高科技能源基金”，用于资助可再生能源，提高能效及新能源车辆的研发。

以上的相关提议显然构成了奥巴马下定决心顺应民意来筹建这样一个“能源安全基金”的共识基础，但问题是，他在国情咨文中所提的“能源安全基金”在本质上从属于“全能源”战略构想，他所希望的是这个基金能够服务于能源自给和清洁的总体目标，并与之相呼应，这就决定了此基金非彼基金。

事实上，尽管朝野默契地共提建立同一基金，但出于各自不同的利益诉求，以及他们在能源发展战略上的不同出发点使得这个代建的“能源安全基金”有诸多的政治和经济色彩。换言之，就是在共和党人眼里用来扩大本土油气开采的能源安全基金，到了奥巴马手里，则变成了力促其绿色能源新政的一把利器。

以共和党参议员 Lisa Murkowski 关于设立“能源安全基金”的最新提议为例，她的全盘计划是，扩大美国国内的能源生产，包括油气、水力及地热等。尤其是油气，她认为应开放弗吉尼亚州和南、北沿海大陆架的开采，以及将阿拉斯加的部分联邦土地投入用于油气开采。在此基础上，她提议将新增开采所获收益用于弥补政府财政赤字和建立能源基金。

在 Lisa Murkowski 的设想中，设立能源基金的关键之处在于，通过扩大本土的油气生产来降低美国对外能源的依赖，实现能源自给和能源安全。但这显然与奥巴马的能源政策背道而驰，奥巴马认为，降低能源对外的依赖，除了继续有限地扩大和保持本土油气生产之外，最主要的是新能源及提高能效，如果要在大规模新增本土油气开发的基础上来设立“能源安全基金”，那么其结果只会远离既定的能源发展目标，基金也就失去了成立的必要。为此，奥巴马的计划是，支持设立能源安全基金来促进新能源科技进步和发展，但要进而规定基金的资金来源仅限于现有的本土油气开发收益。这个限制的主要用意在于，一旦建立能源安全基金便意味着资源和资金在新旧能源间进行转移分配，从而变相地削减石化能源补贴和增加新能源激励，这将增加石化类能源开发利用的成本，降低其竞争力，最后，增量的新能源将逐渐取代存量石化能源。

奥巴马有关设立能源安全基金的初衷与最先各方的相关提议南辕北辙。这也难怪在奥巴马演讲过后的第二天，包括 Lisa Murkowski 在内的共和党人便开始抨击这个计划，指责白宫为成立能源安全基金设置障碍。

从美国各方围绕设立能源安全基金所作的博弈过程不难看出：奥巴马在其第二个任期不会放弃既定的“全能源”战略及政策，也就是将发展新能源，抑制石化能源的重要性提高到关涉能源安全的高度；能源安全基金体现了美国社会经济各个层面对提高汽车能效、发展新能源汽车科技的广泛共识；减税背景下建立可能带来支出的能源安全基金，其经济上的平衡点必将建立在未来温室气体排放的市场价格机制基础之上，因此，美国极有可能加速其碳排放交易市场机制的建设。

## 美国本土油气大开发与发展“能源化”

据国际货币基金组织（IMF）2013 年 3 月的一份研究报告和美国能源信息署的统计数据，美国已经在 2012 年 11 月首度超过沙特，成为全球最大的原油生产国。尽管在随后的时期里，这个排名还会出现不同的反复，但不争的事实是，美国已经从传统意义上的原油进口国摇身转变为中东地区之外世界上最大的原油供应国，2012 年美国的油气及油化产品进口量业已降至 2005 年最高点的六成，其中天然气进口量更是降至最高点的四成左右。与此相呼应的是，美国国内的天然气价格已经跌至 20 年来的最低点。须知，这样的能源转变恰恰是发生在极力倡导发展绿色能源的奥巴马政府任内。那么，究竟是哪些因素促动美国在能源利用上出现如此大的变化，这样的变化又会在国际国内产生怎样的后续影响？

在“二战”后的发展史上，此次并非美国首次大规模开发利用本土的油气资源，在20世纪70年代中后期，中东爆发战争引发世界石油危机后，飙升的国际油价使美国国内出现了第一轮的油气开发高潮。此后，随着国际油价的逐渐稳定，美国国内市场仍旧将油气的主要供应来源定位于海外，一直持续到最近的新一轮开发高潮。

其实，作为世界石油市场的重要买方，每每触动美国本土油气开发的主要因素仍在于直接的“经济性”，就此意义上说，前次和这次的油气开发高潮有共同的特性。本土油气大开发的“经济性”体现在以下两个方面：

一是绝对的“经济性”。随着技术的进步，大量“非传统”油气资源因为低廉的开采成本而得以快速市场化，其中最典型的莫过于页岩油气资源。这些油气资源在美国国内就近销售，其售价往往大幅低于国际市场的原油价格，而据估计，截至目前，美国国内此类能源资源的蕴藏量与生产潜力较大，可以支撑其本土在较长时期内的市场用能需要。

二是相对的“经济性”。受各种因素的影响，近年来国际油价节节攀高，从而大大提高了美国国内各种油气资源开发的收益空间，刺激了本土生产，加上受交通和储藏条件的限制，廉价的页岩油气资源仍无法进入国际油品市场，从而形成一定程度的国际和国内市场分割，使其国内油气出现“价格洼地”，这也在一定程度上进一步刺激了国内市场消费的积极性，从而带动生产。

当然，在本土油气开发利用的考虑因素中，除了直接的经济性之外，来自政治、社会、国土安全等领域的间接经济效应也是重要动因。实际上，油气资源的开发利用从来都是与社会政治经济的整体发展紧密关联在一起的，美国开发本土油气资源显然有更加全面的考量。

其一，开发本土油气资源，创造就业。奥巴马政府可以明确的主要发展战略有“绿色发展”“制造业回归”“能源独立”“重振中产阶级”，所有这些发展战略的最大共性在于“创造就业”，尤其是为中产阶级创造就业。这在美国长期关注高科技创新和金融发展，并依赖于全球制造业生产体系的背景下，对如何避免本国产业的空心化和中间阶层失业问题尤为重要。如果说美国需要耗费较长时间来进行教育培训等方面的调整来适应制造业及相关就业回归的话，那么通过发展油气等具有较高回报率的资源性产业来创造就业不失为一条更加便利并高效的“捷径”。

其二，开发本土油气资源，有利于改善美国的财政收支状况。美国当下面临的财政困境在于国际上负债累累，国内税源不足，长期的财政困境已经对美国的经济健康造成不利影响，并使得美国政府在国际和国内两条战线上都比较被动。为此，一方面，油气资源的本土开发和利用不但可以帮助减少国际支出，减轻美元的压力，在有条件的情况下，油气资源还可以用于出口，从而获得油气部门的贸易盈余；另一方面，近年来，在美国国内各界的呼吁下，政府有限度地开放了联邦土地上油气资源的租赁开发，这实际上也可以为日益枯竭的财政收入补充税源，并有利于提振地方的积极性。

其三，开发本土油气资源，有利于美国实现政治和安全意义上的双重“维稳”。一国在经济发展过程中，如果过高地依赖海外能源资源，看起来似乎可以从中获得全球资源配置的“红利”。但实际上，在弱肉强食的国际社会中，获得海外能源资源必须付出相应的代价，那就是在维护国际关系和国际社会稳定上支付巨额的成本，有时候，这样的政治与经济矛盾还会给本土安全和稳定带来诸多的威胁和挑战。尽管从全球范围来看，在统一的世界油气市场中，美国的油气生产无法真正地缓解供求矛盾，但至少美国可以从中脱身，并战略性地转移其注意力。

按照目前的发展趋势，美国极有可能在10~20年的时间内实现油气及能源的独立自主发展目标，届时还极有可能成为世界能源市场上的重要出口国。这样一来，美国在不久的将来会出现发展“能源化”的趋势，包括产出、收入的“能源化”，财政的“能源化”，竞争力的“能源化”以及国土安全的“能源化”，这些趋势显然都值得引起中国与世界的关注。

## 美国应对气候变化的政策逻辑

自2010年1月以来，美国政坛的最大看点无疑是民主党在马萨诸塞州选区参议员补选的失利，这意味着民主党自此失去在参议院的绝对控制权（60票），其多数党的地位也将在接下来的中期选举中岌岌可危。这既反映了美国选民对奥巴马一年执政成绩的基本态度，也反映了选民对民主党掌控行政和立法两大权力中心的逆反立场。

此次补选后，在2010年年底的中期选举前，新任参议员布朗的政策取向，将直接决定奥巴马政府的各项重要法案能否在参院顺利通过。根据布朗在参议员竞选中的表现，尤其是他著名的“逢奥必反”原则，相信奥巴马力推的内外政策，都将面临挑战和考验，包括气候和新能源领域的政策法案。

在奥巴马的极力推动下，自2009年6月美国众议院通过关于能源安全与投资的“修正性”气候法案后，该法案就此止步于立法程序再无进展，在参议院的表决时间是一推再推。即使在哥本哈根气候会议前夕，奥巴马政府也未能如愿推动该法案在参议院表决，最终奥巴马只能两手空空地赶赴哥本哈根会议，并在会上做了一些象征性的政治性表态。如果要追究哥本哈根会议濒临失败的责任，其实不是美国政府，更不是中国政府，而是美国国会，尤其是参议院。

究竟是什么原因使美国参议院如此抵制气候变化应对及新能源发展的法案呢？其关键之处当属国会立法的政治体制，即美国政府决策过程的政策逻辑，对新能源发展以及应对气候变化政策的走向发挥着巨大作用。中国作为最大的新能源产品输出国以及碳排放国，应更加关注美国新能源发展的政策逻辑。

美国政府决策的政策逻辑，关乎全球应对气候变化和新能源发展的长期态势。从需求角度看，现阶段新能源成本仍然较高，其市场空间在较大程度上还是有赖于各国政府的补贴性政策，作为世界上最有能力和最重要的新能源应用和推广市场，美国在新能源发展上的决策，必将影响新能源产品输出国，当然也包括作为世界最大新能源产品输出国的中国。

另外，从供给角度看，美国的新能源产业及其技术处于产业链的顶端，属于新能源发展的“强国”，而中国虽然在供给量上遥遥领先于其他国家，但技术仍较落后，受制于其他国家，因而只能算是新能源生产的“大国”，而不是“强国”。在新能源供给产业链中，处于顶端的新能源技术才是真正能够推动产业发展、提高产业竞争力的关键所在，也是改变能源结构、推动减排的核心所在。因此，美国对新能源产业及技术发展所持的态度，将直接影响新能源产业链中下游环节的市场空间。

那么，什么是美国应对气候变化和新能源发展的政策逻辑？首先，在美国政体中，诸如应对气候变化和新能源发展等影响社会经济发展的重大决策，必须在国会参议院和众议院都获得多数票通过。尽管两院都代表民意，但有很大区别，众议院代表民权，任期较短，为两年；参议院代表州权，任期较长，为六年。因此，参议院在较大程度上可以摆脱任期过短带来的决策短视性，众议院的决策则受两年期限的限制而相对短期化，这也是法案在众议院较易获得通过的一个重要原因。

在此背景下，总统的大政方针要获得国会的支持而成为正式法案，就必须在制定政策时充分考虑和尊重国会的意见，有时不得不做出重大让步和妥协。以清洁能源与安全法案为例，在最初奥巴马提交的草案中，是不给市场提供任何二氧化碳排放配额的，但众议院通过的法案，则将其修改为提供85%的配额，从0到85%，可见奥巴马政府对国会的让步幅度。

当然，从根本上说，政府和国会在维护美国社会经济利益上的立场是一致的，那就是发展经济、促进就业、提高福利，政府和国会不会考虑任何偏离这些基本目标的政策。但政府和国会在考量具体政策时，基于不同的角度来做出判断，因而造成了两者在政策工具和幅度的选择上各有不同。这意味着美国政府鼓吹的发展方向，未必就是最后执行的发展政策，即使方向一致，其政策内容也会在国会的干预下与初衷大相径庭。这是中国在发展新能源产业、看待美国市场时需要考虑的首要政策逻辑。

其次，受国会两院体制的影响，美国政府的政策还要过五关斩六将，其复杂性往往会降低政策的制定效率和执行效果。仍以清洁能源与安全法案为例，即使是奥巴马政府做出大幅妥协，并获得了众议院的通过，参议院仍然不认同基于“总量控制与交易”原则之上的政策，致使奥巴马政府一筹莫展。

参议院为何要反对“总量控制与交易”的原则呢？最重要的一条原因就是“目前还无法充分论证应对气候变化以及发展新能源的政策，给美国社会经济带来的正、负影响”。在此，其政策逻辑已经脱离了简单的“民意决定”原则。正是由于参议院的任期较长，可以有充分的时间来证明其政策取向对美国社会经济长期影响的正确性，而不必拘泥于选民在短期因素影响下的政策选择。也就是说，美国政府的政策除了受短期民意的约束之外，还受所谓“长期民意”的制约，这就让政策决策进一步复杂化。

从不确定性角度来看，“长期民意”比“短期民意”更难捉摸，但更加符合美国社会经济发展的根本利益。在此，中国必须充分地看到美国新能源政策决策逻辑的核心所在，那就是不断地进行“政治博弈”，直至最后符合政府、民众、地方、短期、长期各种利益，才能完成法案制定过程。

以上美国新能源发展的政策逻辑，对中国的新能源发展以及减排任务而言，其寓意在于，以美国为首的西方发达国家在应对气候变化和发展新能源问题上，仍处于全民探讨过程中，最后结果仍存在较大变数，美国政府目前的政策表态，不足以成为判断相关产业发展趋势的依据。

## 从被动走向主动的美国气候政策

2013 年 6 月美国政府发布名为《总统的气候行动计划》报告，这是迄今为止美国政府在气候变化和低碳发展领域所发布的最高级别行动计划，该计划由奥巴马总统亲自发布并推动执行，它不仅有较为重要的战略和政策宣示意义，而且还包含了相当部分的具体政策，这既是对奥巴马第一任期以来所执行的各项气候相关政策的一个总结，也是对未来美国气候变化应对政策的一个远景规划，该行动计划标志着美国的气候变化应对政策正在从过去的相对被动全面走向积极主动，其中的过程以及影响值得探究。

与之前的气候政策相比，奥巴马此次颁布的《气候行动计划》有三个明显的特征。其一，美国的气候政策从分散走向系统，具体体现为从气候变化的干预（碳减排）到气候变化的适应（碳影响），再到气候变化的应对（碳领导力），不论是横向的从内政到外交，还是纵向的从家庭社区到产业部门，行动计划为美国设定了一个全方位的立体气候政策。其二，总统领导下的气候政策将从被动走向主动，自奥巴马设定其气候政策蓝图之初开始，就面对来自国内外的各种反对和消极声音，尤其是来自国内共和党以及国会的反对声音让奥巴马极为被动，而国际上，来自欧盟以及其他发展中国家的指责也让美国裹足不前的气候政策备受压力，此次推出的全盘气候行动计划便有化被动为主动的出发点。譬如，在外交上，奥巴马便试图扭转之前的“气候被动外交”，改用“气候主动外交”取而代之。其三，基于以上特征，奥巴马的气候政策也将从模糊走向清晰，这体现在行动计划中，其背后不仅组建了强大的、真正懂得气候变化的执行团队，而且从能源到碳减排再到国际领导力，其政策思路清晰，指向性明确，可操作性强。应该说，上述几个特征给美国气候政策带来的最大影响在于，奥巴马极有可能就此率领其行政团队“单干”，并以民意和市场的力量来倒逼反对意见和消极声音，最终实现其推动气候立法的政治宏图。

那么，值得进一步探究的是，奥巴马政府领导下的美国政府为何要在此时推出具有全盘性的气候变化行动计划呢？

承认全球变暖、积极应对气候变化是奥巴马自其第一个总统任期以来便为人所知的明确政治立场。这一立场固然与其背后的民主党的“亲绿性”有关，更重要的是，这一立场还高度体现了美国主流阶层，尤其是主流学术界在气候变化问题上的发展动向。事实上，即便是在克林顿政府反对加入全球统一行动应对气候变化的《京都议定书》的低潮期，就气候变化这一科学问题本身而言，美国学术界也是全球变暖的积极拥护者。受此影响，民意调查显示，美国大部分公众也都认为全球气温的确在变暖（最高时有八成的公众相信人类活动是造成全球变暖的主因）。在此科学研究和民意的基础之上，当远离传统能源产业及其相关利益和势力的民主党人奥巴马执政后，他在气候变化问题上的积极举措也就在情理之中了。为此，早在其就任总统之初，他便已经在绿色新政、加强温室气体管制、推动新能源研发和利用等气候相关的领域里大施拳脚，力图在气候变化以及低碳发展等领域有所作为。

但问题是，自奥巴马执政以来，他在气候变化政策的推进上便受到了几个不利因素的影响：一是2008年爆发的全球性金融危机，这在很大程度上转移了奥巴马的注意力，同时，支持应对气候变化的民意基础也随即被削弱，到2010年，气候变化的支持率仅剩四成左右；二是在2010年国会参、众两院重新选举之后，民主党失去参议院的控制权，在众议院的票数也大为缩水，这令奥巴马在气候变化、医疗卫生等至关重要的法案上失去有力的保障，最后仅能通过妥协来确保医疗卫生法案的过关，而无力再继续推进其默许的气候变化法案；三是近年来美国在页岩气开发利用上取得较大的突破和进展，这一介于传统能源和新能源之间的“清洁能源”品种，一方面固然有助于奥巴马兑现其碳减排的国际承诺及目标，另一方面页岩气在根本上仍属于石化能源，相对零排放的新能源而言，它的推广有碍于整个气候变化应对的进程。譬如，会极大地延缓太阳能和风能等新能源的市场化利用进程，又如，它会迅速排挤美国能源市场中的煤炭，使之价格走低，进而形成价格洼地，吸引其他国家继续利用煤炭，进而妨碍全球低碳发展等。

受上述不利因素的影响，应该说，奥巴马在其第一个任期里，在气候变化政策的推进上显得有些力不从心，其中也经历了诸多的挫折，到其寻求总统连任之时，他甚至都没将气候变化议题纳入总统竞选纲领之中，从中可以想到，当时的华盛顿政治圈是如何排斥气候变化这一议题的。不过，值得注意的是，自奥巴马进入第二个总统任期以后，各种形势却逐渐发生变化，朝着越来越有利于应对气候变化的方向发展。其一，包括干旱、飓风等在内的与气候相关的自然灾害频发，较大地触动了美国民众，从而改善了应对气候变化的民意基础；其二，受中东地缘政治以及能源安全等方面因素的推动，能源自主的诉求逐渐成为两党和全社会的共识，由此，气候变化应对逐渐上升成为国家利益和竞争力的关键；其三，国际上适逢《京都议定书》从第一承诺期向第二承诺期的过渡，以欧盟为代表的气候变化应对急先锋试图扩大碳减排的范围，将中、印等发展中国家纳入减排框架中，这符合美国长期以来的一贯立场，即在全球建立统一的碳减排市场，以防止碳泄漏。

## 美国大选为何抛弃“气候变化”

在纽约周边海域的上空，大量水汽和云团正在集聚，大西洋的洋面水温升高，暖流自下而上不断汇聚，超级飓风“桑迪”正在悄然形成。而城市里，高空中到处悬挂着的是大幅竞选广告，曾经“气候变化”的选题却已不见踪影。飓风来袭之前的华盛顿，似乎已经完全地忘却了这个正在威胁着城市的繁华与发展，并将人类带向绝境的环境灾难。实际上，在环境及与环境相关的问题上，两党候选人的主张是大相径庭的，奥巴马的环保立场显然比罗姆尼更加坚定。这一点在历次的总统竞选辩论其政策宣誓中体现得非常明显，但为何在美国本土所面临的重要环境问题，也就是气候变化这一选题上，两党候选人似乎都噤若寒蝉、有意避开呢？即便是在飓风“桑迪”已经造成大量损失的情况下，候选人对这一气候环境灾难的政治利用也只不过是停留在救灾和政府作用等议题上，而并未就此延伸开展一场短平快的“气候变化”论战。这表明，气候变化或许是竞选话题中的一个敏感地带，不仅在气候变化应对上较为消极的罗姆尼不想提，而且主张积极应对气候变化的奥巴马也不愿意轻易触及。

有关气候变化与飓风等气候灾难间的关系，早在2005年“卡特里娜”飓风意外席卷新奥尔良后，便逐渐受到美国各界的重视。事实上，大量研究表明，飓风等气候灾难的形成与气候变化不无相关，这是因为形成飓风和风暴所需风力，需要暖湿空气给予水汽上的支持，如果没有大量的水汽，是不可能造成一次强过一次的灾难性飓风的。而要在10月底这样一个已经偏冷的季节里集聚如此大规模的水汽和风力,除了初始的气压条件之外,海水及海面的温度也是必要条件。因此，如果说在陆地上我们还没那么强烈地感受到全球气候变暖的话，那么，超级飓风的出现无疑从洋流和海洋气象的角度进一步佐证了全球气候变化的事实，全球范围内的气候变暖已是大势所趋。

除了气候变化和环境灾难的科学研究之外，应对气候变化还离不开公众的了解与支持，尤其是在气候变化应对政策上，公众用手还是用脚来投票决定了政策的效果与成败，有时甚至还会反作用于政策制定者本身。在美国，近年来公众对气候变化的态度不断变化，据一项来自耶鲁大学气候变化认知研究项目小组的独立分析显示，自2008年该项目小组开始有关公众气候变化认知程度的首度随机抽样调查以来，认为全球气候正在变暖的美国公众比例是先高后低再高，2010年的水平为57%，而2012年9月的最新结果则是70%。同时，认为气候变化的成因来自人类行为的比例则从2008年的46%上升到目前的54%。这两项主要的调查结果都表明，美国公众对气候变化的认知越来越接近于科学研究的结论，从而对有助于气候变化应对的政策制定与执行产生积极作用。在此情形下，气候变化应对政策上较为积极的竞选一方理应获得更多的选民支持，但事实却恰恰相反。

无论是上述调查的结果，还是实际的事件进程，都可以发现，2008~2009年是全球气候变化议题最吸人眼球，也是最为关键的一个阶段。包括美国在内的世界各国都对应对气候变化有较高的期望。2009年的哥本哈根国际气候变化会议也被寄予了厚望，受此影响，公众的关注度和兴趣也达到了顶点，有关气候变化的政治热度也不断冲高，但在此之后哥本哈根会议无功而返，经济危机打击加重，尽管奥巴马仍力推新能源等低碳发展，但在气候变化的系统应对上已力不从心。2010 年 5 月，白宫属下的环保署扭转乾坤，冒险将温室气体正式界定为污染物，但就此被缠上大量国会、公司与地方的质疑及诉讼，至今仍不得脱身。这表明，尽管在气候变化议题上有大量科学论证，但要将社会经济整体导入对应的轨道上，仍会面临极为顽固的阻碍，而公众知道或了解气候变化也不足以让他们掏钱来加入对应的行列。气候变化认知研究的一个调查结果便是，仅有四成的公众认为气候变化在威胁着他们自身，比认同气候变化的比例低了许多。而如果仅认同气候变化，而不承认实际威胁的话，那就意味着政府很难成功推进有赖于提高公共支出的应对政策。

在经过了四年的努力和周旋后，奥巴马明白，在气候变化问题上高调推进但又徒劳无功后再与对手论战，只会有损其执政形象，而要想有所作为，还不如先搁置这个话题，待成功再选后再做打算，这也是为何他不愿在飓风“桑迪”上多加发挥的原因。

## 奥巴马为何再次赢得绿色发展

奥巴马在其竞选期间首提绿色转变口号，誓言通过技术和创新来推动美国的能源、环境及低碳等领域的绿色发展，赢得了竞选。今天，尽管绿色的口号不再鲜明，绿色的政策也备受挫折，但力争连任的奥巴马仍不温不火地坚持着他的绿色发展理念，力推新能源科技，大幅限制温室气体等污染物排放，传统能源清洁化利用是他的主要绿色政策主张，结果美国选民再次以选票支持了奥巴马，让美国得以继续在绿色发展道路上尝试和前行。有趣的是，奥巴马之所以能赢得绿色发展，其中的一个直接因素便是他成功地借到一股“东风”，那就是来自东边海域大西洋的飓风“桑迪”。选举统计结果表明，受飓风“桑迪”影响最甚的美国东北部11个州的选票无一例外地被奥巴马收入囊中。

如今，奥巴马新的绿色发展蓝图更加务实。如果说当初选民还仅仅是受绿色理念和美好前景的鼓动而投了赞成票，那么今天，选民在亲身感受了奥巴马绿色新政后，已经对绿色发展有了近距离的接触，究竟是水电煤的日常支出重要，还是未来的蓝天白云重要，究竟是车辆购买成本重要，还是能继续在高速公路上奔驰重要，究竟是石油管道收益重要，还是生态环境重要，对这些关涉切身利益的绿色发展问题，答案显而易见，那就是要在确保生计的前提下推进绿色发展。也就是说，与竞选时的毫无保留相比，选民对绿色发展的态度有所转变，这种微调实际上也体现在奥巴马的竞选策略上，他不再突出绿色发展的优先重要性，改而将绿色发展理念进行扩展并渗透到各个领域的政策主张中，包括科技、教育、产业、外交和军事等。同时，他还将一些可能引发绿色争论的尖锐话题搁置起来，比如气候变化、美加石油管道建设等。这一策略实际上较好地迎合了部分中间选民的微妙心理，在经济与生计至上的选战中，冷藏这些议题比在全民范围内开展一场有关绿色发展的大讨论来得更加务实。

可以说，很大程度上正是奥巴马在竞选中从“深绿”向“浅绿”的转变帮他赢得了竞选。再加之罗姆尼的“反绿色”立场过于鲜明，从主张削弱环境管制到发展油气管道，再到石化能源开发，这些固然可以确保争取到一些选民支持，但对这种仅关注经济与民生，完全放弃绿色之道的态度，大多数作为社会精英的广大中间选民则不以为然。毕竟，作为美国总统，内政外交、近期远期的各种利益都必须有所兼顾；否则就很难支撑起美国的长远发展。

在获选连任后，奥巴马的绿色发展理念将毫无悬念地在美国继续推行，且绿色发展的势头有增无减，甚至出现新的突破性进展。原因如下：

其一，在奥巴马眼里，绿色发展对美国并非仅仅是一个竞选的政治选题，而是有实际价值和意义，正如其曾经推行的很多绿色政策一样，它们的生效期或着眼点都在10~20年之后，奥巴马认为，即便短期内要付出成本，也要走绿色发展道路，因为这有利于保持美国在全球的竞争力，一切围绕绿色发展所制定的政策都可以在长期里产生“绿色溢价”，放弃这个“绿色溢价”将是美国无法承受的。

其二，作为连任的总统，奥巴马在政治上已经没有太多的后顾之忧，如果前四年任期还要考虑高调的绿色发展是否影响国会和选民支持的话，那么后四年任期里，他的主要任务有两个：一是尽可能实现个人的政治抱负，包括推动美国医疗卫生、教育体制、绿色发展等领域的改革；二是配合民主党，为下任候选人赢得总统选举做准备。总而言之，前者比后者的分量更大。因此，在其他的改革议题渐近尾声的情况下，下一个重任或者说能帮助奥巴马建功立业确定历史地位的领域便是绿色发展，有可为的方面包括推动气候变化应对和新能源立法，开展温室气体管制和控制，提高新能源利用比重等。

# 中美能源与气候变化合作：基础与展望

在中国经济新常态和美国内部社会经济调整的大背景下，着眼于各自的战略发展需要，中美两国都在迅速调整各自气候变化应对的策略，并寻求最大限度上的共识，以推进全球应对进程。

## 中美两国为何同提“能源自主”

2013年10月24日，国务院新闻办公室发布《中国的能源政策2012》白皮书，全面介绍中国能源发展现状、面临的诸多挑战以及努力构建现代能源产业体系和加强能源国际合作的总体部署。当时恰逢美国总统竞选，在三次电视辩论中，两党候选人陆续提出其构想的未来美国能源政策主张。基于不同的背景，中美间对能源政策有不同的理解，而美国两位总统候选人之间也对能源政策有不同的看法，但无论是中美还是美国的两位总统候选人，在能源政策上都有一个共同点，那就是强调能源自主。中国白皮书的表述是“立足国内”，美国方面的表述则是“能源独立”，表述虽不同，含义却相同，都是能源自主。究竟什么是能源自主呢？

奥巴马认为，所谓的能源自主，就是可以让美国的能源利用摆脱对外的依赖，使美国在特殊时期里不至于因为能源供应短缺而影响到社会经济的生产与生活，进而波及美国的国家安全。所谓的特殊时期既可以是军事冲突方面的，也可以是自然灾害方面的，更可以是能源价格的不稳定性方面的。奥巴马眼中的能源自主的关键之处当属国家安全与能源自主之间的关系，当然，这一主张也许与美国长期以来各种能源危机及能源地缘政治影响不无关系。另一位总统候选人则不这么理解美国的能源自主，作为前企业家、麻省前州长，罗姆尼认为，能源自主的好处在于能源是一种产业，自己供应与生产不仅可以创造财富，更可以创造就业机会，与其把这种财富与就业机会让给其他国家而使美国利益受损，还不如通过大力发展本土能源产业来增强美国国家实力，尤其是在当前经济不太景气的条件下，这样的能源自主更具有经济和政治上的有利效应。当然，这一点显然与奥巴马的理解不太一样，罗姆尼期望以此实际收益来说服选民。

综合两位美国总统候选人的表述，能源自主其实不外乎两个层面的意思：能源自主有利于国家安全，在此，能源发展不仅仅是一种经济，更关涉政治与外交，以及军事；能源自主旨在发展能源产业经济，主要属于内政范畴，同时还涉及国际经济和贸易竞争等。

与美国相比，在中国本次颁布的能源政策白皮书中，在“立足国内”的同时，还强调“国际合作”，无论所谓“立足国内”的内涵究竟是发展传统石化能源，节约能源，抑或是新能源，但明确提出要与国际社会共同合作来确保能源安全，这表示中国对“能源自主”的理解实则有别于美国方面：国际合作的内容可以是能源科技合作，也可以是能源供应和生产上的合作，还可以是能源政策与制度上的合作，最后一个层面的合作或还可衍生出国际能源政治外交与军事的言外之意。以“国际合作”来促进能源自主是正确的战略选择，也是21世纪中国走向世界的必由之路。问题在于,中国对“国际合作”的期望,其前景或许不甚明朗，其原因是，作为全球的能源消费与生产乃至潜在出口大国，按照目前对能源自主的理解，美国未必有与中国进行能源领域合作的积极性。至于与其他能源利用及生产大国进行合作，未来也存在较大的不确定性。能源领域的国际合作水平和绩效实际上是对中国整体国力，包括外交与军事层面的一次世纪性考验。中国在21

世纪能否真正通过国际合作在内的各项政策来实现能源自主，这也是这场世纪性考验的根本所在。

## 中美能源问题的异同与未来合作

在2012年的美国总统大选之时，在包括能源战略、能源开发和能源价格等方面的能源政策上，参加总统宝座角逐的两位候选人主张与中国有何关联？中美之间在能源发展上有无求同存异，以及开展合作的可能？

总体而言，在能源战略上，两党候选人都认为有必要扩大本土能源生产，提高能源自主性。相比而言，奥巴马更倾向于通过发展清洁能源来扩大本土能源供应能力，而罗姆尼则倾向于扩大美国本土现有的油气资源利用度；在传统能源的开发上，奥巴马坚持鼓励和扩大天然气的开采，稳定煤炭的利用水平，限制石油开采规模，罗姆尼则认为有必要扩大利用联邦公共用地上的油气煤资源，增加煤油气资源的开采许可，建设更多的油气输送管道，提高能源供给能力；在能源价格上，罗姆尼指责现任政府的能源政策抬高了能源价格，只有尽可能地通过石化能源开发扩大能源供应才能有效降低能源价格，对此，奥巴马的意见则是能源价格既取决于供应，还受需求的影响，油价高企所体现的正是能源需求随经济复苏之后的膨胀。与此同时，现任政府也已经尽全力扩大能源供应，并将本土能源生产规模扩大至20年来的最高点，能源进口则降至最低点。政府实际上无法直接干预价格，但有责任制定合理的能源政策来参与国际能源博弈。

能源发展关涉内政外交政治安全与经济，尽管以上三个能源议题都没有直接涉及中国，但基于中美在能源发展的共性与差异，不同的能源发展理念显然会波及中国，影响两国之间未来的能源博弈格局。

第一，能源战略的清洁与否，有两个因素与中国相关：在中国的能源战略中，存量和增量的应用仍以煤炭为主，但生产和供应中的很大部分增量却集中在新能源上，在短期内，新能源的增量生产仍有赖于欧美市场的消化，不论是否有“双反”的存在，只要美国仍继续侧重清洁能源的应用，中国就仍有可能借助美国市场来消化新能源产能；能源战略关涉全球碳减排政策走向，在中国国内继续坚持走向节能减排和建立区域碳减排交易体系的趋势下，如美国在碳减排上走回头路，也就是扩大石化能源利用的话，就会延缓全球的碳减排和气候变化应对步伐，这在一定程度上不利于低碳发展，也不利于碳减排框架的建立。

第二，能源开发的选择，首先，扩大本土能源开发是两位候选人的共同主张，这本身意味着在全球范围内，未来的传统能源贸易结构与竞争将会出现较大变化，中国的能源供应或许可以从这一变化中受益；其次，究竟是侧重煤炭、石油，还是天然气的开发，其不仅关系到不同能源品种的供应能力，而且还会影响这个能源品种的技术进步，以及其他上下游产业的供需，包括管道建设、油气运输、石化冶炼等，尤其是关涉后续的制造业竞争力。在一定程度上，侧重煤炭与石油的开发与中国的产业结构在长期里有一定的同构性，也就是竞争程度更高，而侧重天然气的开发则与中国经济与产业错开。当然，无论如何，短期内，中国仍可以通过制造业优势来针对美国不同的能源开发进行错位发展，获得收益。

第三，能源价格的走向既是能源供求关系作用的结果，也是影响能源供求的重要因素，较高的能源价格似乎在刺激能源供给，但实际上也在遏制能源需求，从而降低市场的整体均衡利用水平。就此而言，美国本土能源价格的高企波及国际市场，可能会遏制部分的能源需求，这对正处于高速发展中而急需大量能源的中国市场而言并非利好消息，从这个角度来讲，促进全面扩大美国本土能源供应的能源政策也许更有助于缓解能源价格，从而对中国在能源发展上的帮助来得较大。

总体而言，美国的两位总统候选人中，罗姆尼的能源政策相对较为保守，而奥巴马则显得更加激进，在当前的经济形势下，中美两国在能源发展上存在竞争，但也不排除合作的可能。

一方面，同样作为全球的能源消费大国和净进口国，确保能源自主和能源安全是中美两国在能源政策上的首要任务，要实现这一点，中美实则都无法真正离开国际合作，国际合作的内容可以是能源科技合作，也可以是能源开发和利用上的合作，还可以是能源政策与制度上的合作，现阶段，中美间的合作可主要以前两者为主；另一方面，在可预见的中长期里，随着美国本土能源资源潜力的开发，美国将有可能成为全球的能源净出口国，这并非意味着美国就此摆脱对国际能源市场的依赖；相反，这种依赖性只不过是从买方转变为卖方。如此，中美在能源领域的合作重点则将更多地侧重于政策与制度层面，以确保两国的能源发展在良性博弈中实现动态平衡。

## 中美联手共同应对气候变化

2013年4月13日，美国新任国务卿克里访华的当天，中美两国签署并发布《中美气候变化联合声明》(以下简称《声明》)，其中的关键看点有：成立高级别气候变化工作小组，将气候变化领域的合作议题纳入了2013年中美战略与经济对话，以及声明提升两国间气候变化合作的规模和影响力度的必要性。在全球应对气候变化进程举步维艰之时，中美之间的这一《声明》无异于给世界打了一剂强心针。当然，深谙气候变化应对和能源发展战略的克里和中方有关部门共同推动的《声明》并非中美间在气候变化领域合作上的心血来潮，其背后之意在于表明两国间在这一领域有坚实的合作基础，包括共同的应对理念与诸多的积极推动因素，开展深入的合作显然将有利于维护中美两国各自的国家利益。

其一，中美合作有利于求同存异，共同推动全球气候变化应对。全球气候变化应对框架从无到有、从小到大、从少到多的发展，其有效性都与框架本身对各国碳排放的覆盖程度密切相关，也就是世界各国实际意义上的参与度是衡量气候变化应对进展的重要指标。无论是何种减排机制，都需要最大限度的国际参与度予以支持，这也是在气候变化应对的《京都议定书》中将协议生效的最低标准设置为55%碳排放覆盖率的原因。

对此，社会经济发展阶段相异的中美两国无疑有不同的理解，中方秉持“共同但有区别的责任”原则，认为在全球气候变化应对上，发达国家理应为碳排放的巨大存量负责，承担更多的减排责任，在现阶段中国作为碳排放的“增量”部分承担相应的减排义务。美方的看法则不同，早在《京都议定书》实施之初，国内就普遍持反对意见，主要的理由在于，为不同国家和地区设置不同碳减排职责的做法会极大地降低全球气候变化应对和碳减排的效率，从而削弱美国等国家和地区进行区域性碳减排的效果。最后，《京都议定书》还没有提交给美国国会表决，便被克林顿政府先行否决。

如此看来，表面上中美两国在全球气候变化应对上的分歧较为明显，一个强调结构性应对和碳减排（中国），另一个强调效率性应对和碳减排（美国）。但值得注意的是，这种分歧的结果却是相似的，即除了市场中的各种自发减排性交易之外，中美两国最终都没有承担实质意义上的强制性国际减排义务。这种状况一直持续到2009年召开哥本哈根气候变化大会，大会上国际社会共同签署的《哥本哈根协议》实则是在法律意义上正式承认中美两国的自愿减排地位，并将中美的自愿减排承诺作为量化指标纳入全球的气候变化应对框架中。

以上演变过程说明，不论中美两国是否参与，它们都是全球气候变化应对框架中的关键角色。到目前为止，任何忽略其中一方或同时忽略两方的应对方案都无法在实际意义上使国际社会在气候变化应对上取得成效，进而全球也无法真正克服和解决气候变化带来的各种挑战和矛盾。如果说，国际社会一再降低全球气候变化应对的目标水平，是在争取世界各主要排放国的积极参与。那么，从《京都议定书》中美在碳减排上的共同缺位，到《哥本哈根协议》正式纳入两国自愿减排目标，这一变化本身即意味着全球应对气候变化的框架和进展也正上升为中美两国的国家战略利益。就此而言，中美两国联手积极合作远比消极对抗来得更加务实。

其二，中美气候变化合作有利于推动世界能源转变。在应对气候变化的进程中，能源利用及转变事关重大：一方面，人类的能源利用和转变本身便是干预全球气候模式、有效应对气候变化的重要途径；另一方面，能源利用和转变也可以在最大限度上降低人类应对气候变化的机会成本，尤其是通过节能和新能源开发的方式来转变能源利用，可以最大限度地避免气候变化应对行动干扰和影响社会经济其他领域的发展。当然，基于气候变化应对的需要，实现能源转变的最大载体在于能源消费国和地区，能源转变的路径也正在主要能源消费国的带动下，实现能源利用、开发和供应上的转变。对此，中美两国显然有共同的诉求，作为全球最大的能源消费国，两国都提出并逐步实施绿色能源的发展战略与政策。由此，对两国而言，要想在中长期进一步锁定绿色能源发展的路径和效益，除了继续推进技术创新和市场利用之外，强化国际社会的接受度也是一个重要的方向，两国间未来在绿色能源领域的相关合作及配合显然至关重要。

其三，中美气候变化合作有利于共同保障能源安全。一般意义上，能源资源作为具有代表性的“非传统安全”，主要体现为石化能源资源供应的稳定性和安全维护上。如果说针对石化能源等稀缺性资源，基于资源争夺的需要，中美之间还存在较强竞争性的话，那么在面对气候变化威胁的背景下，从传统能源向新能源及能效发展的能源转变已经在很大程度上改变了能源安全的内涵，界定为“非传统”的首要能源安全已演变为以节能以及新能源为主体的新兴能源利用方式与石化传统能源生产及利用的冲突上。对此，作为新兴能源利用的推动者，中美两国在共同应对来自传统能源挑战上显然有深层的合作需要，而且，这样的合作需要远比由新能源产业同构发展所引起的竞争压力来得迫切。

总体上，中美两国在气候变化及新能源发展等相关领域的诉求上有诸多相同点，这是中美两国的合作基础，也是维系合作的强大保障。

## 治霾视角下的《中美气候变化联合声明》

2014 年 2 月，美国国务卿克里再度访华，以一份《中美气候变化联合声明》（以下简称《气候声明》）结束了为期两天的访华行程，在飞往其亚洲之行的下一站印度尼西亚前，克里表示，“中美间在气候变化上的合作有独特意义，这有助于为明年全球气候变化谈判发挥引领性的积极作用”。在短短 10 个月里，中美间在气候变化议题上如此频繁地互动，是否意味着中美两国已经进入气候变化合作的蜜月期，并预示着国际气候变化合作就此步入了大国合作应对的新阶段呢?

就国际地缘政治经济发展的内在逻辑而言，在国际关系中，既没有无缘无故的“对抗”，也没有所谓的“蜜月”，唯一有的是国家利益间的博弈。具体到气候变化应对领域，就体现为国家气候利益。那么，从 2013 年版与 2014 年版《气候声明》的表达及其中的些许变化中，我们能看出中美两国在气候变化应对的国家利益上所折射出的诸多端倪吗?

第一，从发表《气候声明》的时间节点来看：一个是 4 月，另一个是 2 月，其共同之处都是上半年的前期，之所以设定在上半年的前期开展这样的磋商并发表《气候声明》，其主要目的都是为在夏天举办的中美战略与经济对话（SED）做准备工作。

所谓的准备工作，2013 年的主要任务是在第五轮中美战略与经济对话前成立气候变化工作组，而 2014 年的主要任务则是在现有的工作组机制下交流信息和取得成果（具体表述分别为“交流各自 2020 年后控制温室气体排放计划的有关信息”和“投入相当精力和资源以确保在第六轮中美战略与经济对话前取得实质性成果”）。

第二，从主要合作目标来看：两份《气候声明》都将强调应对气候变化的必要性作为中美合作的前提条件。同时，前后两份《气候声明》在具体的合作内容上有明显的演进逻辑。2013 年的主要任务是“确定双方推进技术、研究、节能以及替代能源和可再生能源等领域合作的方式”，以及“总结梳理气候变化现有合作情况和通过适当的部长级渠道加强合作的潜在机会，并确定促进绿色低碳经济增长具体合作行动的新领域”。这样的愿景到 2014 年便很快落地，2014 年的《气候声明》已经明确中美将围绕五个具体的领域开展合作，分别为“载重汽车和其他汽车减排、智能电网、碳捕集利用和封存、温室气体数据的收集和管理、建筑和工业能效”。

前后合作目标的递进关系极为明显，相互印证，这充分说明了两份《气候声明》的延续性和一体化，也从侧面证明了中美气候变化工作组的工作富有成效。

上述两方面共同之处毫无意外地例证了中美间在气候变化应对上进行携手，并维系共同利益诉求，然而与 2013 年版的《气候声明》相比，2014 年版的《气候声明》在用词上出现了明显的变化，解读其中的内涵或许可以帮助我们理解未来中美在气候变化问题上可能出现的分歧。

其一，两份《气候声明》都以主题词“气候变化”命名，但在对气候变化带来的挑战上有不同理解，2013 年版《气候声明》的表述是“气候变化及其日益恶化的影响”，2014 年版的表述则是在此基础上增加了一句“以及与之相关的因化石燃料燃烧产生的空气污染问题”。

与此相对应的还有，2013 年版《气候声明》将减排的对象仅限于“温室气体”，而 2014 年版的《气候声明》则将减排的范围扩大到“温室气体和其他空气污染物排放”。作为在中国落地发表的《气候声明》，这样的前后表述差异实则不难理解，因为正是从 2013 年 6 月开始，中国政府讨论并着手大力解决来自大规模雾霾的空气质量问题，并在 7 月通过了最严厉的《大气污染防治行动计划》。在此背景下，如何将国际的气候变化应对努力与国内的大气污染治理相结合显然就成为中国政府的迫切需要。

实际上，这样的意图早在 2013 年年底国家发改委副主任解振华参加波兰华沙气候大会前的记者招待会上就已经显现，在回答记者提问时，解振华表示“温室气体排放与雾霾排放具有同源性”，这个同源即意指“能源”。正是这个同源性促使了中美在气候变化上的合作，不仅可以延伸到能源领域，而且还可以触及空气环境治理这个对中国而言更加紧迫的诉求点。这一观点在第二次《气候声明》中表述得更为明确，此应为政府深思熟虑后以更加明确的方式表达出的焦点。

其二，如果说上述差异在很大程度上满足了中国方面的气候利益及诉求，那么美国方面的气候利益又有哪些呢?

一方面，气候变化应对本身就是美国的气候利益，这体现在美国总统奥巴马已经连续两年在其国情咨文中表达了白宫有关应对气候变化的强烈意愿；另一方面，美国南部遭遇非常严重的旱灾，而东部和北部却受到暴风雪的袭击，种种迹象都表明气候变化所造成的影响越来越明显，奥巴马也借此机会向各方大力宣传气候变化应对的施政理念，以争取民意支持。在此背景下，中美两大碳排放国的合作无疑将成为奥巴马气候变化政策的重要延伸，赢得中方的支持也是其气候外交上的重要成果。

另外，2015 年的巴黎气候大会最终决定了国际气候变化应对的框架和格局，为此，美国希望消除先前国际社会在《京都议定书》框架下所执行的“双轨制”，改而形成一体化的应对体系，也就是所有碳排放大国共同承担减排责任，对此，美国方面也已经在 2014 年 2 月 12 日向联合国气候变化德班平台提交了其有关设想和预期。为了实现这个战略目标，美国方面更希望通过双边磋商而不是多边谈判来逐个击破，以确立其在气候变化应对上的领导权。这也正是在 2014 年版《气候声明》中已经没有 2013 年版《气候声明》所涉“多边谈判”字眼的原因。

总体而言，在中美气候变化合作过程中，为维护国家利益，我们应认清形势，保持定力，稳步地改善环境质量。

## 全球进入气候变化应对“新常态”

2014 年 11 月 12 日，中美签署了有关应对气候变化和清洁能源合作的联合声明，借由这个声明，中美两国各自公布了最新的气候变化应对及长期碳减排计划。根据声明，美国 2020 年后将把二氧化碳减排速度提高一倍，从平均每年的 1.2% 提高到 2.3%~2.8%，到 2030 年将比 2005 年减少排放 26%~28%。而中国的计划则更具冲击力，国家主席习近平正式宣布中国将在 2030 年左右实现碳排放的峰值，而后逐年开始下降，根据该计划，到 2030 年，非化石燃料在中国能源的占比将达到 20%。中美两国的这一联合声明基本上已经为 2015 年召开的联合国气候变化大会（巴黎）扫清了障碍，在全球气候峰会（纽约）上还显得模糊不清的全球气候变化应对路线图一下子变得极为清晰，这也无疑让众多指责和怀疑中国气候变化努力的观察家大跌眼镜。实际上，经由 APEC（北京）签署的中美联合声明已经给世界发出一个极为明显的信号：全球在气候变化应对上迎来“新常态”。显然，这也是中国经济新常态在气候变化领域的一个重要延伸。

第一，全球气候变化应对进入“大国治理”阶段。

到目前为止，大致可以把全球气候变化应对的发展历程分为早期（1990~1997 年），中期（1998~2009 年）和后期（2010 年至今）三个阶段，尽管每个阶段都隶属于联合国气候变化框架公约，但在国别上存在很多不同。如果说在早期阶段，治理体系还未成型，属于春秋战国群雄纷争，那么进入中期后，以《京都议定书》的签订为界限，基本上可以划入“小国治理”阶段。所谓“小国”并非是国际地位和影响力小，而主要是排放规模“小”。从全球范围看，虽然 55% 的排放量进入了《京都议定书》，但中、美、印等实际或潜在排放大国都未真正进入该协议，从而在实际上决定了 10 年后该议定书被“空心化”的结局，其结果是，到 2009 年的哥本哈根气候变化大会，前期较为积极的减排国家无法真正左右全球气候变化应对的大政方针。究其原因，到 2009 年，“小国治理”的模式已经无法适应全球气候变化应对以及全球政治经济发展的需要了，其中最大的一个需要是，作为最大的排放国，中美两国如何发挥其作用？由此，实质上，自2009年哥本哈根大会开始，一直到今天，全球气候变化应对的治理结构便开始逐步调整，向“大国治理”的模式过渡，开花结果的一刻就是在五年后，中美借由APEC会议达成减排上的共识，也只有这样的共识才足以真正实现巴黎气候变化大会的全球框架目标。

第二，全球气候变化应对进入“快车道”。

治理结构一旦明朗，其实也就基本决定了未来全球气候变化应对的主战场和方向，这一点与中美两国本身在社会经济上的巨大体量以及辐射力息息相关。

一方面，中美两国是经济规模上的领头羊，无论是通过哪种汇率计算方式（购买力平价或者名义汇率），加总起来，总规模可以占到全球经济规模的1/3左右，这意味着两国自身的气候变化应对和减排都对全球有直接的影响。就目前公布的计划而言，中美两国的减排速度平均提高了1倍左右，这样的加速不仅反映了近年来随着全球变暖趋势的加剧而凸显出来的各种挑战，而且也很及时地体现了中美两国在气候变化应对利益上的趋同。从中国方面来看，气候变化应对问题已经和各种环境污染的治理在制度、政策和市场激励上密不可分，其中某个方面的加速都可以同时带动其他方面的提速。而从美国方面来看，气候变化应对不仅是一种直接的经济利益，还蕴藏着政治利益（党派竞争和选举的需要），根据最新的民调，高达七成左右的美国公众希望能够积极应对气候变化。这些内生性因素经过多年的累积，已经到了逐渐发挥影响的关头，并最终促成了中美两国各自的减排计划。另一方面，中美两国在气候变化应对上的措施都会在全球范围内产生强大的连锁效应，即便在大国治理的过程中，某些地区和国家可能会被边缘化，但其实也只有中美两国真正地进入气候变化应对的“快车道”，才能继《京都议定书》之后极大地推动全球进程。中美两国将发挥各自在政府主导与市场调节等领域的优势，输出资金、技术和基础设施，合力并举共同推进气候变化议题。

第三，全球气候变化应对进入“全球化”阶段。

《中美气候变化联合声明》的另一个重要亮点是在前期两国合作的基础上继续推进多个领域的合作，包括清洁能源研发、推动碳储存和捕捉（CCS）技术合作、启动低碳城市发展合作、促进绿色商品贸易等。其中可以看到，气候变化上的合作已经从前期的技术合作开始向贸易、城市和市场等社会经济领域延伸，这表明，在未来，随着中美两国各自围绕减排目标而展开相应的工作，气候变化应对也将吸收过去数十年来形成的全球化成果，即在全球范围内配置减排资源，包括减排的配额、技术、资金、市场以及人才等，也就是在新的全球国际经济贸易金融的体系内，开展更加有成效的减排工作，以极大地降低全球气候变化应对和减排的成本。就此而言，全球气候变化应对有望在不远的未来进入体现为“要素整合”的“全球化”阶段，从而避免重蹈之前“单边应对”或“孤军奋战”的覆辙。

总体而言，在中国经济新常态和美国内部社会经济调整的大背景下，着眼于各自的战略发展需要，中美两国都在迅速调整各自气候变化应对的策略，并寻求最大限度的共识，以推进全球应对进程。全球气候变化应对的新常态显然已经是大势所趋。

# 后记　如何打造全球生态文明 2.0

2015 年 3 月 24 日，中央政治局通过《关于加快推进生态文明建设的意见》，提出了“新五化”的建设目标，其中“绿色化”既是新增的，也是凝聚了“生态文明建设”共识的重点，这标志着在经过 30 多年的物质财富数量增长之后，我们终于将目光转向了“财富增长的质量”上，也就是追求基于生态环境质量的生活品质。从全球的视角看，这个转变意义重大，如果将西方世界在 20 世纪 70 年代开始的环境保护运动视为全球生态文明 1.0 版本，那么中国的绿色化显然将令包括中国在内的全球步入生态文明 2.0 的发展阶段。

首先，如何认识全球生态文明 1.0。

从历史上看，欧美日等国家和地区的经济发展率先进入和实现工业化阶段，因此，也比其他国家和地区更早地遭遇环境问题。国际社会第一次面临严重的生态环境挑战，其解决方案自然也就无例可循。因而，西方发达国家穷尽其一切智慧来解决环境问题，主要的理论基础便是“外部性”和“市场失灵”，主要的政策实践则是“环境标准”“排污权交易（包括税收）”以及相应的“法律制度”等，这样一来，西方发达国家在 20 世纪 90 年代左右基本解决本国和本地区的生态环境问题，成功地改善了生态环境质量，这就是全球生态文明 1.0 版本的故事。

其次，全球生态文明 1.0 版本存在什么问题。

第一，全球生态文明 1.0 版本只是名义上属于“全球”的，因为尽管西方发达国家阶段性成功地克服了环境问题，但其环境实践中没有也不可能包括当时正处于工业化早期的众多发展中国家。一则之所以说“没有”，是因为上述理论和政策实践都有严苛的限制条件，譬如市场化、中高收入的发展阶段等，彼时，发展中国家显然都不具备这些条件，因此，即便全球生态文明 1.0 的实践是公开的、透明的，也无法普及和扩散。二则之所以说“不可能”，是因为发达国家在主观上也没有让生态文明惠及全球的想法；相反，就微观的企业主体而言，它们希望发展中国家降低其环境管制水平，以有利于相关污染型的资本和产业进行国际转移。

因此，“全球”生态文明 1.0 版本覆盖的范围仅是半个地球（西半球），由于主客观因素的存在，另外半个世界其实并没有进入这个生态文明的体系中，其中中国便是典型的案例。也正是受到诸多因素的影响，中国在事实上错过了这个 1.0 版本的生态文明建设过程，即便我们早在 1972 年已经通过联合国的全球峰会接触到这个生态文明的概念，但迟至 30 年之后，我们才正式承认了生态文明的重要性。

第二，如果要更加全面地认识全球生态文明 1.0，还有一个重要的特征或矛盾不应忽视，那就是西方发达国家自始至终都没有真正地将生态环境保护和治理上升到一种“文明”的高度，所谓的“文明”高度，就是打破阻碍生态文明建设的根源所在，并从根本上建立生态文明的发展制度。总体上，西半球的生态文明建设在根本上是服从于市场利益的比较，这实则意味着，在任何时候，只要不满足市场利益的需要，生态环境质量便可能被弃如敝履。

结果是，西方发达国家自身的环境问题并没有得到根治。不仅体现在新的环境污染问题上，譬如碳排放，原有的解决途径效果不佳，而且传统的一些环境问题也有重新抬头的迹象。据报道，欧美多个城市重新出现雾霾性污染天气。这些都表明，如果不真正地从根上削弱市场的利益取向，尤其是克服逐利性资本在生态环境保护上的“劣根性”，那么一旦经济增长出现某种风吹草动，就会马上波及环境质量。

最后，上述有关全球生态文明 1.0 的讨论意味着，全球生态文明 1.0 版本显然有必要改进，其中最值得思考的是：全球生态文明建设究竟应该何去何从？如何打造全球生态文明 2.0？这里面有几个关键的问题需要考虑。

第一，与全球生态文明 1.0 相比，未来的环境问题解决方案最大的新意在于建立一种全球各国普惠的文明形态，真正地夯实生态文明的“全球”基础，从而使“生态文明”成为足以与“农业文明”“工业文明”等全球不同阶段文明实质匹配的地位，就此而言，全球生态文明 2.0 不可能也不应该受到西方发达国家的主导，而是应该建立新的国际生态环境治理框架，并在此框架的基础上推进全球生态文明建设。

第二，如何将生态文明植入社会经济发展的血液和骨髓中，令其不得反复。人类吃够了生态环境恶化的苦头，不想再重蹈覆辙，但同时深陷生态环境破坏的泥沼，进而出现了意愿与行为相背离的结果。其实这不难理解，主要原因是，经过市场经济理论和 200 多年实践的熏陶，社会经济发展从来就不曾真正面临来自资源和环境的约束，从而也就从来不曾真正反思“逐利性”本身，所有的理论都在重复着“理性人”的假定，进而忽略了那些理性的源头。因此，要想在这样的氛围中发展新型的生态文明，便要打破将这些市场规律毫无底线地应用于生态环境的趋势，将市场与生态环境进行某种程度的隔离，即生态环境是不能与其他要素进行等价交换的，尽管西方学者也曾对此原则有过积极的反思，但事实上，“弱”的可持续发展一直主导着生态文明 1.0。

第三，在解决了全球生态文明的价值取向和理念问题之后，接下来的重点便是如何在操作层面实现生态文明 2.0 版本，是继续沿用先前的方法，还是进行制度创新？答案显然是后者。事实上，到目前为止，如果我们仍然照搬西方的经验，无疑是无法满足生态文明建设需要的，真正的办法是在制度上进行创新，在最短的时间内，将技术进步、社会参与、环境管制、经济转型、国际合作等各个要素融合在一起，形成生态文明的共同体，走出一条适用于发展中国家和全球各国的“生态文明”发展道路。

中国是工业文明意义上的后发国家，也是全球生态文明 1.0 版本的旁观者，如今，中国也将部分地完成工业化进程，我们应该以“绿色化”为契机，通过生态环境保护的实践，不仅为自身，更是为全球探索新型的生态文明发展模式，积极地成为全球生态文明 2.0 版本的重要成员。

此文是为《中国经济新平衡》一书的后记，与诸君共勉。

# 编后记

14 年前，机缘巧合，跟随国内经济学界最资深的学术编辑肖梦老师边干边学做《比较》辑刊，得以结识国内外一大批最优秀的经济学家和其他学科的学者，深感于他们那在理论和现实之间的游刃有余。在工作的过程中，我也不断地体会到，相比于国外，中国学术研究实际上存在双重断层现象：理论研究和现实之间的断层，这在经济学研究中是相当明显的，改革开放前的政治经济学研究难以对改革开放后的大量现实做出解释和预测；上一代学者和新一代学者之间的思想传承也存在断层，颇有青黄不接之感，各种学术会议和公共论坛所看重的还是老一代成名学者。于是，心中萌生了一个想法，希望能发掘一批青年学子，他们既有志于学术研究，又对中国转型过程抱有深切的关怀，他们既是充满激情的理想主义者，又能用自己的所学对中国转型过程的复杂问题进行理性分析。对于我们从事出版的人来说，相对容易起步的就是以图书出版为基础，搭建青年学子相互交流的平台，从小的方面说，这既可以为他们的研究提供便利，也可以开辟一个新的出版方向；从大的方面说，可以通过他们的思考记录下我们这个时代的变迁，为推动中国转型贡献思想的力量。不过，这个想法一直未付诸实施，盖因当时的青年学子们大多才刚刚踏上各自的教学和科研岗位，或者还在继续深造之中，这一想法便成了埋在内心深处的一粒种子，静待生根发芽。十多年后，中国的转型进入了一个更为关键的转折点，面临着前所未有的挑战。在这些挑战面前，国内知识界意见纷呈，争执不断，极端化思潮日益增多，原有的社会共识渐趋于瓦解。恰好，当时的青年学子们业已在学术研究和公共讨论中纷纷崭露头角。那粒等待了十多年的种子终于开始萌芽，拱出地面。

于是，我和上海交大的黄少卿谈及我的想法，他也极为赞成，随后就有了“新百家文丛”这套书。这套丛书既非名人大家之作，也无名家作序推荐，而是一批正在成长的青年学子用他们各自的理论框架对中国转型过程所做的真诚而独立的思考。正如克罗齐所说，一切历史都是当代史，这样的独立思考是对中国转型过程的另一种记录，无须名人权威背书也自有其价值。

真诚希望有更多青年学子的优秀著作加入我们的丛书！

编　者

# 参考文献


[ 1 ] Alan S. Manne, Richard G. Richels. ( 1998 ) , The Kyoto Protocol: A cost-effective strategy for meeting environmental objectives? Stanford University's Energy Modeling Forum 16 Study.

[ 2 ] Conference of the Parties. ( 1997 ), "Kyoto Protocol to the United Nations Framework Convention on Climate Change" , op. cit.

[ 3 ] Scott Barrett. ( 1998 ) , "Political Economy of he Kyoto Protocol" , Oxford Review Economic Policy. Vol. 14, No.4.

[ 4 ] 105th Congress, 1st Session ( 1997 ) , S. Res. 98.

[ 5 ] William D. Nordhaus. ( 2010 ) , Economic Aspects of Global Warming in a Post-copenhagen Environment. PNAS, U.S.

[ 6 ] William D. Nordhaus. ( 2008 ) , A Question of Balance. Yale, CT: Yale University Press.

[ 7 ] Intergovernmental Panel on Climate Change. ( 2007 ) , Climate Change 2007: Impacts, Adaptation and Vulnerability, Working Group I to the Fourth Assessment Report of the IPCC. Cambridge University Press, Cambridge, U.K.

[ 8 ] Stern N. ( 2006 ) ,The Economics of Climate Change: The Stern Review.

Cambridge University Press, Cambridge, UK.

[ 9 ] Richard S.J. Tol. ( 2002 ) , Estimates of the Damage Costs of Climate Change. Environmental and Resource Economics 21: 47-73.

[ 10 ] 李志青 . 上海金融白皮书 ( 2011 ) [ M ] . 上海: 上海人民出版社, 2012.

[ 11 ] 于宏源 . 环境变化与权势转移：制度、博弈和应对 [ M ] . 上海：上海人民出版社，2011.